Aus dem Zylinderchen geplaudert

Die BS motor-Zeit

Geschichten, Fakten, Gerüchte

aus der Welt des Motorrads

von

Wolfgang Schellhorn

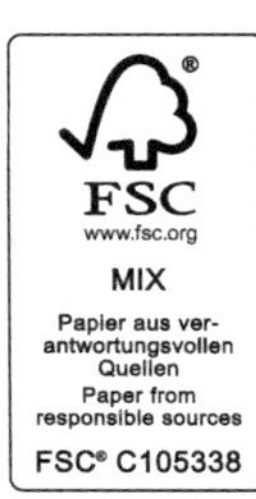

Umschlagfoto, Gestaltung und Layout: Wolfgang Schellhorn

Germany

www.bs–motor.de

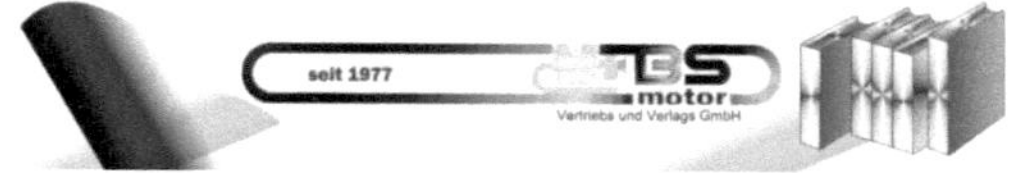

ISBN: 978-3-944667-36-2

printed in Germany

5B18,09,19

Inhaltsverzeichnis

Meine lieben tausend Freunde ...

Wobei *tausende* zutreffender gewesen wäre.

Mit diesen Worten fingen in den 70ern bei den Elefantentreffen[1] am Nürburgring die offiziellen Begrüßungsansprachen an. Über gefühlt hundert Jahre war das so gewesen und bei Insidern zu einem geflügelten Wort geworden.

Warum nicht mit dem Buch auch so beginnen? Schließlich hatte BS motor auch mehrere tausend Kunden. Viele sind über die Jahre zu Freunden geworden.

BS motor feierte sein 40-Jähriges. Wieder ein Anlass, die Erinnerungen der Menschheit zu überreichen.

Vor gut zehn Jahren waren die ersten Fragmente entstanden. Immer hatte sich Wichtigeres gefunden. Aber diesmal:

Voilà, here we are, hier ist es.

Mehr als ein viertel Jahrhundert stand ich täglich im Betrieb. Bei BS motor agierten wir vorwiegend im Interesse der Kunden. Das war nicht immer zu unserem momentanen Vorteil, schaffte aber über die Jahre ein tiefes Vertrauen zu uns. Etliche der ersten Stunden standen mit ihren Kindern und Enkeln auf der Matte und ließen sich nicht nur beraten.

Immer wieder hörte ich: *Erinnerst du dich? Wann war das nochmal? Wie war das?*

Um viele Fragen und auch nicht gestellte zu beantworten, habe ich dieses Buch endlich fertiggeschrieben.

Meinem Hang zum Nichtswegwerfen verdanke ich, dass sich die Recherchen und Verifizierungen von Fakten im Rahmen hielten und präzise Ergebnisse herauskamen. Jedoch ist auch etliche Zeit mit für das Buch nicht Relevantem vergangen. In den über die Jahre angesammelten Ordnern war manches aufgetaucht, an das

---

[1] Band 1 ‚Aus dem Zylinderchen geplaudert – Privat‘

ich mich nicht mehr erinnert hatte. Das Ergebnis sind drei Bände von *Aus dem Zylinderchen geplaudert.*

Geschichten aus dem privaten Umfeld – viele aus der Zeit vor BS motor – sind in Band 1:

Aus dem Zylinderchen geplaudert – Privat.

Geschichten aus der Harz-Biker-Oase – nach der BS motor-Zeit – gibt es im Band:

Aus dem Zylinderchen geplaudert – Harz-Biker-Oase

Auch hier hatte ich mit Motorradfahrern zu tun. Die Geschichte des Geländes in der DDR-Zeit und meine Erlebnisse ab 1997 stehen in diesem Band im Vordergrund. Darin kommt Royal Enfield vor, war unter BS motor, aber in der Oase im Harz.

Ich wünsche, nicht nur allen ehemaligen Kunden beider Betriebe, Spaß beim Lesen. Wenn jemandem etwas anders in Erinnerung hat, Mitteilung an mich. Bedenkt bitte, hier wird geplaudert, dies ist kein allumfassendes Nachschlagewerk.

Zum Aufbau und Inhalt:

Die Geschichten sind weitestgehend in zusammen gehörende Themen gefasst und innerhalb dieser chronologisch.

Im Buch sind drei Abkürzungen verwendet:

BS für **BS motor**, ***SD*** für **Suzuki Deutschland** und **KVV** für **Kreidler-Van Veen**.

Bilder sind im Internet zu finden unter:

www.zylinderchen.w-portal.de

Dort und im virtuellen Museum gibt es Fotos und weitere Unterlagen, die mit dem Thema Motorrad, BS motor und Harz-Biker-Oase zu tun haben. Ein Besuch lohnt sich.

Tipp: Lest das Buch nicht in einem Rutsch. Es sind zu unterschiedliche Fakten und Themen. Mehr habt ihr davon, es scheibchenweise zu genießen. Viel Spaß dabei.

Der Motorradmarkt in den 70ern

Nachdem in den 1950ern und in der ersten Hälfte der 60er der Motorradmarkt europaweit ständig geschrumpft war, schien Mitte des Jahrzehnts der Tiefpunkt erreicht zu sein. Von den jährlich sechsstelligen Verkaufszahlen Anfang der 50er war man auf einem Niveau von unter fünftausend angekommen. Die Aussichten waren alles andere als rosig. Auch als die Japaner mit eigenen Entwicklungen in Europa ihre ersten Schritte unternahmen, änderte sich nichts Nennenswertes an den Gesamtzahlen. Der Kuchen für die Europäer schrumpfte eher.

Honda, der größte Motorradhersteller, begann 1961 in Hamburg als Werksimporteur. 1964 folgte Yamaha, durch das Handelshaus Mitsui in Düsseldorf vertreten. Die beiden Hersteller hatten unter den Japanern über die nächsten Jahre die größten Marktanteile.

1968 gesellte sich Kawasaki mit dem Importeur Detlev Louis in Hamburg dazu, 1971 Suzuki mit Fritz Röth in Hammelbach im Odenwald.

Honda und Mitsui wagten sich am weitesten vor und betrieben den professionellsten Aufwand beim Einsatz von Händlern. Motorräder konnten nur verkauft werden, wenn die anschließende Betreuung in der Werkstatt und eine gesicherte Teileversorgung gewährleistet waren. Die beiden Japaner hatten durch ihr frühzeitiges Erscheinen in Europa die meisten Erfahrungen mit der Mentalität deutscher Kunden gesammelt; und sie verfügten über die dickere Kapitaldecke.

Zwei Einflüsse schwappten um 1970 über den Großen Teich zu uns. Die Freiheit der Hippies und der Film *Easy Rider* weckten Träume. Ein Motorrad war nicht mehr nur das Fortbewegungsmittel zur Arbeit, sondern vermittelte das Gefühl der Losgelöstheit von alten Zöpfen. Motorräder waren der erhobene Mittelfinger der damaligen Zeit.

1976 übernahm Kawasaki in Eigenregie den Import seiner Fahrzeuge. Jetzt hatte nur noch Suzuki mit der Firma Röth einen Privat-Importeur.

Bei Suzuki sollte der Auftritt der Japaner noch bis 1985 dauern. Zunächst verlagerte Fritz Röth 1976 den Firmensitz auf Drängen aus Japan von Hammelbach nach Heppenheim und gründete die Firma *Suzuki Motor Deutschland.* Bereits am Ende der Saison stieg Röth, mehr oder weniger freiwillig, aus dem Geschäft aus. In Hamahatsu[1] war man zu der Meinung gekommen, mit einem neuen Partner in Deutschland besser Motorräder verkaufen zu können.

Mit der deutschen Suzuki Motor Handels GmbH sollte ab 1977 ein frischer Wind wehen. Firmensitz war München, Ingolstädter Straße 61d, in einem Gewerbegebiet.

Eigentümer waren zu 50 Prozent Otto de Crignis, dessen Familie ein großes Autohaus in München besaß, und zur anderen Hälfte die Firma Nimag, in Gestalt von Herrn Louwman. Nimag war Importeur für Motorräder, darunter auch Suzuki, Pkws und Traktoren in den Niederlanden. Diese Firma gibt es nach wie vor.

Vielleicht erwartete sich Suzuki Japan eine Synergie? Vielleicht sollte auf diese Art ein großer Importeur schlagkräftiger gegen die anderen drei Konkurrenten aus dem eigenen Land agieren? Dies wird weiterhin Firmengeheimnis bleiben. Ich möchte die Spekulationen nicht anheizen. Es war einmal.

Das waren die Gegebenheiten, als …

---

[1] Stadt in Japan mit der Suzuki-Zentrale

1977 – BS motor tritt auf den Plan

Vorausgeschickt sei: Auch wenn in diesem Buch überwiegend von mir die Rede zu sein scheint, ohne meinen damaligen Kompagnon Rupert wäre BS motor nicht entstanden und hätte auch nicht existieren können. Wir hatten uns ein paar Jahre vorher beim Motorradfahren kennengelernt.

Rupert Baindl war das technische und praktische Hirn der Firma, ich das kaufmännische. Da ich in diesem Buch jedoch meine Geschichte erzähle, kommt er unter Umständen unverdienterweise etwas zu kurz. Wenn hier von BS motor die Rede ist, so sind bis Ende 1989 wir beide gemeint. Technische Lorbeeren gehören ihm.

Im Sommer 1977 wurden seit dem Frühjahr aufkeimende Gedanken, ein Motorradzubehör-Geschäft zu betreiben, in die Tat umgesetzt. Wir kündigten unsere gutbezahlten Jobs und eröffneten mit annähernd Null und viel Vertrauen in die Zukunft am 1. Oktober 1977 in Geretsried, circa 30 Kilometer südlich von München, unseren Laden. Wir besaßen etwas über viertausend Mark in bar, eine Grundausstattung Werkzeug, je einen betagten Kombi – Volvo 145 (acht Jahre alt) und Ford 12M (noch älter) – und viel, viel Mut und Enthusiasmus.

Die Kunde von unserem Dasein machte die Runde und innerhalb eines Jahres waren wir ein Begriff im Oberland, wahrscheinlich auch in Ermangelung von Konkurrenz. Wobei *ein Begriff sein* nicht gleichzusetzen ist mit *Umsatz*. Um davon leben zu können, gab es einfach zu wenig Fahrer von motorisierten Zweirädern. Die älteren Mopedfahrer bastelten überwiegend selbst und die jungen hatten kein Geld.

Unser Fachwissen und die Hilfe in der Werkstatt wurden angenommen. Ehrlichkeit, Zuverlässigkeit und Beratung im Interesse des Kunden sprachen sich schnell herum. Unsere Klientel konnte sich sicher sein, dass ihr bei uns nichts *aufgeschwatzt* wurde, egal ob etwas *wegmusste* oder nicht. Das rettete den Betrieb durch alle Tiefen. Höhen gab es über die Jahre auch, aber spärlicher. Wir hatten, ungeachtet der Marktschwankungen, ein annähernd gleichbleibendes Geschäft. Zu wenig, um reich zu werden, zu viel, um zu sterben. Die Freude an der Tätigkeit hatte uns aber – fast – nie verlassen.

Mitte bis Ende der 70er[1] war es nahezu unmöglich, eine Lokalität für ein Motorradgeschäft zu bekommen. Lärmbelästigung, Gestank und zweifelhafte Kundschaft waren die Gegenargumente der Vermieter. So mussten wir nehmen, was es gab und darauf hoffen, dass der Eigentümer die Meinungen anderer nicht zu primär interpretierte.

Unsere erste Bleibe war ein ehemaliges Milchgeschäft in einer Anliegerstraße, kaum auffindbar. Aber wir konnten uns die Miete von 450 DM incl. Heizung und Wasser, sowie die Kaution rechnerisch leisten. Strom und Müll gingen extra.

Der Laden bestand aus dem Ausstellungsraum von ungefähr fünfzig Quadratmetern; links neben dem Eingang war ein Büro von fünf – mit vom Raum abgetrennter Toilette. In der hinteren rechten Ecke ging es in die Werkstatt von etwa zwanzig Quadratmetern. Die Gesamtmietfläche betrug fünfundachtzig.

Im Mietvertrag war unter Punkt 2 vermerkt: *Es sind keinerlei Reparaturen im Geschäft oder auf der angrenzenden Straße ... gestattet.* Ferner waren Probefahrten untersagt und Mittagsruhe von 13:00 – 14:30 vorgeschrieben (Mischgebiet).

Mit dem Einverständnis der Ausklammerung von Reparaturen konnten wir wenigstens anfangen. Dass Fahrzeuge nicht explizit im Vertrag als Verkaufsverbot standen, lag daran, dass der Vermieter mit dieser Art Ware nicht gerechnet hatte und wir ihn nicht darauf hingewiesen hatten. Auch wir hielten bei Vertragsabschluss dieses Sortiment in diesen Räumen für nicht handhabbar.

Unsererseits war von vornherein klar, dass wir uns, obwohl wir gerade erst mieteten, nebenher um etwas Passenderes umsehen mussten. Das wurde auch mit dem Vermieter abgesprochen. Dessen ungeachtet wollten wir eine Vereinbarung für eine

---

[1] Gesamtsituation um das Motorrad ist im 1. Band ‚Privat‘, Kapitel ‚Sagen Sie nicht Rocker‘ beschrieben

Anfangszeit von drei Jahren, mit vorzeitiger Möglichkeit der Auflösung gegen Beibringen eines geeigneten Nachmieters. Wir erhielten den Vertrag.

Unser gesamtes Bargeld investierten wir in den Einkauf von Kleinteilen, wie Brems- und Kupplungszüge und sonstige Seile, Schalter, Öle, Spraydosen, Aufkleber, Nierengurte, Handschuhe, Helme und wovon wir sonst noch überzeugt waren, dass es der Markt brauchte. Das Kreditlimit auf der Bank war ebenfalls schnell ausgeschöpft.

Regale und Kästen wurden selbst gebaut, ebenso eine Arbeitsplattform im Frühjahr 1978. Sie bestand aus zwei auf dem Boden liegenden Stahlträgern von knapp vier Metern Länge und einem darauf befestigten Riffelblech sowie einer abnehmbaren Platte zum Auffahren. Auf diese Weise standen die Fahrzeuge etwa dreißig Zentimeter höher, was den Rücken beim Arbeiten stark entlastete. Zwei Motorräder fanden hintereinander Platz. Eine Ecke für das Werkzeug, voilà. Für eine Werkbank war kein Platz mehr. Die kam zuhause zum Einsatz.

Dass wir den Firmenstart im September gewagt hatten, schien auf den ersten Blick ein Fehler zu sein. Aber die einmalige Chance überhaupt beginnen zu können, war der ausschlaggebende Punkt. Wer wusste, ob wir bis zum Frühjahr eine andere Lokalität gehabt hätten. So war das Risiko des Starts mit einer *toten Saison* das kleinere Übel.

Der erste Winter war lang, kalt und brachte Wochenumsätze von manchmal dreißig Mark. Wenn der Schnee hoch genug lag, kam auch mal eine Woche niemand.

Aus dem Erwirtschaftetem konnten die Kosten nicht bezahlt werden. Bargeld und Bank siehe oben. So öffneten wir den Laden nur nachmittags und arbeiteten woanders. Für mich war dies kein Problem. Ich betätigte mich als Lkw-Fahrer im Raum München bei einer Leiharbeiter-Firma – mit gutem Verdienst und der Möglichkeit, viele Stunden und wann ich wollte, arbeiten zu können. Ich fuhr Kieskipper, Betonmischer und Lebensmittel, je nachdem, wo gerade jemand gebraucht wurde.

Beim Mischerfahren fuhr ich meist einen alten Hanomag-Henschel. Er lenkte sich angenehmer als die Magirus und war etwa fünf Zentimeter niedriger als die neuen Mischer der Firma. So war ich einer der wenigen, die beim Bau des Untergeschosses und der Tiefgaragen am Münchner Hauptbahnhof zum Entladen runterfahren durften. Ich kratze im leeren Zustand nicht an der Decke, bleib nicht stecken und kam deshalb problemlos heraus. Ich habe Mischer gesehen, die festsaßen. Die Fahrer mussten die komplette Luft aus den Reifen ablassen, um wieder ans Tageslicht zu kommen. Oben stand für solche Fälle ein Kompressor bereit. Dieses zeitaufwendige System erfuhr umgehend eine Änderung. Anhand des Fahrzeugscheins wurde die Mischerhöhe überprüft. Nur die passenden Fahrzeuge durften einfahren. Ist dann in den meisten Fällen gut gegangen.

Doch jetzt Schluss mit den Abschweifungen. Zurück zum Kern.

Kawasaki

Winter 1977/78. Bereits vor der Geschäftseröffnung war uns klar, dass wir auf Dauer mit dem Verkauf von Motorradersatzteilen und Bekleidung alleine nicht leben konnten. Gedanken über eine zukünftige Markenvertretung beschäftigten uns. Doch kein Ansatz schien erfolgversprechend.

BMW schied von Anfang an aus, da zwei starke und namhafte Händler unseren und den Nachbarlandkreis[1] seit Jahren fest in der Hand hatten. Japaner schieden ebenfalls aus.

Yamaha und Honda stellten zu hohe Ansprüche, was die Räumlichkeiten und vor allem die finanziellen Voraussetzungen betraf. Suzuki war ungefähr zwanzig Kilometer südlich von uns in Benediktbeuern mit einem Händler vertreten, Wir empfanden dies bei der Modellpalette von Suzuki als zu nah, um zwei überleben zu lassen. So schied diese Marke auch aus. Blieb nur noch eine übrig.

Kawasaki war im Raum München schwach vertreten. Sie suchten für das Stadtgebiet einen Händler. Der sollte auch das Münchner

---

[1] Damals waren Bad Tölz und Wolfratshausen zwei Landkreise.

Umland betreuen. Erste Gespräche ließen eine mögliche Lösung aufkeimen. Wir hätten nach ihren Wünschen einen Laden in München aufmachen sollen und dann für beide Geschäfte die Vertretung erhalten können.

Da Kawasaki für sofort, sprich 1978, eine Lösung suchte, wir jedoch eher an ein Jahr später dachten, mussten wir unsere Überlegungen beschleunigen, falls wir mitspielen wollten.

Im Landkreis schließen und nur in München aufmachen, wollten wir nicht, allein schon die tägliche Fahrerei. Unsere Wohnungen aufgeben, kam zudem nicht in Frage.

In den jetzigen Räumlichkeiten und wegen des Mietvertrags hätten wir nicht einmal eine Zweigstelle betreiben können. Einen Umzug innerhalb unseres Landkreises, wollten wir nicht sofort, da wir gerade erst eröffnet hatten. Außerdem hätten wir hopplahopp etwas finden müssen. Dass dies nicht leicht war, hatten wir im Frühjahr und Sommer erfahren. Umgehend eine Kawasaki-Vertretung im Landkreis schied aus.

Wir setzten uns auf den Hosenboden und rechneten einen Betrieb in München durch. Nach ausführlichen Kalkulationen und Prüfungen der Finanzierung, sowie der Suche nach einem geeigneten Standort, war am Ende nur noch die Örtlichkeit völlig offen. Finanziell wäre die Kawa-Sache gerade so machbar gewesen.

Kurz darauf stand ich auf einer Messe in der Menge um die Verantwortlichen bei Kawasaki. Sie sprachen mit jemandem, der irgendwo einen Platz für eine Kawa-Vertretung zu suchen schien, aber nicht richtig vorwärtskam. Es sei nahezu unmöglich im inneren Raum von München etwas zu finden. Unfreiwillig wurde ich Ohrenzeuge von ein paar weiteren Wortfetzen. Als der Herr wegging, hörte ich einen der beiden Kawa-Leute sagen: „München wird sich jetzt auch erledigen.“ Nun dämmerte mir, dass ich mich beeilen musste, wenn wir mit Kawasaki eröffnen wollten. Als ich wenig später mit den beiden ins Reden kam und fragte, ob es für München schon andere Bewerber gebe, wurde dies verneint.

Damit war Kawa für mich erledigt. Menschen, die nicht offen spielen, waren und sind für mich keine Geschäftspartner. Am nächsten Tag informierte ich die Leute, dass wir uns nicht weiter für die Vertretung interessierten. Sie waren sehr erstaunt. Man merkte ihnen an, dass sie mit dieser Wendung nicht ganz zufrieden waren. Vielleicht dämmerte Ihnen die Möglichkeit, ein weiteres Jahr nicht vertreten zu sein. München war damals kein Kawasaki-Pflaster und Interessenten für einer Händlerschaft standen nicht Schlange. Kawa hatte Glück. Im Frühjahr 1978 eröffnete Motorrad Seeger in München. Herr Seeger war der Mann, mit dem damals gesprochen worden war.

Wir nahmen Kontakt auf und wurden uns einig, dass eine Zusammenarbeit für beide erfolgversprechend sei. So verkauften wir Kawasakis als inoffizieller Unterhändler.

Schnell stellte sich heraus, dass die Ersatzteilversorgung per Umweg über München zu zeitaufwendig war. Eine direkte von Kawasaki Deutschland kam nach den Vorkommnissen für mich nicht mehr in Frage. Also war Kawa spätestens für 1979 unsererseits keine Option mehr. Welche Marke blieb noch?

1978 und 1979

Unsere Werkstatt entstand 1978. Im Frühjahr setzten Nachfragen nach Mofas, Mopeds und vereinzelt auch Motorrädern ein, Mietvertrag hin oder her, wir konnten uns Geschäfte nicht mehr entgehen lassen und sahen uns wieder verstärkt nach einer passenden Fahrzeugmarke um.

Anfangs nahmen wir so gut wie alle motorisierten Zweiräder zur technischen Betreuung an, bevorzugt Mofas, Mokicks und Kleinkrafträder, ab und zu auch Motorräder. Jedes zu reparierende Fahrzeug musste möglichst unauffällig in und durch den ganzen Laden bugsiert werden. Mit den kleinen ging dies leicht. Auch mit Motorrädern, wenn auch nicht ganz so einfach. Sie waren zu der Zeit noch nicht so wuchtig und vor allen Dingen selten mit Verkleidungen. Bei Kundenfahrzeugen sahen wir uns lieber zweimal um, ob der Vermieter in der Nähe war. Denn das war er oft, da er über dem Laden wohnte. Zu seiner Ehre möchte ich erwähnen, dass er später beide Augen zudrückte. „Solange keine Beschwerden von Anliegern kommen.“

1979 beschäftigte uns eine Honda Goldwing mit Ein-Mann-Höckerbank ausgiebig. Sie hatte einen Stummellenker und eine Rennvollverkleidung – was man damals so *Renn* nannte – und strahlte mit einer Gauloises-Lackierung[1].

Spielraum durch unsere Eingangstüre war knappe vier Zentimeter. Der Transport in die Werkstatt dauerte fast eine halbe Stunde, da die im Laden zum Verkauf stehenden Fahrzeuge hinaus und wieder hereingeräumt werden mussten. Das Bugsieren war mit einer Person nicht zu schaffen. Von wegen *herumheben.* Dank Stummel mit minimalem Lenkeinschlag und dem Gewicht eines Tankers war dies unmöglich.

Zurück zu 1978. Im Lauf des Jahres verkauften wir halbherzig ein paar Kawasakis.

Wir hatten alle Fahrschulen in Geretsried und Wolfratshausen als Kunden, Eine nahm jede Möglichkeit wahr, mit Motorrädern zu schulen, welche die Konkurrenz nicht hatte. So verkauften wir eine Bultaco Matador 350. Sie bleib die einzige. Bezogen hatten wir sie über unsere Kawa-Quelle, da diese als Zubrot die spanische Marke vertrat.

Drei, vier Grundstücke weiter wohnte Edmund, der zu jener Zeit als *Aktentaschenträger von FJS* bekannt war und später bayerischer Ministerpräsident werden sollte. Er fiel auf, da er des Öfteren mit nicht ganz angemessener Geschwindigkeit vor unserer Ladentür vorbeifuhr. Dieses Vor-der-Ladentür ist wörtlich zu nehmen, da man bereits mit dem ersten Schritt aus unserem Geschäft auf der Fahrbahn stand. Kein Fußweg und so breit, dass gerade mal ein Auto darauf fahren konnte. Bei Gegenverkehr musste einer ins Grün ausweichen. Die Straße war eine Betonpiste aus der Zeit des langlebigen Reiches.

Geretsried hatte zu Kriegszeiten nur aus Bunkern und Baracken bestanden. Hier war Munition fabriziert worden. Das *Geretsried* davor bestand nur aus ein paar an der Straße Wolfratshausen-

---

[1] Gauloises – französische Zigaretten-Marke – Hausfarben: Hell-, mittel- und dunkelblau

Königsdorf gelegenen Bauernhöfen. Heute ist Geretsried eine Stadt. Sie wurde für die Vertriebenen nach dem 2. Weltkrieg gebaut.

Dnjepr

Rückblick, Herbst 1977, parallel zu den Kawa-Gedanken und davor.

Mein Kompagnon Rupert war Gespannfahrer, BMW R25. Ich hatte ein R50-Gespann. Warum nicht ein paar Leute animieren, es uns gleichzutun.

Das Sortiment an Gespannherstellern war sehr überschaubar, um nicht zu sagen, es war nicht vorhanden. Es gab unbezahlbare, direkt von Hersteller Hartmann vertriebene Gespanne und bei *Quelle* welche von MZ.

Wir hätten ein Produkt gehabt, mit dem wir keine Konkurrenz hätten fürchten müssen. Was konnten wir anbieten? Wir zogen in Erwägung, nur Beiwagen zu importieren, aus England. Squire, Watsonian? Doch Gespanne bauen, war sehr kostenintensiv und was die Herstellung anbelangte, fehlte uns die Erfahrung. Vernunft siegte über Enthusiasmus.

Die Zeitschrift *Motorrad* holte uns aus unseren Träumen. In einer Ausgabe war ein Inserat ins Auge gestochen. Die Firma Wittneben aus Quickborn importierte Dnjepr-Gespanne aus Russland. Im Oktober 1977 nahmen wir Kontakt auf, ließen uns das Prozedere erklären und warteten auf das Frühjahr 1978.

Am 16.3.1978 bestellten wir unser erstes MT10-Gespann, das umgehend per Bahnfracht geliefert wurde. Das Fahrzeug war ein Nachbau des BMW-Wehrmachtsgespanns, gleiche Optik, gleiche Technik und gleiches Gewicht.

Nachdem wir es nach der Ankunft ausgiebig in Augenschein genommen hatten, schlossen wir am 13. April 1978 eine Vereinbarung mit Gebietsschutz im Umkreis von fünfzig Kilometern um Geretsried – mit Einschluss von ganz München.

Schon am 14. April hatten wir dieses Fahrzeug in die Landeshauptstadt verkauft. Sofort nach Auslieferung bestellten wir ein zweites, das eine Woche später bei uns ankam. Wir wollten schließlich ein Vorführfahrzeug haben. *Nur so kommt Ware unters Volk.*

Noch bevor die zweite Dnjepr bei uns eintraf, war unser Kunde dreimal bei uns erschienen. Das Fahrzeug muckte hier und dort, der Motor starb manchmal ab, usw. Wir wechselten die russischen Zündkerzen auf Bosch, überprüften Benzinzufuhr und die elektrische Anlage. Danach lief der Russe jedes Mal – kurze Zeit. Ein Grund für das Verhalten war weder davor noch danach klar zu erkennen. Die Sowjetzündkerzen funktionierten in anderen Fahrzeugen, an der elektrischen Anlage war kein Fehler mess- und sichtbar, Benzin kam. Wahrscheinlich wollte das Gefährt nur die Hand von uns aufgelegt bekommen. Oder nur ein freundliches Wort?

Beim vierten Mal wollte der Kunde das Gespann zurückgeben. Bei allem Verständnis für ihn, wir konnten uns eine Rücknahme finanziell nicht leisten. Die Firma Wittneben signalisierte uns, dass wir das Problem allein lösen müssten. Sie zahlten nur die Teile und in gewissem Rahmen die Arbeitszeit der Reparaturen.

Mittlerweile hatten wir mit unserem Fahrzeug ähnliche Erfahrungen gemacht. Ähnlich, weil sie etwas differierten. Die MT10 war und blieb eine Konstruktion aus den 30er-Jahren, die so gut wie unverändert und mit nicht besserem Material, als aus dieser Zeit, vom Band lief. Gab es bei denen schon Bänder? Das hatten sie nun von ihrer Kriegsbeute. In dem Fall wir. Rache?

Unserem Kunden boten wir an, ihn im Umkreis von einhundert Kilometern ohne Kostenberechnung abzuschleppen, plus Gratis-Umrüstung auf deutsche Teile, soweit nötig und möglich. Einmal mussten wir ihn aus Garmisch holen. Ab da war für uns Schluss mit lustig.

Wir tauschen die Zündung gegen eine Bosch-Anlage aus. Zwar teuer zu eigenen Lasten erkauft, aber wir hatten Ruhe. Die Firma Wittneben hatte auf ihre Geschäftsbedingungen verwiesen.

An unserer MT10 rüsteten wir auch dies und das um. So konnten wir wenigstens ohne Liegenbleiben fahren. Es dauerte jedoch ein Jahr, bis wir das zweite Fahrzeug verkauft hatten – weit weg, nach Mannheim. Wir hörten nie mehr davon. Aufgrund des stark ermäßigten Verkaufspreises konnten wir diese Vereinbarung mit dem Kunden treffen. So etwas ging damals noch.

Zur IFMA 1978 in Köln waren wir am Stand von Dnjepr. Wir hatten Gelegenheit mit dem technischen Leiter und Ingenieur des Werkes in Russland zu reden. Er wurde uns als Konstrukteur vorgestellt. Ein Lachen verkniff ich mir. Er hatte seine eigene Dolmetscherin dabei. Sie erhofften sich scheinbar, größer in das Deutschland-Geschäft einsteigen zu können. Leider mussten wir feststellen, dass es offensichtlich am Verständnis der Grundbegriffe moderner Technik mangelte.

Der Zündzeitpunkt wurde bei der MT10 manuell verstellt, per Hebel am Lenker und einem Seilzug. Im Westen verbaute jeder eine automatische Fliehkraftverstellung. Weiter Fortgeschrittene hatten bereits elektronische Zündungen. Das Verständnis für die Funktionsweise dieser Errungenschaften fehlte dem Herrn offensichtlich. Es könnte an der Dolmetscherin gelegen haben, was ich aber nicht glaubte, da sie sonst technisch sehr bewandert schien. Selbst nach Skizzieren auf einem Blatt Papier kam keine Erleuchtung. Am Schluss nahm der Herr die Zeichnung und ließ uns wissen, dass er sie mit nach Russland nehme und sich Gedanken mache.

Nach diesem Erlebnis war das Kapitel *Dnjepr* für uns abgeschlossen, bis auf den Verkauf unseres Vorführfahrzeuges.

Die Zukunft konnte nur besser werden.

Kreidler-Van Veen

In Juni 1978 nahmen wir Kontakt nach Duderstadt auf. Sie stellten MC-Motorräder mit Kreidler-Motoren her. Ein technischer Reinfall war mit diesem Aggregat nicht zu erwarten.

Herbert, mit dem ich die Jahre zuvor auf der Isle of Man gewesen war, wollte mit Motocross anfangen und liebäugelte mit einer KTM 250. So kamen wir zum Metier Motocross. Rupert, war zudem eingefleischter Kreidler-Fan. Was stand also näher, als Kontakt aufzunehmen.

Der Kreidler-Van-Veen-Geschichte ist wegen ihres Umfangs ein eigenes Kapitel gewidmet.[1]

Trotz aller Widrigkeiten hatten wir unser Image stärken können. Mit *Fahren-wir-zu-BS* war nicht nur Motorradfahrern klar, was gemeint war. Es hieß eben nur noch BS und dabei soll es auch im Buch überwiegend so bleiben.

Und wie ging's weiter mit BS?

---

[1] Kreidler-Van Veen (GS50/GS80) auf Seite 58

1980 – Umzug nach Wolfratshausen

Die Enge in unseren Geretsrieder Räumen war belastend. Trotz inzwischen intensiver Suche war nirgends etwas zu finden, außer vielleicht im Nirgendwo abseits einen Schuppen bei einem Bauernhof. Dorthin hätten wir aber nur wenige aus unserer Kundschaft locken können.

Anfang Januar traf ich zufällig Walter auf der Straße. Wir hatten vor meiner Selbständigkeit im selben KFZ-Betrieb gearbeitet. Nachdem er nebenher[1] seit Jahren Fahrzeuge von der Post ersteigert, sie hergerichtet und wieder verkauft hatte, hatte er sich (von dem Gewinn?) im neu entstehenden Gewerbegebiet in Wolfratshausen ein Grundstück gekauft und eine 150-qm-Halle darauf gestellt. Wenn er mal in Rente gehe, könne er seinen Handel nicht mehr bei seinem Arbeitgeber durchziehen; wollte Walter ebenfalls nicht.

Nun habe er sich überlegt (zwei Monate nach Baubeginn), ob er, wenn es soweit wäre, dann überhaupt noch dieser Nebenbeschäftigung nachgehen wolle. Die Post rangiere immer weniger Fahrzeuge aus. Die neuen seien zu teuer. VW-Bus und Käfer wären ja einfach gewesen, aber nicht mehr so gefragt. R4 und so Kram gehe jetzt. Das wolle er sich nicht antun, und, und, und.

Kurzum, er fragte mich, ob ich nicht die Halle mieten wolle. Dort hätten wir mehr Platz als in unseren jetzigen Räumen und über Krach würde sich keiner aufregen. Er mache mir einen fairen Preis. Die Halle und das Drumherum würden im Februar fertig. Ab 1. März könnten wir voraussichtlich einziehen. Wir dürften mit dem Einräumen von ihm aus schon vorher anfangen.

Völlig überrascht musste ich erst einmal mit meinem Kompagnon reden. Fiel eine Lösung unserer Probleme vom Himmel?

Um neuen Gedanken von Walter zuvorzukommen, sagten wir am nächsten Tag zu und unterschrieben am 25. Januar den Mietver-

---

[1] Mit Einverständnis des Arbeitgebers

trag, vorbehaltlich der Genehmigung durch die Stadt Wolfratshausen.

In deren Satzung stand, dass kein Einzelhandel ins Gewerbegebiet durfte. Dies hatten in erster Linie die Geschäftsleute vom Ober- und Untermarkt durchgedrückt, da sie Angst um ihre Pfründe hatten. Doch das ist ein anderes Kapitel – das hier nicht vorkommt.

Ich fragte bei der Stadt an und bekam die Antwort, dass wir Glück hätten, da in den nächsten Tagen eine Stadtratssitzung sei. Man werde unser Anliegen hineinschieben, glaube aber nicht, dass ein positiver Bescheid herauskomme. „Einzelhandel, Sie wissen schon."

Wenn ich es richtig in Erinnerung habe, wurde unsere Anfrage in der ersten Sitzung abgelehnt. Oder war es nur die Verwaltung?

Wir, das heißt, Walter und ich begannen unseren Bekanntenkreis zu mobilisieren, darunter auch Stadträte und Leute aus dem Rathaus. Es waren auch Kunden von uns darunter, sie erhofften sich einen kürzeren Weg zu BS.

Ich gab ein paar Argumente an die Hand. Solle ein Wolfratshauser Bürger[1] nach Geretsried umziehen, weil er hier sein Geschäft nicht eröffnen könne. BS motor wolle weg von Geretsried und Wolfratshausen reite auf irrelevanten Vorschriften herum.

Wir seien sicher keine Konkurrenz für die Geschäftsleute vom Ober- und Untermarkt. Motorradgeschäft gebe es weit und breit keines. Ein Betrieb könne sich nur positiv auswirken. Auch in Wolfratshausen gebe es genügend Mofa- und Mopedfahrer, die jetzt nach Geretsried müssten. Und wo sonst, als in einem Gewerbegebiet, sei so ein Betrieb sinnvoll, abseits von Wohnungen.

Und als Keule packten wir aus. Die Stadt solle begründen, warum ein Mercedes-Betrieb und ein Reifenhandel dort sein dürften. Beide seien für Endverbraucher da und machten im Endeffekt nichts anderes als wir.

---

1 Ich wohnte in Wolfratshausen. Das Geschäft von BS motor war in Geretsried.

Um nicht langweilig zu werden, wir bekamen das OK. Am 14. Februar kündigten wir unseren Mietvertrag in Geretsried zum 30. April 1980. Wir hatten glücklicherweise einen Nachmieter gefunden, der genehm war. Er renovierte die Räume auf seine Kosten und konnte dafür einziehen, sobald wir alles nach Wolfratshausen geschafft hatten.

Die Saison war noch nicht angelaufen und das Wetter schlecht. Unsere Kunden hielten sich zurück und so konnten wir mit unserem Hab und Gut ungehindert umziehen, Tag und Nacht.

Am 1. März eröffneten wir. Alles war noch sichtbar provisorisch. Damit meine ich nicht nur unseren Betrieb, nein, das ganze *Gewerbegebiet*.

Was unser Gelände anbelangte: Die Außenanlagen bestanden aus einer Kiesfläche vor der Halle bis zur Straße, ebenso der Zugang zur Werkstatt. Die Grünflächen waren der Jahreszeit entsprechend braun. Später im Herbst des Jahres wurde die Fläche von der Halle geteert und vor der Werkstatt gepflastert.

Das Gewerbegebiet umfasste vielleicht zehn Prozent des heutigen, wenn überhaupt.

Für Ortskundige: Es gab die Einfahrt von der B11, rechts Mercedes, links Reifen-Dirrigl. Dann kam die Kreuzung und rechts und links keine hundert Meter Straße mit dem Basis-Teer-Belag. Oder war es eine Betonpiste?

Auf unserer Seite, Richtung Osten kam nach dem Dirrigl-Gelände die Firma Handschuh Roeckl. Darauf folgten Wiesen bis Buchberg. Auf unserer Straßenseite gab es Eisen Burger und unser Gelände.

Auf der anderen Seite der Kreuzung gegenüber von Mercedes gab es ein Gebäude, auch irgendetwas mit Eisen, eventuell gefolgt von dem der Stadt. Bin mir aber nicht sicher, ob dies im Frühjahr 1980 schon stand. Die kleine Baywa-Werkstatt eventuell auch. An der Stichstraße stadteinwärts waren keine weiteren Gebäude.

Ansonsten war das Gewerbegebiet eine Grünfläche bis Gelting. Kühe weideten an unserer Grundstücksgrenze. Kein Autobahnzubringer, kein Nichts.

Wir waren so arm, wir konnten uns nicht einmal eine Hausnummer leisten; heißt, es waren keine vergeben. So setzen wir für unseren Briefkopf fest: Hans-Urmiller-Straße 3. Von einem Ring war offiziell nicht einmal die Rede. Denn in den Behördenschreiben stand ebenfalls *Straße*.

Der Vollständigkeitshalber sei festgehalten, dass schräg an der Rückseite zu unserem Gelände ein Tennisplatz mit Vereinshäuschen stand. Tok, tok, tok – den ganzen Tag. Aber wir lebten in friedlicher Koexistenz, glaube ich. Jedenfalls wir haben uns nie beschwert. Der Nachbar (Mitsubishi), der im Sommer 1980 Wand an Wand an unsere Halle seine gebaut hatte und dahinter ein Wohnhaus, der beklagte sich des Öfteren über die Sonntagsunruhe.

Nachdem die örtlichen Gegebenheiten nun jedem klar sein sollten, noch eine Behördengeschichte.

Wir waren noch ärmer, wir hatten auch keine Straßenbeleuchtung, Sache der Stadt. Eine Außenbeleuchtung vor der Halle gab es nicht, unsere Sache. Von Castrol erhielten wir eine Leuchtreklame mit Castrol-Logo zum flach Anschrauben an der Wand, Maße: 90x90 cm.

Irgendjemand kam auf den glorreichen Gedanken, dass man dafür eine Genehmigung brauche. Also zur Stadt. Ja, gehe ihrerseits in Ordnung, aber wir müssten in Bad Tölz einen Bauantrag stellen.

Schreiben nach Tölz mit originaler Maßskizze von Castrol. Die Lichtseite sollte auf das Gelände zeigen, neunzig Grad zur Straße, die Firma Burger und dahinterliegende Wiesen peripher tangierend. So hätten wir am Rand auch die Einfahrt mit ausgeleuchtet. Hinweis: Wir waren im Gewerbegebiet, in dem außer den Kühen nachts niemand war. Stimmt nicht ganz. Im Obergeschoss des Dirrigl- und Roeckl-Gebäudes waren Wohnungen. Diesen Leuten war unsere Werbung egal. Einer fand es sogar positiv, da es in der Nacht nicht ganz so dunkel sei.

Ein paar Tage später bekam ich einen Anruf vom Bauamt, dies könne nicht genehmigt werden. Mündliche Erweiterung – wortwörtlich: „Wir sind hier nicht in Las Vegas!“

Erst nachdem sich die Stadt Wolfratshausen für die Beleuchtung starkgemacht hatte, erhielten wir am 27.3.1980 die Genehmigung für eine Gegenleistung von amtlichen 210 DM.

Kure Zeit später schrauben wir eine Suzuki-Reklame an die Halle, diesmal an der Straßenseite, Maße: 300x60 cm. Die Angestellten der Stadt hatten angedeutet, dass sie unsere Beleuchtung rundum nicht interessiere und sie sich um so einen *Amtsunfug* nicht kümmern werden.

Jeder Betrieb brauchte ein Telefon. Zuständig war damals die Deutsche Bundespost. Eine Mitnahme unserer Telefonnummer von Geretsried nach Wolfratshausen wurde abschlägig beschieden. Innerhalb Geretsried wäre es unter Umständen möglich gewesen, aber in einen anderen Ort sei technisch nicht machbar. Trotz unseres Einwurfs, dass beide Gemeinden die gleiche Vorwahl hätten, wurde abschlägig beschieden. Technisch nicht machbar. Mitnahmen gehen nur, wenn sie über dieselbe Schaltstelle laufen, oder so ähnlich.

Also beantragten wir für unseren neuen Standort eine neue Telefonnummer. Der Antrag wurde angenommen und bestätigt. Um es kurz zu machen: Nach einem halben Jahr (im September 1980) hatten wir endlich einen Anschluss in Wolfratshausen.

Während der Hauptsaison waren wir telefonisch nur über die Privatanschlüsse zuhause erreichbar – sinnlos, da wir tagsüber im Betrieb arbeiteten und abends unsere Lieferanten nicht. Manches ließ sich in der Mittagspause erledigen. Wir hatten von eins bis halb drei geschlossen; aber auch nicht immer.

Mit den Kunden war es nur bei auswärtigen ein Problem. Die vom Ort kamen mal eben schnell vorbei, oft nur auf einen Ratsch. Wie hoch der Schaden tatsächlich war, bekamen wir nie mit.

Für ganz wichtige Fälle konnten wir beim Nachbarn Burger anrufen lassen. Raustelefonieren durften wir nicht. Telefongespräche kosteten je nach Entfernung. Und da der Nachbar keinen Taktgeber hatte, konnte er uns nichts gerecht berechnen. Einzelverbindungsnachweis gab es damals, glaube ich, noch nicht. Und wenn, dann nur gegen Zusatzkosten. So konnte selbst im Nachhinein nichts verrechnet werden. Und draufzahlen wollte er auch nicht. Was verständlich war.

Kann man sich heute gar nicht mehr vorstellen. Die Stadt weist ein Gewerbegebiet aus und die Post stellt von sich aus keine Infrastruktur für Anschlüsse her. Erst als das Gewerbegebiet großflächig ausgebaut wurde, ging man dieses Problem an.

Der Nachbar, der im Laufe des Jahres Wand an Wand zu uns baute, ließ manche seiner ersten Gespräche über unser Telefon laufen. Ihn traf es nicht ganz so schlimm. Er betrieb außerdem in Geretsried eine ganztägig besetzte Tankstelle und fuhr mehrmals am Tag hin und her. Aber manchmal wollte ein Kunde sofort mit dem Mechaniker sprechen. Dann lief das eben über uns, und wir hinüber.

Ansonsten gestaltete sich das Jahr erfolgreich. Wir etablierten uns weiter. Die Fahrzeugverkaufszahlen wuchsen, besonders mit Suzuki. Unser Zugpferd war die TS50ER. Kreidler lief an und Kreidler-Van Veen konnte endlich die ersten Fahrzeuge liefern.

Kreidler

Mir war Kaufmannsehre beigebracht worden. Man fischte nicht in fremden Gewässern. Man sah ja auch nicht gern, dass dies im eigenen Revier Fremde taten. Deshalb kam für uns 1978 Kreidler nicht in Betracht. Wäre heute kaum mehr vorstellbar.

Einen Steinwurf entfernt gab es einen Fahrradladen, der seit Jahren Fahrzeuge dieser Marke verkauft hatte. Aus persönlichen Gründen vernachlässigte er sein Geschäft. Er begann gerade damit, nach Gutdünken aufzuhaben. Kunden merkten oft erst vor verschlossener Ladentür, dass er heute nichts tun wollte.

Wir konzentrierten uns auf die KVVs. Da Motorteile, die bei der RS identisch waren, nicht von Duderstadt geliefert wurden, mussten wir die Teile über Kreidler-Depots beziehen. Die nächstgelegenen waren in Putzbrunn und Memmingen. Dort konnte man als Händler kurzfristig ausnahmsweise selbst abholen.

Da unser Geschäft regelmäßig geöffnet war und wir Ersatz schnell besorgen konnten, kamen immer mehr Kreidler-Fahrer mit ihren Anliegen zu uns. Als sich 1979 beim Kollegen die Arbeitseinstellung nicht änderte, kontaktierten wir den Außendienst des Werkes. Die Leute vom Teile-Depot sprachen sich für BS aus und nachdem wir über unser KVV-Engagement Kontakt mit der Marke hatten, wurden wir umgehend in den Händlerkreis aufgenommen.

Am 17. Mai erhielten wir die Bestätigung aus dem Werk in Kornwestheim. Das war‘s. Bei Kreidler galten mündliche Zusagen, bei uns Kaufmannsehre.

Am 12. September flatterte ein Begrüßungsschreiben von der Technikabteilung ins Haus, datiert 6.6.79. Ja auch so was gab es. Hatten wohl vergessen, es abzuschicken.

Fahrzeuge bekamen wir aus dem Depot in Memmingen. Ersatzteile bezogen wir über das aus Putzbrunn, von wo aus keine Kreidler-Zweiräder ausgeliefert wurden. Dafür gab es hier welche von Puch.

Kaum hatte Bert[1] von Suzuki mitbekommen, dass wir Kreidler-Fahrzeuge verkauften, bot er uns eine RS an, die bei ihnen in München herumstand, neu. War wohl als Spionageobjekt erstanden worden. Doch die Japaner zeigten wenig Interesse an den Wünschen des deutschen Importeurs. Dass Kreidler das Maß der Dinge in Deutschland war, beeinflusste sie nicht. So verkauften wir unsere vierte Kreidler mit SD[2] als Lieferanten.

Im November teilte uns Kornwestheim mit, dass das Teiledepot in Putzbrunn aufgelöst werde und wir ab 1.1.1980 nur noch aus Memmingen beliefert würden. So war es für uns vorbei mit der Selbstabholung von Teilen. Ins Allgäu und zurück war eine halbe Tagesreise. Da wir wöchentlich zweimal angefahren wurden, entstand kein wirkliches Problem.

---

1 Bert Poensgen, siehe Suzuki 1979 – 1981 auf Seite 28 ff

2 Suzuki Deutschland

Im März 1980 trat die Technik-Abteilung von Kreidler an uns heran. Wir mussten einen Werkstattvertrag unterschreiben. Dieser war ein Jahr gültig und verlängerte sich jeweils um ein weiteres, wenn nicht gekündigt werde. Alles ganz normal und üblich. Einen Werkstattvertrag bekam nur, wer Kreidler-Fahrzeuge verkaufte. Für den Fahrzeugverkauf brauchte man keinen Vertrag.

Auf diese Weise stellte Kreidler sicher, dass möglichst viele Fahrzeuge verkauft wurden, die Wartung aber von Fachleuten vorgenommen wurde. Heute würde man dies als After-Sales-Qualitäts-Sicherung bezeichnen. Oder heißt es schon wieder anders?

Im Vertrag stand, dass man die wichtigsten Original-Ersatzteile auf Lager haben sollte, wie Garantie vergütet werde und dass Kreidler uns mit den nötigen Unterlagen für den Betrieb versorgen werde. Das ganze Machwerk bestand aus einer DIN-A4-Seite.

Zwei Dinge: Garantieanträge konnten nur Händler mit Vertrag einreichen und Spezialwerkzeuge bekamen auch nur diese. Man brauchte nur wenige. Sie waren vom Feinsten und erleichterten die Arbeit extrem, waren ihr Geld allemal wert.

Bei Schulungen drückte man ab und zu ein Auge zu. Wer keinen Werkstattvertrag hatte und Spezialwerkzeuge brauchte, bestellte sie über einen befreundeten Händler, der einen hatte. Kornwestheim wusste von diesem *Submarkt* und tolerierte ihn, solange keine Klagen aus der Kundschaft oder Händlerkollegen kamen. Es war eben die gute alte Zeit.

Wir verkauften RS an Fahrschulen. Diese bekamen bei allen anderen Marken zehn Prozent Rabatt. Als wir bei Kreidler nachfragten, ob es dies auch bei ihnen gebe, tat man erst einmal erstaunt. Hatte noch nie jemand nachgefragt? Am nächsten Tag bekamen wir die Zusage, den gegebenen Rabatt erstattet zu bekommen. 1980 fuhren alle Fahrschulen im Umkreis auf Kreidler. Bis auf eine, die mit der Bultaco.[1]

---

[1] Seite 11

Im August wurde das Mofa Flott präsentiert. Es hatte einen Rohrrahmen und eine Sitzbank und somit ein für diese Marke völlig neues Aussehen.

Die mitvorgestellte Mustang 50 hatte ebenfalls einen Rohrrahmen. Kreidler tat einen ersten Schritt in die Moderne und löste sich vom Stahlpressrahmen.

Fast ein Jahr lief alles reibungslos. Am 10. Januar 1981 wurde für die Kreidler Werke GmbH der Vergleichsantrag gestellt. Die Meldung erschien sogar in der Tagesschau. Intern wurde schnell abgewiegelt, es handle sich nur um das *Drahtwerk*. Dies sei die eine Firma. Das *Fahrzeugwerk* sei eine eigene und davon nicht betroffen, da man mit Gewinn arbeite. Leider stellte sich schnell heraus, dass es von der Rechtsprechung mit dem Unterschied nicht so gesehen wurde. Durch die Konzerngestaltung waren die Fahrzeuge betroffen, Gewinn hin oder her. Aber noch sei nur ein Vergleichs- und kein Konkursantrag gestellt worden.

Als dann durchsickerte, dass die neuen 80er nicht im Frühjahr, sondern erst im Sommer lieferbar sein werden, wandten sich auch die letzten Interessenten anderen Marken zu. Vor allem die, welche im Vorjahr auf ein motorisiertes Klein-/Leichtkraftrad verzichtet und gewartet hatten.

Die neuen Kreidler sahen mit dem stehenden Zylinder und der komplett geänderten Optik ungewohnt aus. Ein kleinerer Teil der eingefleischten Fans der Marke war begeistert. Der größere verzieh den Verrat am liegenden Zylinder nicht. *Nicht rechtzeitig lieferbar* bedeutete zudem einen großen Schritt in Richtung Abgrund. Zwar wurden die ersten Mustang 80 ab April ausgeliefert, aber das Straßenmodell Florett 80 sollte erst im Sommer kommen. BS motor betraf das nur marginal. Wir konnten den Suzuki-Chopper GT80L verteilen.

Am 10. März 1981 erreichte uns ein Rundschreiben, datiert mit Februar 1982, das Presseberichte geraderücken sollte. Es wurde wieder der Eindruck erweckt, als sei der Gang zum Amtsgericht etwas, was den Fahrzeugbau nicht oder kaum betreffe.

Die Arbeit sei nur für einen Tag unterbrochen gewesen, alles liefe wieder normal weiter. Der Vergleichsverwalter habe einer

Weiterproduktion zugestimmt, da er von der aussichtsreichen Geschäftslage überzeugt werden konnte.

Lieferung, Service und Ersatzteilversorgung sind somit unverändert sichergestellt.

In Kürze soll das Kreidler Fahrzeugwerk ganz aus der bisherigen Muttergesellschaft Kreidler Werke GmbH ausgegliedert werden und wird dann als selbständiges Unternehmen weiterhin Ihr zuverlässiger Partner sein.

Dann ging es Schlag auf Schlag. Mit Wirkung 16. März 1981 übernahm die Unternehmensgruppe Willner den Fahrzeugbau. Die Willners hatten eine Opel-Vertretung und betrieben ein Kreidler-Depot in Ingolstadt. Sie hatten schon über hundert Jahre mit Fahrzeugen zu tun gehabt.

Es ging zu wie in einem Bienenstock. Hatte man unter Kreidler das Gefühl gehabt, alles bewege sich gemächlich, so kamen nun laufend Rundschreiben und Neuigkeiten. Neues Personal wurde eingestellt. Die Pressearbeit wurde forciert. Man konnte fast schon von Euphorie sprechen.

Doch Willner hatte zu spät eingegriffen. Die Fehler waren vorher gemacht worden und konnten kurzfristig nicht ausgebügelt werden. Statt dem alten Motor vorerst nur eine Hubraumvergrößerung zu spendieren, war ausschließlich auf einen völlig neuen Antrieb gesetzt worden. Dass dieser Kinderkrankheiten haben werde, hätte jeder Konstrukteur oder Fahrzeugbauer wissen können, da es immer schon so war.

Zum einen wurde in der Neukonstruktion weiterhin mit Mischungsschmierung[1] gefahren. Der Trend war seit geraumer Zeit in Richtung Getrenntschmierung gegangen. Diese hatte den Vorteil, dass nach dem Betanken des Fahrzeugs kein ungeeignetes Schmierverhältnis mehr vorkam und somit Kolbenfresser seltener wurden. Die Japaner hatten die Richtung unwiderruflich vorgegeben.

---

[1] Bei Mischschmierung wird das 2-Takt-Öl ins Benzin gekippt. Bei der Getrenntschmierung erfolgt die Ölzugabe über einen separaten Tank und eine die Menge regelnde Ölpumpe. Tanken von Benzin und Öl getrennt.

Von den deutschen Herstellern war zudem völlig vernachlässigt worden, dass Luftkühlung bei den Jugendlichen *out* war. Wer etwas auf sich hielt, fuhr mit wassergekühltem Motor.

Das Nächste war, dass die Enduro Mustang 80 mit der alten unterdimensionierten 6-Volt-Elektrik ausgeliefert wurde. Auch die optisch ansprechende Chopper-Version sollte diese beibehalten.

Nur die Straßenversion *Florett 80L* wurde mit einer 12V-Licht- und Zündanlage ins Rennen geschickt. Ihr Preis lag mit 4.300 DM wesentlich über dem der Mustang 80 (2.550. DM). Nur wenig Kunden akzeptierten die Differenz, die in ihren Augen hauptsächlich für die Lampenverkleidung und den Gepäckträger gezahlt werden sollte.

Im Herbst wurde, um wenigstens ein bisschen mithalten zu können, die Sparversion Florett-80E auf den Markt geworfen. *E* stand für *Economy.* Sie hatte keine Lampenverkleidung und keinen Gepäckträger und – die 6-Volt-Anlage. Bei uns ging sie an Rentner.

Auf den Vorabfotos der Chopper-Version stand auf den Seitendeckeln Florett 80. Auf die Einfallslosigkeit angesprochen, hieß es bei Kreidler, der Name werde noch geändert. In der Serie hieße das Fahrzeug dann anders. Einen Namen konnten sie noch nicht nennen. Wann gedachten sie, das Fahrzeug auf den Markt zu bringen? In zwei Jahren?

Die ersten Gerüchte geisterten bei der Kundschaft herum. Es gebe Probleme mit dem Motor. Im Kundenkreis von BS gab es wegen Motorschüttelns nur Rahmenbrüche. Von anderem blieben wir verschont.

Als wäre das alles gewesen, wurden die Händler Ende des Jahres von Kreidler gewarnt, dass circa viertausend Mofas aus dem Nahen Osten aufgetaucht seien. Sie seien von Kreidler von 1974 bis 77 dorthin geliefert worden und werden nun zu einem Spottpreis verhökert, Sie entsprächen nicht den deutschen Vorschriften. Garantie werde nicht übernommen. Ich sah nie ein solches Fahrzeug in meinem Betrieb.

Im Januar 1982 erreichte uns ein Zuversicht ausstrahlendes Rundschreiben. Kreidler wolle wieder die 50ccm-Weltmeisterschaft gewinnen und habe Ricardo Tormo verpflichtet, den Weltmeister von 1981 in der 50er-Klasse. Personal sei aufgestockt worden. Alles in Butter.

Am 20. erreichte uns ein Rundschreiben vom 5. 2. 1982. Darin wurde mitgeteilt, dass man mit Wirkung 1. Februar den Vergleichsantrag gestellt hatte. Aber man sei zuversichtlich eine zukunftsträchtige Lösung zu finden.

Von der Ersatzteilversorgung waren keine Probleme zu erwarten, da sie über Depots stattfand, die unabhängige, eigenständige Firmen waren und nicht zum Konzern gehörten. Sie betrieben ihr Geschäft auf eigene Rechnung. Kreidler war nur ein Teil ihres Sortiments.

Personal aufstocken, in die Weltmeisterschaft eingreifen wollen. Wie passte das mit dem Vergleichsantrag vom Februar zusammen, nicht einmal ein Monat später? War man so blauäugig oder unwissend. Hatte sich niemand die Zahlen in der Buchhaltung während des Vorjahres angesehen? Eine absichtliche Verarsche der Händler passte nicht zu den Leuten. Was sollte das?

Rundschreiben vom 11. März: Mit Wirkung vom 12.3.1981 werde das Anschlussverfahren[1] eröffnet. Abverkauf der Fahrzeuge von circa 8.500 Einheiten mit einem Zusatzrabatt von zwanzig Prozent. Die Händlerschaft solle sich engagieren, da sonst der Konkursverwalter die Zweiräder direkt an die Kunden verkaufen lassen wolle.

Nun wurde auch dem Letzten klar, dass Kreidler endgültig verschwinden werde. Ein schneller Abverkauf der auf Halde stehenden Fahrzeuge hätte vielleicht noch helfen können, die Firma wieder teilweise liquide zu bekommen. Aber nur wenige Händler engagierten sich. Wer wollte schon von einer Marke verkaufen, von der er nicht wusste, ob er im nächsten Jahr noch Ersatzteile bekommen werde. Kunden hatten gleiche Befürchtungen.

---

[1] *Wenn sich ein Konkursverfahren an ein Vergleichsverfahren anschließt, heißt dieses Anschlussverfahren.*

Das Ergebnis ist bekannt. Der Zweiradhersteller Kreidler aus Kornwestheim verschwand vom Markt, aber sicher nicht aus der Erinnerung.

Dabei hatten die neuen Leute so viel vor. 1982 sollte es eine Straßenversion unter dem Namen *Joker* geben. Sie wurde vom Target-Team designt. Die waren auch für die Optik der Katana verantwortlich. Eine gewisse Ähnlichkeit war unverkennbar. Der Joker war ein solcher und hätte mit der Suzuki RG80 mindestens gleich ziehen können. Und – das Fahrzeug hätte wieder den liegenden Zylinder gehabt.

Soweit so gut. Das Antriebsaggregat war das alte der RS. Der Motor, von dem im Werk ein halbes Jahr zuvor behauptet worden war, dass er technisch nicht machbar sei, hing nun in dem Modell. Details waren nicht bekannt, aber Kreidler traute sich scheinbar zu, so etwas hinzubekommen. Sie reagierten auf das Kundenecho.

Irgendwie bin ich bei dem Gedanken immer noch stolz, dass auch wir sie von der Machbarkeit des liegenden Zylinders überzeugt hatten.[1]

Suzuki 1979 – 1981

Im Herbst 1978 zeichnete sich ab, dass unser Betrieb mit den augenblicklichen Gegebenheiten finanziell keine Zukunft haben konnte. Der Bezug von Kawasaki-Neufahrzeugen und Ersatzteilen waren zu aufwendig. Die Sache mit Kreidler-Van Veen ging auch nur zögerlich bis gar nicht voran. Dnjepr war für uns erledigt und mit KTM[2] konnten wir nicht die großen Umsätze erwarten. Wir mussten eine langfristige Perspektive finden.

1978 hatten wir schon ein paar Suzuki-Ersatzteile bei der Firma Michael Fuchs in Benediktbeuern geholt und eine SP370 im Dezember. Die Zusammenarbeit verlief gut, so dass wir auf den

---

[1] siehe Seite 71
[2] siehe Seite 163

Verkauf von Mokicks und Motorrädern dieser Marke umschwenkten. Mokicks konnte Kawasaki sowieso nicht bieten.

Suzuki 1979

Im Laufe des Frühjahrs nahm der Verkauf der Suzukis bei uns zu. Die Firma Fuchs bekam mit dem Handling der Fahrzeuge Probleme. Das Nullgeschäft mit den Ersatzteilen, die sie an uns lieferte, war zu viel Aufwand und fraß den Fahrzeugbonus mehr als auf.

Wenn wir bei diesem Prinzip geblieben wären, hätte der Michi am Ende mit uns Verlust gemacht. Zudem kostete sein Umzug von Benediktbeuern nach Penzberg viel Zeit. Für 1980 stand zu befürchten, dass wir mehr Suzukis verkaufen werden als er in seinem Laden.

Unser Verhältnis war gut. Ein Wort ergab das andere und wir beschlossen gemeinsam, dass BS motor sich bei SD um einen Mokick-Vertrag bewerben sollte. Es gebe einen neuen Außendienstler für unser gemeinsames Gebiet. Der würde dies befürworten und abwickeln.

Dieser neue Mann war Bert Poensgen. Ja, der PB der über Jahre den deutschen Motorradmarkt und vor allem Suzuki in Deutschland und die Rennszene stark beeinflussen sollte. Kurz und gut – am 31.7.1979 erhielten wir den von SD gegengezeichneten Händlervertrag für Mokicks und Motorräder bis 125 ccm. Ferner wurde vereinbart, dass wir auch Motorradteile direkt beziehen könnten. Wir waren der erste Suzuki-Händler, den Bert eingesetzt hatte. Daraus entstand über Jahre eine gewisse Verbundenheit[1].

Unsere Vorahnung, dass das neue Mokick Suzuki TS50ER bei den Kunden einschlagen würde, wurde weit übertroffen. Es wurde auf diesem Sektor so gut wie nichts anderes mehr verlangt. Kunden verzichteten sogar auf ihre bevorzugte Farbe. Egal ob weiß, blau oder rot, genommen wurde, was wir am schnellsten liefern konnten. Es war eine Traumsituation für uns, kein Zeit

1 ‚Aus dem Zylinderchen geplaudert – Privat‘, Kapitel ‚Halb-Privates‘

raubendes Gefeilsche um den Preis. Unsere einzige Sorge war, wann die nächste Lieferung kommen werde. Diese Situation sollte ich, über einen allerdings kürzeren Zeitraum, nur noch einmal erleben – als die GSX-R750 auf den Markt kam.

Das Suzuki-Programm war 1979 in der Preisliste aufgebauscht, verglichen mit dem Vorjahr, um gegen Honda und Yamaha nicht allzu mickrig dazustehen. Insgesamt fünfundzwanzig Modelle und ein Wetbike[1] standen zu Auswahl. Manche Typen waren nicht mehr produzierte *Altlasten*. Die RV90 war 1977 zuletzt gebaut worden, die GT380 1978. Zu welchem Zweck es je zwei Enduro- und Straßen-Mokicks parallel gab, konnte kein Händler so richtig begreifen. Es gab eine Vierzylinder-GS500 und 550, die sich nur im Hubraum und Preis unterschieden. Hatte SD alles genommen, was in Japan zu bekommen war? Das Gerücht ging um.

Chopper zeichneten sich als neue Verkaufsschlager ab. Zehn Jahre nach dem Film *Easy Rider* erinnerten sich etliche daran.

Dass die Japaner die Mentalität der Deutschen nicht begriffen hatten oder es nicht wollten, zeigte sich an dieser neu ins Programm genommenen Art Motorrad. Hoher Lenker und angedeutete Stufensitzbank – fertig war der Chopper. Im Gegensatz zur Konkurrenz baute Suzuki wenigstens einen flacheren Tank drauf.

Das hätten die Kunden gerade noch geschluckt. Aber Standard-Gabel, Fußrasten an der Position, wo sie bei den Straßenfahrzeugen saßen, und vor allem Gussräder; mit jedem Punkt wurde das Kundeninteresse kleiner. Eine spätere Umrüstung auf Speichenräder in Deutschland wäre für mehr als 2.500 DM möglich gewesen; bei einem Fahrzeugpreis von 7.000 bis 10.500 DM. Kaum ein Händler wollte die übrig bleibenden Gussräder dabei anrechnen. Für die Bremssättel hätte es vereinzelt Käufer gegeben. An (ich glaube alle) von BS motor verkaufte Fahrzeuge wurden gegen Aufpreis vorverlegte Fußrasten-Anlagen gebaut. Jeweilige Kosten über 500 DM.

---

[1] Wasserfahrzeug mit Wasserdüsenantrieb

Diese Japan-Chopper waren schwer verkäuflich. BS motor hielt sich weitestgehend aus dem Geschäft und lieferte nur wenig Fahrzeuge aus.

Suzuki hatte aber auch eine Augenweide. Auf jeder Ausstellung war ein Motorrad der Hingucker – die Bimota SB3. Dies ist sie heute nach fast vierzig Jahren immer noch. Um den serienmäßigen 1000er-Motor mit 90 PS bauten die Italiener ein Prunkstück, nicht nur technisch das Nonplusultra. Ein Ladenpreis von 19.990 DM gewährleistete, dass man ein sehr seltenes Fahrzeug fuhr. BS verkaufte keine. Der Geldadel im Landkreis Starnberg war noch nicht motorradaffin und unsere anderen Kunden wollten oder konnten sich das Gefährt schlichtweg nicht leisten.

Aber nicht nur auf dem Motorradsektor wurde SD aktiv. Unter dem neuen Motto *Sport + Spaß + Freizeit* kam das Wetbike ins Programm, 50-PS-Innenbord-Motor mit Wasserstrahlantrieb. Wenn sich das Ding aus dem Wasser erhoben hatte, schoss es auf Kufen über die Oberfläche. Spaß pur für knapp 9.300 DM. Die GS850G mit Kardan kostete dasselbe. Kleiner Nachteil des Wetbikes, es durfte in Deutschland nur auf großen Flüssen gefahren werden. Die meisten Seen waren tabu. So fand es in erster Linie im Ausland auf dem Meer seinen Einsatz.

Ein passender Pkw-Anhänger wurde gleich mit angeboten. Anscheinend ging man davon aus, dass jeder zum Wetbike auch eine Transportmöglichkeit brauchte. Dies war nicht der Fall. SD bot daraufhin für Motorräder geeignete Schienen zum Hänger an. Da alle auf Lager stehenden eine Wetbikehalterung montiert hatten, wurden sie nur mit dieser abgegeben. Die Motorradschienen wurden anfangs nachgeliefert, da man von den Stückzahlen nach der Umwidmung nicht ganz überzeugt und von der Nachfrage überrascht war. Ein Hänger kostete mit zwei Zweiräder- und Wetbike-Schiene, sowie Ersatzrad mit Halter, knapp 1.500 DM – Zuladung maximal 350 kg.

Wir kauften uns einen. Er versah jahrelang hervorragende Dienste. Zudem war er für lau. Trotz mehrmaligen mündlichen Aufforderungen und einer zusätzlich schriftlichen, uns eine Rechnung zu senden, bleiben wir diesbezüglich auf dem Trockenen. Nach einiger Zeit erhielten wir wenigstens die Papiere.

SD hatte scheinbar Geld wie Heu. Denn dies war kein Einzelfall, wie sich später herausstellte. Mir sind 1980 mehrere aus erster Hand bekannt. Ein Händler forderte für sein Neufahrzeug die Papiere und Rechnung an. Leider ließ sich der Fahrzeugbrief nirgends auffinden. Nach zwei Monaten hieß es lapidar: *Brief ist nicht, schlachte das Fahrzeug aus.* Eine Berechnung folgte nie. Übrigens handelte es sich um eine GSX750 (VK[1] ca. 8.000 DM). Dagegen war unser Hänger Peanuts.

In der Werbung beschritt SD neue Wege.

Da inzwischen beim Motorradkauf von den Kunden wie am Basar gefeilscht wurde und manche Händler größere Nachlässe gaben, als für ihr Geschäft gesund war, startete SD eine Aktion.

Kunden, die ein Viertakt-Modell mit Speichen kauften und sich als Testfahrer anmeldeten, erhielten einen Preisnachlass von 500 DM. Die Hälfte davon wurde dem Händler von SD erstattet. Der Käufer musste ein Bordbuch führen und die Kundendienste über sich ergehen lassen. So bekam SD die Fahrzeuge mit Speichenräder besser verkauft; der Trend ging zu Gussrädern. Der Händler hatte treuere Kunden und die Besitzer konnten mit *Testfahrer* angeben. Heute sind die damaligen Modelle mit Speichen mehr wert als gleiche mit Gussrädern.

Um den lahmenden Absatz der SP370 zu promoten, betrat SD in der Branche neues Terrain. Wer im Sommer und Herbst 1979 eine Enduro des Typs kaufte, konnte sie in Tunesien gegen einen Reisepreis von 399 DM abholen. Im Preis enthalten waren Flug Frankfurt-Tunis und zurück, 2 Übernachtungen im Hotel und fünf im Zelt auf der Wüstentour (Suzuki nannte dies *Safari*), sowie Verpflegung. Die Neufahrzeuge wurden von SD nach Tunesien und zurückgebracht. Der Kunde musste mit dem Nummernschild und der Zulassung antanzen. Er übernahm sein Fahrzeug in der Wüste.

Wer schon eine SP370 hatte und teilnehmen wollte, bekam zum selben Preis die gleichen Reiseleistungen, musste aber seine Enduro auf eigene Faust nach Tunesien und zurückbringen.

---

[1] Verkaufspreis

Drei Termine standen vom 27.10. bis 17.11.1979, jeweils von Samstag bis Samstag zur Verfügung. SD ließ im Juli oder August die Schreiben an die Händler los. Sie wiesen darauf hin, dass noch nicht klar sei, ob der Kunde oder SD die Kennzeichen für die Neufahrzeuge nach Tunesien bringen sollte.

Dies blieb bis ein paar Tage vor dem ersten Termin ungeklärt, dass die Tour beinahe noch abgesagt werden musste.

Das Problem war, dass sich die tunesischen Behörden nicht einigen konnten, ob die SPs ohne Nummernschilder ins Land durften. Nicht zugelassen hätte eine Importprozedur angeleiert werden müssen – und später natürlich eine für den Export. Da die Motorräder andererseits in Deutschland zugelassen waren, wären sie Touristenfahrzeuge gewesen, die im Pass einzutragen gewesen wären. Das ging aber nicht, da die Besitzer bei der Einreise das Fahrzeug nicht mitführten. Und eintragen könne man nur, was der Zöllner sehe. Zudem konnte Suzuki keinen Nachweis erbringen, dass Kunden die Fahrzeuge zum Zeitpunkt der Anlieferung in Tunesien überhaupt schon zugelassen hatten. Niemand wollte andererseits seine SP zulassen, die er erst vier Wochen später erhalten sollte. Und so weiter und so fort.

Wie die Sache ausging, kann ich nicht mehr sagen. Kann mir ja ein Leser verraten, der dabei war.

Der Enthusiasmus bei SD war größer als das kaufmännische und organisatorische Talent. Die Pannen waren sicher auch der Tatsache geschuldet, dass der Motorradmarkt rasant wuchs – im ersten Halbjahr 1979 in Deutschland 17,5 %.

Und was gab es sonst?

Ab 1. Juli 1979 galten die neuen Mehrwertsteuersätze von 13 Prozent (vorher 12) und 6,5 (vorher 6).

SD bereitete die Händler auf den Jipsy vor, bei uns als LJ80 bekannt. Der Einstieg ins Autogeschäft wurde forciert. Der SUV (damals noch Allrad genannt) war in Australien der Renner unter den Allrad-Pkws. Er kostete wesentlich weniger als die Konkurrenz, war in der Stadt überall zu parken und war in.

Die Suzuki GS850G wurde in der amerikanischen Zeitschrift *Motorcyclist* gegen andere Kardan-Fahrzeuge wie BMW, Goldwing, Yamaha XS zum Allround-Sieger gekürt. Und das trotz kleinstem Hubraum.

Die Benzinnot und die Fahrverbote waren passé. Die Schlangen an den amerikanischen Zapfsäulen gab es nicht mehr.

Und bei uns stellte der Deutsche Touring Automobil Club fest, dass durch falsche Grünphasen-Schaltungen im innerstädtischen Verkehr 19 % Sprit vergeudet würden.

Suzuki 1980

Dieses Jahr war ein Meilenstein in unserem Betriebsleben. BS motor zog von Geretsried ins Gewerbegebiet Wolfratshausen und konnte sich endlich ausbreiten.

Bei Suzuki war es vorerst das letzte Jahr, in dem Mehrzylinder-Zweitakt-Motorräder in der Preisliste standen. Dies änderte sich erst 1985 mit der RG500 Gamma. Die Zeit der GTs war Geschichte. Die Zweiventilmotoren wurden von stärkeren Vierventilern verdrängt.

SD begann den *Mini-Jeep* LJ80 (Jipsy) zu verteilen. Ja, von verteilen konnte man sprechen, da das Fahrzeug anfangs so gefragt war, dass Motorradhändler es erst ab Herbst beziehen konnten.[1] Das Auto wurde aufgrund der unterschiedlichen Werkstattanforderungen über ein neues, separates Händlernetz vertrieben.

Am 1. April 1980 war die Lkr-Regelung durch. Nur es gab keine Fahrzeuge, da man sich bis kurz vor diesem Datum über die technischen Fakten nicht geeinigt hatte. Details später im Kapitel *Leichtkrafträder*[2].

Eigentlich hätte der Verkauf von Motorrädern keine Kunst sein sollen, jedoch Suzuki-Händler hatten ihre Probleme.

---

[1] siehe auch LJ80 auf Seite 41

[2] Leichtkrafträder auf Seite 196

Lkrs sollte es in diesem Jahr von Suzuki überhaupt nicht geben. Glücklicherweise von der Konkurrenz auch nicht. Der Kleinkraftradmarkt war tot. Alle warteten auf die 80er. Dass die Versicherung einen Bruchteil der 50er Prämien kosten sollte, war bekannt und trugt ein Übriges zum Erliegen des Markts der Unter-18-Jährigen bei. Ein ganzer Kundenjahrgang fiel aus.

Ein anderes Problem war die Fahrzeugpalette. Suzuki Japan hing an der Meinung vom Vorjahr und änderte an den Choppern nichts. Das hieß, wieder Grußräder. Daraus folgte wieder wenig Kundeninteresse.

Die zweite Fahrzeuggruppe waren die GSX750 und 1100. Ihre Kanten spalteten die Kunden. Die einen sagten, super. Die anderen, das gehe gar nicht. Die beiden Gruppen hielten sich bei uns in etwa die Waage. Die *Super*-Fraktion unterteilte sich in die, welchen die Lampenverkleidung egal war und die, denen sie gar nicht gefiel. Die Geister schieden sich am eckigen Scheinwerfer.

Wir versprachen (und hielten), unseren Kunden im Herbst einen Lampentopf zu bauen, der die Original-Hülle ersetze. Daraufhin konnten wir wenigstens ein paar dieser Fahrzeugmodelle verkaufen. Der Topf war eine handgemachte Glasfaserschale, die Platz für die ganze Elektrik bot, die am Serienfahrzeug frei lag und von der Verkleidung verdeckt war.

Zu dem kam das Gefühl, dass Sand im Getriebe bei SD war, ohne dass jemand sagen konnte, warum er es hatte. In München hielten sie sich bedeckt und wurstelten vor sich hin. Die Schlamperei in der Verwaltung wurde nicht besser. Es lief zwar alles, aber das Knirschgefühl blieb. BS motor hatte Glück, wir waren vor den Toren Münchens und hatten nur vierzig Kilometer zu Suzuki. Und wir kannten die maßgeblichen Leute dort persönlich. Andere Händler konnten ihre Probleme nicht so einfach lösen. Man hörte manches auf der 1980er-Händlertagung, für die SD erst im Januar 1981 Zeit hatte.

Im Herbst war herausgekommen, warum so wenig zusammenlief. SD hatte seine Arbeitskräfte überwiegend für den Autosektor und sein Freizeit-Mode-Programm eingesetzt – und für die Katanas, die im nächsten Jahr auf den Markt kommen sollten.

Gemunkel über den neuen Typ gab es die ganze Zeit. Fakten waren kaum durchgesickert.

Über die Saison waren wir bei BS ausgelastet, sowohl mit dem Verkauf von Motorrädern, als auch in der Werkstatt. Ende des Jahres hatten wir die Verkaufszahlen bei Fahrzeugen im Verhältnis zum Vorjahr mehr als verdreifacht. *Freizeit* verbrachten wir mit dem Ausbau im Geschäft. Wenn dann noch Zeit war, treib ich mich mit Winter/Diehl[1] auf Rennstrecken herum.

Das Jahr verging wie im Flug.

Ende 1980 konnten wir an die zehn Mokicks ausliefern. Diese Anzahl war gegen Jahresende ungewöhnlich, da Kunden in der Regel Neufahrzeuge erst im Frühjahr kauften und abnahmen.

Die Übernahme im Winter geschah, weil die Käufer fürchteten, im kommenden Frühling kein Fahrzeug mehr zu bekommen. Suzuki hatte im Sommer vor den Werksferien nicht genug 50er nach Deutschland importiert. Das hatte sich herumgesprochen.

Im Herbst bot uns SD an, noch nicht gelieferte Fahrzeuge zu stornieren. Wir fürchteten, im Frühjahr 1981 wieder zu wenig Mokicks zu haben und zu bekommen. Deshalb ließen wir die Bestellungen in Kraft. Von September bis November wurde geliefert.

Da nicht nur wir unsere Bestellungen aufrecht erhalten hatten, bekamen Händler, die im Herbst Mokicks verkauften und nicht aus alten schöpfen konnten, keine Fahrzeuge. BS motor war kein Unmensch. Wir gaben ein paar an Kollegen ab. Eine Hand wäscht die andere und es gab eine Zukunft. Gewinn war damit nicht zu erzielen. Aber es brachte uns in eine höhere Bonusstufe, was sich im Endeffekt auszahlte. Teilweise handelte es sich um Lieferungen, die wir nie zu Gesicht bekamen. Sie wurden von SD direkt an den jeweiligen Händler geliefert. Wir erhielten nur die Rechnung und die dazugehörige Betriebserlaubnis.

Ach ja, das Verschleudern von Fahrzeugen war ein großes Problem für manche Händler. Es gab welche, die nicht rechnen konnten oder wollten. Wenn die Kosten mit Auslieferung an den

---

[1] Winter/Diehl – Die ewigen Gespann-Europa-Berg-Meister auf Seite 167

Kunden höher als der Gewinn waren, konnte man nicht lange überleben. Taten viele auch nur zwei Jahre. Der Kollege im Umkreis konnte ebenfalls nichts verdienen, da er entweder preislich mitziehen musste oder weniger verkaufte. Diverse kaufmännische Chaoten fühlten sich zum Motorradhändler berufen. Über Auswirkungen ihres Handelns verschwendeten sie keine Gedanken.

Im Frühjahr 1980 regten wir bei PB an, Stammtische einzuberufen, an denen die Händler im Umkreis von circa einhundertfünfzig Kilometer teilnehmen könnten. Das wäre eine Gelegenheit, die Problematik zu besprechen und nach Lösungen zu suchen.

Die Stammtische fanden an wechselnden Orten statt, um die Fahrstrecken in Summe für jeden erträglich werden zu lassen. Dieses Konzept war so erfolgreich, dass es ein paar Jahre durchgezogen wurde, selbst als wir 1982 das Agentur-System aufgebrummt bekamen. Davon später.[1]

Die Händler lernten sich auf diese Weise besser kennen. Man half sich aus mit Fahrzeugen, die man benötigte oder nicht losbekam. Strategien gegenüber Suzuki oder Kunden wurden erarbeitet.

Wenn ein Ladenbesucher behauptete, er bekomme da und da zehn Prozent, bat man ihn, einen Moment zu warten, man telefoniere mit besagtem Kollegen. In so gut wie allen Fällen fiel ihnen die Kinnlade herunter und sie gaben kleinlaut zu, *sich geirrt zu haben.* Nach kurzer Zeit hatte sich herumgesprochen, dass man uns Händler nicht anlügen brauche, da ein Handeln so nicht funktioniere.

Warum das mit den Stammtischen überwiegend nur in Süddeutschland funktioniert hatte, war nie zu ergründen. Im Ruhrgebiet wurde versucht, diese Art Händlertreffen auf die Füße zu stellen. Es blieb bei den Versuchen. Die Händler beneideten uns. Fehlte bei ihnen das gegenseitige Vertrauen?

Ja, mia san ebn mia.

---

1 Die Suzuki-Agentur-Zeit 1982 - 1984 auf Seite 85 ff

Suzuki 1981

Das Geschäftsjahr begann mit einem rauschenden Fest, der Händlertagung in München. Tagung und Übernachtung im Arabella-Hotel und Faschingsparty bis halb fünf in der Früh im Löwenbräu-Keller. Ab Mitternacht standen Shuttle-Busse bereit, um die vom Matratzen-Horch-Dienst ins Hotel zu bringen. Genug beschrieben.

Dies war die verspätete Händlertagung 1980. Es war nicht nur ein Fest. Auf der Tagung wurden wir pompös auf die Zukunft eingeschworen. Es waren keine Kosten und Mühen gespart worden. Aus dem Rundschreiben, das wir dazu erhielten:

> *... Eine Elektrische-Großbild-Produktion, wie sie ansonsten nur von Fernsehanstalten verwandt wird, wurde zu einem ähnlichen Anlaß noch nie in Deutschland gezeigt. Sicherlich interessiert Sie zu dieser Technik, daß die Fläche der Fernsehproduktionswand eine Größe von 6 x 4,5 m = 27 m² hat.*
>
> *Für diese Großbildprojektion haben wir uns den Übertragungswagen einer Fernsehanstalt entliehen und der gesamte Ablauf entsprach dem Aufwand, der heute auch bei einer Fernsehshow üblich ist.*
>
> ...

Auf der Tagung wurden die Händler gefragt, welche Verkaufschancen sie der GS650 Turbo gaben. Auf einer Klappkarte taten wir unsere Meinung kund. Leider war das Foto des Fahrzeugs so auf die Karte gedruckt, dass man nur eine Hälfte behielt. Zweite Stimmzettel gab es nicht. Im Archiv habe ich deshalb nur die hintere Hälfte der Turbo im Bild. Ein Exemplar des Motorrads stand zur Ansicht auf einem Podest. Nicht zur Probefahrt. Jungs, es war Januar!

Die Großzahl der Händler sah keine Verkaufschancen. In erster Linie, weil 650 ccm keine gängige Hubraumgröße war und, wenn ich mich recht erinnere, der Preis höher als der vergleichbarer 750er lag. Ein paar Jahre später wurde diese Muster-Turbo nach Buchloe *entsorgt*.

1983 gab es einen Posterprospekt mit den aktuellen Modellen. Auf der Rückseite prangte ein Foto der XN85, die 1981 noch als GS650 Turbo angepriesen worden war.

Auch 1981 hatten wir gegen eckige Lampentöpfe anzukämpfen. (Erst 1982 reagierte Japan.) Die Kunden akzeptierten die Scheinwerfer nicht.

Eine zweite Händlertagung, lang nicht so spektakulär, gab es im Dezember in Mainz, diesmal die für 1981. Warum fehlt mir an diese jegliche Erinnerung? Ich bin dort gewesen, daran erinnere ich mich.

Doch zurück zum Anfang des Jahres. Da der Kleinkraftrad-Markt im Vorjahr zusammengebrochen war und wir von Kreidler-Van Veen überzeugt waren, machten wir uns im Winter Gedanken, ob aus dem Kreidler-Motor[1] nicht ein 80er zu machen wäre. Die ersten Vermessungen von Motorgehäuse und Zylinder ergaben, dass dies vom Platz her kein Problem darstellte. Sogar der Hub konnte bleiben, also keine andere Kurbelwelle oder anderes Pleuel. Die ersten Versuche waren erfolgreich. Es drehte sich nur noch um die finanzielle Machbarkeit.

Auf einem der Händlerstammtische erzählten wir Bert von unserer Winterbeschäftigung. Ein Wort ergab das andere. So entstand der RV-Deal.[2] Da wir die abfallenden Kolben und Laufbuchsen für die KVV-Sache verwenden konnten, zogen wir die RV-Angelegenheit vor und ließen das KVV-Projekt ruhen.

Wir waren mehr als ausgelastet. Rupert legte teilweise Tag- plus Nachtschichten ein. Das Ergebnis war, dass wir 1981 die meisten Suzukis im gesamten BS motor-Leben verkauften.

Zu diesem internen Rekord trug bei, dass ab Juli die ersten 80er von Suzuki ausgeliefert werden konnten. In unserer Gegend war auf dem Straßen- und Enduro-Sektor Yamaha eine geringe

---

1 Kreidler-Van Veen (GS50/GS80) auf Seite 58

2 Suzuki RV90 – RV80 auf Seite 48

Konkurrenz, Honda noch weniger. Für die GT80L gab es keinerlei Ebenbürtiges. Dieses Choppersegment war von den beiden anderen Japaner übersehen worden. Kawasaki mischte auf dem Leichtkraftradsektor nicht mit.

Wir hatten wieder ein Zweirad, für das wir Kundenwartelisten anfertigten. Im Gegensatz zu den TS50ER in 1979 bekamen wir längerfristig nicht genug Fahrzeuge. Wegen des Ausverkaufs kam es vor, dass Interessenten aus ganz Deutschland querbeet anriefen, ob eine GT80L herumstehe. Die Kunden waren bereit, fünfhundert und mehr Kilometer zu fahren, um ein Leichtkraftrad für 3.100 DM zu ergattern. Nicht bei jedem Händler war die Fahrzeugnachfrage gleich hoch.

Als Folge des wachsenden Geschäfts stockte BS das Personal auf. Aus zwei mach vier.

Im Juni kamen die ersten Katanas in Form der GS550M zur Auslieferung, ein Monat später die GS650G.[1] Im September trafen die ersten Katana GSX750SZ bei uns ein. Während die 550er und 650er noch den Jahresbuchstaben[2] *X* hatten und in ausreichender Anzahl verfügbar waren, wurden die 750er und 1100er mit dem *Z* gehandelt. Von diesen war jeweils nur ein Fahrzeug pro Händler zu Ausstellungszwecken über den Winter vorgesehen.

Im Sommer 1981 waren die Fahrzeugpreislisten im Handel vergriffen. So kam im Herbst eine Preisliste mit dem Aufdruck *Stand Januar 1982* heraus. Für die kurze Zeit bis dahin wollte man aus Kostengründen keine Zwischenauflage drucken. Zum Jahresende waren immer schon saisonbedingt wenige Fahrzeuge an Kunden ausgeliefert worden. Die *großen* Katanas waren in Stückzahlen erst im Frühjahr 1982 lieferbar.

Mitte Oktober meldete sich der Suzuki-Außendienst bei uns. Wir konnten unser *schlampiges Verhältnis* nicht mehr aufrechterhalten. Seit gut einem Jahr waren wir ohne schriftlichen Händlervertrag auch mit großen Motorrädern beliefert worden. Unser Vertrag lautete nach wie vor *bis 125ccm-Maschinen.*

---

[1] Katana – Die deutschen Suzukis auf Seite 88

[2] Modell-Jahre auf Seite 221

Die Ungereimtheiten in der Verwaltung bei Suzuki waren angegangen worden. Dabei tauchten vereinzelt, vermisste Fahrzeugbriefe wieder auf. Die Ursache in Form einer Person war ebenfalls gefunden. Im Zuge der Durchforstung kam unser fehlender Vertrag zur Sprache. Es bestand Handlungsbedarf bei SD.

Hinter vorgehaltener Hand hieß es, dass SD, die nach außen hin im Geld schwammen, sich mit den Katanas finanziell überhoben hätten. Kann ich nicht überprüfen, manches deutet auf einen Wahrheitsgehalt des Gerüchts hin,

Alle Händler bekamen neue Verträge. Diese machten aus Vertragshändlern Suzuki-Agenturen, Inkrafttreten 1. Januar 1982. Detaillierte Erklärungen sollte es auf der Händler-Tagung im Dezember in Mainz geben.

LJ80

Wir verkauften zwei dieser Suzuki-Geländewagen. Das wäre nicht erwähnenswert, wenn es bei einem nicht eine suzuki- und zulassungstypische Geschichte gewesen wäre. Um sie nicht zweimal zu erzählen und der Clou primär bei den Behörden lag, ist hier nur der Hinweis auf *Zulassungsstelle München (LJ80) auf Seite 191*.

Suzuki GSX750EGT (Silver Suzi)

Der zweite Teil des Kapitels könnte auch im Band *Privat* stehen. Andererseits handelte es sich um ein Werkstattproblem. Wem es hier unpassend erscheint, kann es ausschneiden und in *Privat* einkleben. Ihr wisst schon: *cut and paste*.

Der Umstieg von den 2-Ventil-GS- auf die 4-Ventil-GSX-Modelle im Jahre 1980 brachte Suzuki bei den 750ern und 1100ern nicht den erwarteten Erfolg. Nicht die Technik war das Problem. Die Leistung und das Fahrzeuggewicht waren auf Höhe der japanischen Konkurrenz. Die Optik schreckte manchen Käufer ab. Vor allem die Verkleidung des eckigen Scheinwerfers erschwerte viele Verkaufsgespräche und ließ etliche erst gar nicht zustande kommen. Suzuki wollte keine Lösung bieten und verwies auf den Zubehörhandel. Der Grundgedanke, Kunden durch ein Gesamtkonzept und nicht nur durch den Verkauf von Fahrzeugen an die Marke zu binden, war 1980 bei SD zwar im Entstehen, stieß bei den Japanern jedoch auf wenig Verständnis.

Deshalb konstruierte und produzierte BS motor einen Lampentopf und vertrieb ihn in Eigenregie. In dem Fiberglasgehäuse fanden alle Kabel und Stecker Platz, die in der Originalversion frei hinter der Scheinwerferverkleidung hingen. Ergänzend musste der Kunde zwei Lampenhalter kaufen, da der Originalscheinwerfer in der wegfallenden Verkleidung befestigt war. Der Umbau schlug mit circa 150 DM zu Buche und war in erster Linie eine Lösung für bereits verkaufte Motorräder. Soviel zu den Großserientypen.

Eigentlich hätte die GSX750EGT[1] unter der Bezeichnung GSX750EGX erscheinen müssen, da sie erst 1981 auf den Markt kam, zu einer Zeit, als die X-Modelle bereits ausgeliefert wurden. Warum nicht? Vielleicht klang GSX am Anfang zusammen mit EGX am Ende zu blöd? Oder die Fahrzeuge standen ein dreiviertel Jahr irgendwo herum? Letzteres halte ich für unwahrscheinlich bei dem hohen Interesse und den vorliegenden Kundenbestellungen. Aber wer blickte schon in den Kopf eines Importeurs oder Werkes?

Warum die Silver Suzi erst im April 1981 als 1980er-Modell in Deutschland ausgeliefert wurde, war nie herauszubekommen.[2] Der Seeweg war mit ungefähr sechs Wochen kalkuliert. Warum dauerte es bis zur Auslieferung in Deutschland bis April 1981?

Hatte es mit der EGT beim TÜV Schwierigkeiten oder Zeitprobleme gegeben? Umgerüstet schienen die Fahrzeuge nicht zu sein, denn die Transportkisten waren original. Geöffnete Kisten wären leicht zu erkennen gewesen. Ein Grund für die Modellbezeichnung war nie herauszubekommen.

Da die Fahrzeuge im Winter 1980 beworben worden waren und die ersten Käufer *blind* (ohne Preiskenntnis) unterschrieben

---

[1] Sondermodelle auf Seite 223

[2] Suzuki auf Seite 217 ff

hatten, kam die Lieferverzögerung nicht gut an. Beispiel unser erster Silver-Suzi-Kaufvertrag. Es gab nur Bilder und eine technische Beschreibung, der Preis bleib geheim. Der Kunde war seit Dezember 1980 scharf auf dieses Fahrzeug. Aber es kam nicht.

Im Februar 1981 hatten wir ihn überredet, einen Kaufvertrag zu unterschreiben. Nur so sei sicher, dass er überhaupt eine bekomme. Die generelle Nachfrage war groß. Die Ungewissheit des Kaufpreises blieb letztendlich das gravierende Kaufhindernis.

Wir einigten uns auf einen maximalen Preis von 8.700 DM. So hatten wir als Verkäufer Luft bis zu einem Listenpreis von circa 9.100 DM. Wir gaben damals drei, maximal (bei guten Kunden, und das war wirklich nicht jeder) fünf Prozent.

Als dann der Preis mit 9.890 DM bekannt wurde, saßen wir alle in der Bredouille. Wir, weil wir den Betrag im Vertrag nicht halten konnten und wollten, er, weil er uns einen Verlust nicht aufbürden wollte.

Wir einigten uns auf 9.000 DM, da das Fahrzeug noch nicht da war. Dafür solle sich unser Kunde noch etwas gedulden. Die Silver Suzi war uns für die nächsten Tage versprochen.

Der Ankunftstermin verzögerte sich wieder und wieder. Die Fröhlichkeit des Wartenden stieg bei den täglichen Anrufen oder ersatzweisen Besuchen in unserem Geschäft nicht. Am Schluss drohte er, vom Verkauf zurückzutreten und eine Honda Bol d' Or zu kaufen. Der Supergau.

Eine normale GSX750 kam für ihn wegen des eckigen Scheinwerfers und des Tanks nicht in Frage. Er hatte sich monatelang auf dieses Motorrad vorbereitet und davon herumerzählt.

Am 15.4.1981 konnten wir ausliefern. Der Ärger des Kunden war bald verflogen. Er war über Jahre zufrieden mit dem Fahrzeug. Wie mag er die Sache heute sehen?

Der Preis war der Killer dieses Modells. Erst als 1983 immer noch Silver Suzis bei SD im Lager standen, wurde er drastisch gesenkt. Wir bestellten ein Exemplar für eigene Zwecke, Zulassungsdatum 18.4.1983.

Mein Bruder betrieb die Firma mhs Motorradtouren und veranstalte solche. Er brauchte wegen der viel zu fahrenden Kilometer im Jahr zwei, drei Maschinen. Die Silver Suzi sollte eine Zeit lang auf Touren im Einsatz sein. Dies war als Werbung auch für BS motor gut.

Leider kristallisierte sich das Motorrad als Problemfall heraus. Es war nicht auszudenken, wenn es an einen pingeligen Kunden ausgeliefert worden wäre.

Hier beginnt ein nicht jugendfreier Teil. Nachahmern rate ich ab, das Folgende ist schlichtweg Wahnsinn. Aber der Reihe nach.

Am Anfang verlief alles reibungslos. Das Fahrzeug wurde auf Touren beschaulichen Charakters eingesetzt. Nachdem mein Bruder das erste Mal auf der Autobahn Vollgas gefahren war, kam er umgehend zurück.

„Der Reifen ist hinüber. Das Fahrzeug wackelt ab 160 km/h.“ Wir zogen neue auf. Vielleicht hatten sie durch das zwei Jahre Lagern in der Kiste etwas abbekommen. Probefahrt. Vom Betriebsgelände bis auf die Autobahn drei Kilometer. Weiteres Schlingern. Lenkkopflager, Schwingenlager geprüft, getauscht, Probe gefahren. Alle Schrauben überprüft. Nach jeder Änderung Probefahrt. So ging das über mehrere Wochen. Zwischendurch war das Motorrad wieder auf langsameren Touren im Einsatz.

Der Auslöser für das Schlingern war nicht zu finden. Lenkkopf-, Schwingen-, Radlager erneuert, Rahmen vermessen, andere Reifen (Marken und Dimensionen) aufgezogen, jeweils Probefahrten, Garantieanträge geschrieben und, und, und. Es nahm kein Ende.

Letztendlich wollte mein Bruder das Fahrzeug nicht mehr einsetzen. So kam es wieder zu uns. Um es nicht vergammeln zu lassen, fuhr ich ein paarmal. Alles super, nur das Geschwindigkeitsfenster zwischen 150 km/h und 170 km/h musste ich meiden oder möglichst schnell überwinden. Solange das Motorrad voll auf Zug war, war es fahrbar. Furchtbar wurde es in diesem Geschwindigkeitsbereich bei Schub oder geringer Beschleunigung. Ich musste oft an einen feurigen, störrischen Mustang denken. Man wusste nie im Voraus, wie das Pendeln ausgehen werde. Zwischendurch waren die Amplituden minimal, fast vernachlässigbar, aber nur bedingt kontrollierbar.

Als einzige Möglichkeit, das Fahrzeug in den Griff zu bekommen, blieb Verschrottung. Als Händler konnten wir nicht verantworten, dass es einen Käufer abwarf oder anderen Schaden anrichtete. Kurz, es war unverkäuflich geworden.

Als ich mit Freunden auf der Inntal-Autobahn in Österreich unterwegs war, war das Aufschaukeln wieder einmal besonders schlimm. Wir hielten an einem Parkplatz an und ich erklärte meinen Entschluss.

„Nein, mach das nicht!". Jeder versuchte, mich abzuhalten. Mein Vorhaben könne nicht gut gehen.

Keiner konnte mich abbringen. Ich wollte das durchziehen. Was bleib meinen Freunden anderes übrig, als sich zu fügen. Wir fuhren weiter. Die Autobahn war kaum befahren, wochentags und Arbeitszeit. Ich beschleunigte. Die anderen fuhren in gebührendem Abstand hinterher, zu dritt nebeneinander. Beide Fahrspuren waren dicht. Von hinten drohte keine Gefahr.

Das Schlingern begann. Es nahm so zu, dass ich den Lenker kaum mehr halten konnte. Bei 170 km/h stieg ich hinten in die Eisen. Die Suzi brach wie gewollt aus. Ich legte sie auf die rechte Seite und ließ los. Kalkulatorisch war das Risiko für mich nicht allzu groß. Ich musste nur darauf achten, dass ich hinter dem Motorrad bleib. So konnte ich nicht getroffen werden. Dies wäre voraussichtlich gefährlich geworden.

Die Suzi hatte Krauser-Koffer montiert. (Mit oder ohne hatte keinen Unterschied auf das Schlingern gehabt.) Meine Bewegungsfreiheit beim Loslassen des Motorrads reichte.

Ich schlitterte auf der Seite und auf dem Rücken durch Österreich. Die Suzuki bewegte sich von der Mitte der Fahrbahn zum Straßenrand. So lagen wir da, als meine Freunde hielten. Bis das nächste Auto kam, waren wir alle auf dem Seitenstreifen oder auf der Böschung in Sicherheit. Einer von uns winkte die Autos weiter und wir hatten unsere Ruhe.

Nun hieß es, erst einmal den Schaden betrachten. Knochen heil, Lederkombi und darunterliegenden Ski-Langlaufanzug durchgeschliffen. Leichte Kratzer an der Haut und an ein paar Stellen minimaler Blutaustritt. Koffer durchgeschliffen, Lenker verbogen, rechte Fahrzeugseite stark verkratzt. Die Sonne schien.

Nach kurzer Zeit meldete sich mein Körper. Das Hirn fing an, wieder normal zu arbeiten, die Knie führten die empfohlenen Zitterbewegungen aus. Einer brachte das Motorrad bis zum circa einem Kilometer entfernten Parkplatz. Es fuhr noch, allerdings schwer lenkbar mit an einer Seite angebrochenem Lenker. Wir warteten, bis der Schrott mit dem Hänger abgeholt und die hundert Kilometer in die Heimat unterwegs war.

Vor dem Verfassen dieses Kapitels grübelte ich lange, wie die Fahrt für mich weiterging. Heimat – Gardasee? Bis ich das Schreiben anging, glich meine Erinnerung an das Weitere einem schwarzen Loch.

In November 2017 gab ich Claudia den ersten Band der Zylinderchen-Reihe und erzählte, dass im zweiten die Sache mit der Silver Suzi stehen werde. Wir schwelgten in Erinnerungen. Dabei kam heraus, dass sie damals mit von der Partie war und heute noch sauer auf mich sei. Hier die verbindliche Version der weiteren Geschehnisse am 1983-Wochenende.

Nachdem sich alle beruhigt hatten und ich nicht mit nach Hause gebracht werden wollte, wurde ich in die Autofraktion aufgenommen und zum Gardasee kutschiert.

Am nächsten Morgen meldeten sich diverse Stellen meines Körpers vermehrt. Voll einsatzfähig war ich nicht, aber für aufsehenerregende Spaziergänge und Restaurantbesuche reichte es.

Claudia war sauer, da ich im Zelt von Gisela schlief, in dem man aufrecht stehen konnte. Da Claudia Camping sowieso nicht mochte, darbte sie extrem in meinem Minizelt. Das große Zelt war leider zu klein für drei Personen. Gisela wollte nicht in mein

Zelt, da das große ihres war. Und ich war wegen der Wehwehchen nicht in der Lage in mein Zelt zu kriechen.

Wieder zuhause angekommen, sahen meine Bewegungen schon nicht mehr so schlimm aus. Nach zwei Wochen waren auch die Kratzer weitestgehend verheilt. Die richtige Kleidung half, quod erat demonstrandum.

Den Rest der Suzi (Motor, Kleinteile etc.) verkauften wir in Teilen. Den Rahmen und die Schwinge verschrotteten wir. Das Risiko war mir zu hoch.

So endete meine Erfahrung mit der Silver Suzi GSX750EGT. Mir ist von keinem anderen Fahrzeug der Baureihe ein ähnlicher Schaden bekannt. Es war halt ein *Montagsfahrzeug*.

Dass der *Umfall* glimpflich ausgegangen ist, führe ich größtenteils auf meine Erfahrungen zurück, die ich mit Rennfahrern gemacht hatte. Die hatten mir ausführlich und mehrmals erklärt, wie ein Sturz abgemildert werden könne. Theorie und Praxis stimmten in diesem Fall. Auf das gleiche Glück sollte sich niemand verlassen. Heute würde ich den *Umfaller* sicher nicht mehr wiederholen.

Nein, mir ist nichts geblieben. Aber wer so etwas macht, der muss vorher schon etwas gehabt haben. Also, nicht nachmachen. Finger weg und Hirn ein.

Der RV90/RV80- und KVV-Deal – 1981

Suzuki RV90 – RV80

Diese Geschichte fing im Winter an, sagen wir, es war Januar oder Februar, bei einem Gerstengetränk. Vielleicht auch mehreren, wahrscheinlich sogar. Nach einem Abendessen in einer nahegelegenen Wirtschaft im Gespräch beim Händlerstammtisch. Wie man so durch die tote Zeit kommt, wenn draußen Schnee liegt und nur drei Kunden die Woche erscheinen. Ein Problem, das alle Anwesenden hatten, außer BP, unserem Suzuki-Außendienstler. Der konnte ein Gehalt einstreichen.

Als wir unseren Senf dazugaben, hörte dieser BP aufmerksam zu und erkundigte sich über Details. Wir hatten von den weit fortgeschrittenen Umbauentwicklungen und den ersten Probeläufen mit dem Kreidler-Motor und den KVVs erzählt.[1]

Ob wir das auch mit der RV90 machen könnten? Ob wir eventuell Interesse an einer Aktion hätten? Und so weiter und so fort. Das nennt man, *Leute ausfragen.*

Eigentlich hatten wir kein Interesse an einem, für uns größeren Projekt. Die KVV-Sache war mitten in Umsetzungsplanungen und ungewiss. Würde sich das GS-Projekt lohnen? Wie konnte der Vertrieb geregelt werden? Wie viele Fahrzeuge werden betroffen sein? Außer der technischen Machbarkeit hatten wir eigentlich nichts. Und der Beginn der Saison war nicht mehr weit. An Beschäftigung mangelte es uns nicht.

BP gab nicht auf und kam ein paar Tage später zu uns nach Wolfratshausen. Es war ein Katzensprung für ihn. SD saß in München, im Gewerbegebiet an der Ingolstädter Straße.

Wir sollten es uns noch einmal überlegen. Suzuki hatte im Vorjahr eine Billig-Aktion gestartet. Zu sehr günstigen Einkaufspreisen konnten Händler die RV90 erstehen. Angeblich wurden dabei

---

[1] Kreidler-Van Veen (GS50/GS80) auf Seite 58

so um die fünfzig Fahrzeuge an den Handel abgesetzt. Niemand vermochte zu sagen, woher diese stammten. Sie waren einfach da.

Mit Motorrädern unter 250 ccm bediente man einen sehr kleinen Markt. Ein Motorrad wurde erst ab 250 ccm als solches wahrgenommen. Alles darunter war Kinder- und Kleinkram.

Generell musste man die RVs eher als Werbegag ansehen, denn als Konkurrenz zu sonstigen Motorrädern. Geringere Leistung und Höchstgeschwindigkeit waren keine Verkaufsargumente. Die Optik und die Überlegenheit beim Fahren im Sand schon eher. Doch wo außer an der Küste und in der Wüste gab es den. Und wenn man weder dort noch dort wohnte, wie kam man da hin. Mit RVs auf der Straße sicher nicht. Wir sprechen von einem Nischenmarkt.

Von den drei Modellen war die RV90 das uninteressanteste.

Die RV50 war Mokick und hatte vorwiegend die Jugendlichen unter achtzehn als Käuferkreis. In diesem war es überwiegend ein Mädchen-Fahrzeug, eines für die, die wegen der Handschaltung Roller ablehnten. Ältere Fahrer interessierten sich meist nur, wenn sie keinen Motorradführerschein hatten.

Die RV125 war für Motorradfahrer in der Stadt, die nicht in der Masse mitschwimmen wollten. Wegen der Ballonreifen war die niedrigere Höchstgeschwindigkeit nicht ausschlaggebend beim Kauf.

Die RV90 war weder Fisch noch Fleisch. Weniger Leistung, kürzer als die 125er und deshalb instabiler im Geradeauslauf, auch wegen der identisch großen Reifen vorne und hinten, zudem unbequemer im Soziusbetrieb. Der Preis war minimal geringer als der 125er. Wer sollte mit so einem Fahrzeug geködert werden?

Es war ein überflüssiges Modell in der Palette. Wer importierte einen vorauszusehenden Flop und warum? Bis 1977 war die Firma Zweirad Röth in Hammelbach offizieller Suzuki-Importeur. Her Röth versicherte mir im Februar 2008 telefonisch, dass die Fahrzeuge nicht von ihm stammten.

Das plausibelste Gerücht 1981 war, dass die RVs bei Gründung der Firma Suzuki Deutschland GmbH durch Lowmann und de Crignis mit in die *Ehe* gebracht worden waren. Das Wissen über die Herkunft der Dickrädrigen blieb in der Chefetage.

BP: Es gehe um circa neunzig Neufahrzeuge und einen Stapel Umbausätze für Fahrzeuge, die bei den Händlern im ganzen Bundesgebiet herumständen und so gut wie unverkäuflich seien. Eine genaue Anzahl wisse er nicht, aber mit den fünfzig zusätzlichen könnten wir schon rechnen. Außerdem waren da noch Kundenfahrzeuge. Es gebe sicher Eltern, die ihren Kindern ein Fahren mit der RV als Leichtkraftrad vor dem achtzehnten Geburtstag ermöglichen wollten.

Wir müssten zwar die Fahrzeuge kaufen, aber er würde sich um den Vertrieb kümmern. Er würde die RVs über das Suzuki-Händlernetz unters Volk bringen. Mit durch uns direkt verkauften könnten wir zusätzlich verdienen. Wir hätten kein Risiko, außer das der Technik. Garantie und so. Da finde man auch Wege.

Unser Risiko lag bei eigenem Montagemurks, sowie den Laufbuchsen und Kolben, war von der technischen Seite praktisch null. Kolben Mahle (Zündapp), Buchsen Eigenanfertigung.

BP nannte uns den Einkaufspreis. Wir hätten auch die Möglichkeit ein Fahrzeug zu bekommen, um es zu zerlegen und uns die Machbarkeit anzuschauen. Falls es nichts werden sollte, könnten wir es zurückgeben. Ansonsten würde es uns berechnet oder wir kauften es sofort zum Super-Gebrauchtfahrzeug-Preis.

Zwei, drei Tage später sagten wir zu, dass wir den Super-Gebrauchtfahrzeug-Preis investieren und die technische Machbarkeit prüfen werden. Falls es schiefgehen sollte, für den eingesetzten Betrag konnte die RV90 jederzeit weiterverkauft werden.

Innerhalb weniger Tage war der Prototyp fertig. Nach drei Wochen waren die ersten Testfahrten zufriedenstellend absolviert.

Zur Technik: Pleuel-Änderungen wären zu aufwendig gewesen. Dazu hätte der Motor komplett zerlegt und zusammen gebaut werden müssen. Zu unserem Glück warteten die RV-Zylinder mit eingeschrumpften Graugussbuchsen auf. Es musste nur die Bohrung reduziert werden. Dies war durch dickeres Material zu erreichen. Thermische Probleme erwarteten wir nicht, da die RV90 im Original mit dicken Buchsen lief, ohne diesbezüglich negative Auswirkungen. Ein passender Kolben fand sich bei Zündapp. Er war von der KS100. Dieses Fahrzeug gab es in Deutschland kaum oder nicht. Die Firma Hagl in München, damals Teile-Großhändler der Marke, hatte einen auf Lager. Und schon lief das Fahrzeug. Na ja, ein bisschen Arbeit und Hirnschmalz waren schon nötig.

Ein Mustergutachten war mit dem TÜV abgesprochen; die Vorgaben leicht zu erfüllen. Wir brauchten eine Leistungsmessung. Da der TÜV in München noch keinen eigenen Prüfstand für Motorräder besaß, wurden wir zur Firma Spaett geschickt. Die war anerkannter Handlanger für den TÜV. Das Problem war die Wartezeit. Wir konnten erst etwa vier Wochen nach Anfrage auf den Leistungsprüfstand.

Inzwischen waren wir uns sicher, dass nichts mehr dazwischen kommen werde. Wir bereiteten die weitere Vorgehensweise mit SD vor. Am 11.5. 1981 erhielten wir eine Fahrgestellnummernliste für sechsundneunzig RV90. Später kamen vier hinzu. So wurden es einhundert von Suzuki Deutschland gelieferte Fahrzeuge.

Am Tag darauf war es soweit mit der Leistungsprüfung. Nichts wie auf nach München. Das Messergebnis: 5.500 U/min – 4,7 PS, 6.000 U/min – 4,8 PS, 6.500 U/min – 5,9 PS, 7.000 U/min – 5,0 PS.

Pech gehabt. Die Praxis war von der Theorie abgewichen. Knapp daneben. Der Gesetzgeber verlangte: *Maximale Leistung bei maximal 6.000 U/min.*

Die Laufbuchse war umgehend geändert. Die nächste Leistungsprüfung erfolgte binnen einer Woche. Also wieder von Wolfratshausen nach München und zurück. Ein weiterer halber Tag futsch. Diesmal passte das Ergebnis, obwohl weniger Leistung herauskam. Abgerundet 3 KW standen in den Papieren. Die maximale Höchstgeschwindigkeit von 80 km/h war kein Thema, da diese auch mit der RV90 nicht erreicht wurde.

Um ein angenehmeres Fahren zu ermöglichen, änderten wir die Hinterrad-Übersetzung auf 32 Zähne. So war das Übergangsloch vom 3. in den 4. Gang nicht mehr ganz so spürbar.

Am 20.5. erhielt der TÜV in München unsere Unterlagen und den Auftrag für das Mustergutachten.

Suzuki drängte auf die erste Lieferung der Fahrzeuge, da sie für ihre Lagerhalle Miete zahlen mussten. Jeder Tag zählte. Die RVs hatten über Jahre Platz weggenommen, der sinnvoller für neuere Modelle genutzt werden konnte. Unsere Lagermöglichkeiten waren bescheiden, aber Abmachung war Abmachung. Ich nehme hier bewusst nicht das Wort *Vertrag* in den Mund, da die ganze Aktion ausschließlich auf Treu und Glauben beruhte, sogar ohne Handschlag.

Die ersten Fahrzeuge wurden angeliefert. In der Regel geschah dies in Kisten verpackt per Lkw mit Ladebühne am Heck. Nicht so in diesem Fall.

Eines Tages stand ein unangekündigter Sattelzug mit tieferer Ladefläche – ähnlich den Baumaschinen-Transportern, aber mit Plane – vor der Einfahrt.

Wohin sollen die Kisten und wo ist der Gabelstapler?

Über den ersten Teil der Frage hatten wir uns Gedanken gemacht. Die Kisten sollten hinter unsere Halle, dass sie von der Straße nicht direkt sichtbar waren. Aber Gabelstapler? Kein Mensch hatte etwas von einem Stapler erwähnt. Zum Glück hatten wir Zaun an Zaun eine Schlosserei. Und noch mehr Glück, sie hatten einen Gabelstapler und der Fahrer war im Haus. Sie waren noch nicht auf den Baustellen. Uns wurde geholfen.

Jedoch nicht so einfach, wie es auf den ersten Blick ausgesehen hatte. Der Lkw musste erst einmal auf unser Gelände. Ein Ausladen auf der Straße kam nicht in Frage, der Bordstein war zu hoch für den Gabelstapler. Das Gewerbegebiet in Wolfratshausen bestand aus fünf Grundstücken mit Hallen. Die Straße war mit der ersten Teerschicht fertig. Gullydeckel standen heraus. Die abgesenkten Randsteine an den Grundstückszufahrten waren zu hoch, da sie für die Endteerschicht ausgelegt waren. Unsere Einfahrt war nur sechs Meter breit. Es parkten keine Autos auf der Straße. Der Fahrer hatte genug Platz zum Rangieren. Nach einigem Vor und Zurück war er auf dem Gelände.

Plane hoch. Die nächste Überraschung, die Kisten mit den Motorrädern. Es waren drei übereinander. So hoch reichte der Stapler nicht. Es drehte sich um ein paar Zentimeter.

Dann nehme ich die Fracht wieder mit.

Es folgten ein längeres Hin und Her am Telefon mit SD und beidseitige Ablehnung der Verantwortung für die Misere. Da ein Abladen die einzig sichere und streitfreie Möglichkeit war, wurden die Hirnzellen noch einmal angeworfen. Und siehe da. Wir hatten Holzplattenreste von der Abtrennung der Werkstatt zum Lager. Zwei in Stufen aufeinandergelegt lösten alle Diskussionen in ein Nichts auf. Das Gewicht der Fahrzeugskisten war trotz Hubhöhe kein Problem. RVs wogen nicht ganz so viel, wie die Siebenfünfziger oder Tausender.

Nach kurzer Zeit standen die Kisten hinter unserer Halle. Sie waren für die Kühe und vielleicht jemanden mit Feldstecher von Gelting sichtbar. Außerdem handelte es sich nur um ein paar Tage. Dann sollten die Fahrzeuge bei den Händlern stehen und nicht mehr bei uns.

Für die Anlieferung der nächsten RVs wurde abgesprochen, dass wir vorher informiert werden, wann genau das Abladen stattfinden soll. Ein zweites Mal konnten wir nicht auf das Glück hoffen, dass der Staplerfahrer zufällig vor Ort sein werde.

Der dreistöckig geladene Sattelzug kam noch einmal. Die restlichen Fahrzeuge wurden mit der normalen Spedition gebracht.

Die ersten beiden RVs gingen nach Österreich gegen Barzahlung. Der Namen des Käufers blieb im Dunkeln, da der Abholer nur den Auftrag hatte, die Fahrzeuge hinzubringen, in der Kiste, unmontiert. Ich kann mich nicht mehr erinnern, wer die Sache eingefädelt hatte. Es war ein Fünf-Minuten-Geschäft, wie bei der Mafia. Ich möchte damit in keiner Weise andeuten, dass es auch nur andeutungsweise kriminell gewesen wäre. Der Ablauf erinnerte nur an derartige Filme.

Am 9.6.1981 erhielten wir das Mustergutachten.

In der Zwischenzeit war es losgegangen mit der Arbeit. Rupert drehte die Buchsen für die Zylinder und fräste die Überströmkanäle; jede Nacht nach Ladenschluss bis weit nach Mitternacht. Da wir keine eigene Drehbank besaßen und auch keinen Platz hatten, erledigte er das Fräsen bei einem Bekannten, der eine Dreherei im Nachbarort betrieb. Abends wenn der Feierabend machte, durften wir an unsere Arbeiten. Des Öfteren half er mit. Für die Benutzung der Werkstatt wurde uns nichts berechnet, da Rupert vorher ausgeholfen hatte und nachher, wenn in der Dreherei ein Engpass entstanden war, gegen Lohn natürlich.

Da der Zündapp- bauartbedingt höher herauskam als der Kolben der RV90, fand für das Leichtkraftrad eine längere Buchse Verwendung. Über diese wurde am oberen Ende ein Aluring gepresst, der an einer Seite abgeflacht war und *V75* eingeschlagen hatte. Die Kennzeichnung für den Hubraum. So war mühelos erkennbar, dass der Fahrer nicht unerlaubterweise mit dem Motorradzylinder unterwegs war. Gut, eine dickere Buchse hätte auch weiter abgedreht sein können. Da wäre aber zuviel Material im Abfall gelandet.

Wenn ich heute die Zahlen sehe, wundere ich mich, wie wir zu dritt alles geschafft haben. Wir hatten zudem unseren normalen Motorradbetrieb mit Werkstatt laufen. In dieser Besetzung hatten wir bis dato vierzig Neufahrzeuge anderer Modelle und Marken verkauft und ausgeliefert. Ein Mehr-als-Zwölf-Stunden-Tag, sieben Tage die Woche war Usus. Manchmal gingen wir zum Schlafen heim. Wenn ich daran denke, werde ich heute noch müde. Aber es zeigt, wenn man etwas will, geht es auch. Würde ich heute nicht mehr machen. Gut, ich bin auch fast vierzig Jahre älter.

Am 30.6. nahm der TÜV die ersten dreißig Fahrzeuge ohne Probleme ab. In erster Linie beschränkte sich die Kontrolle auf die Fahrgestellnummern und die Distanzbuchsen zwischen Zylinder und -kopf. Schließlich waren wir verantwortlich für den Einbau. Zudem war ich seit zehn Jahren als zuverlässig bekannt.

Zwei Tage später erhielten wir die neuen Fahrzeugpapiere. Jede Betriebserlaubnis musste mit der Maschine von Hand getippt werden. Das bedeutete für die Schreibkraft bei der TÜV-Prüfstelle, Überstunden und Mittag die Ruhestunde durcharbeiten. Nix Computer oder so.

Das Ausliefern der RVs stand an. BP war seine Aufgabe angegangen und hatte auch über die anderen Außendienstler bei Suzuki die ersten Fahrzeuge an die Händler im Raum Südbayern und Bayerischer Wald vermittelt.

Jetzt rächte sich, dass wir auf Nummer sicher gehen wollten. Eigentlich hätten wir die RVs in den Original-Kisten von Suzuki umbauen können.

Dagegen sprach, dass wir nicht wussten, wer vom TÜV jeweils die Fahrzeuge bearbeiten werde. In Sachen Auslegung gab es dort so Spezialisten. Oft durften Prüfer mit nicht nur Pragraphen im Kopf Umbauten nicht abnehmen. Nicht jeder durfte alles. Es gab Befugnishierarchien. Aber das ist eine andere Baustelle. Generell musste ein Fahrzeug bei einer Einzelabnahme vorgefahren werden. Was in einer Kiste sei, könne nicht fahren. Klar?

Eine Montage von Lenker, Rädern, usw., die bei jedem aus Japan gelieferten Motorrad von Händlern vorgenommen werden mussten, und eine anschließende Demontage und Zurückverfrachtung in die Kiste wären ein zu großer zeitlicher und finanzieller Aufwand gewesen. Zudem waren diverse Kartonüberzüge nicht mehr brauchbar, da sie durch die Lagerung im Regen bei uns gelitten hatten.

Wir wollten aus Sicherheitsgründen jedes Fahrzeug vorher gefahren haben. Wir mussten die Garantie für den Umbau übernehmen.

Ich erinnere mich nur an einen Fall und finde auch in meinen Unterlagen keinen anderen. Dieser war eine undichte Kopfdichtung nach etwa fünfhundert Kilometer Laufleistung.

Bei unserer Kreidler-Van-Veen-Aktion ab Herbst hatten wir den TÜV besser im Griff. Wir kannten uns.

Bereits im Vorfeld hatten wir uns um die Auslieferungsmöglichkeiten gekümmert, mit einem traurigen Ergebnis.

Die Bundesbahn transportierte nur mit Kleincontainern. Das waren Holzkisten auf Rädern mit Deichseln und abnehmbaren Seitenwänden, rundum geschlossen. Das wäre die sicherste Lösung gewesen. Aber die Bahn fuhr nicht überall hin und die Endstrecken hätten Speditionen erledigen müssen. Der Preis wäre zu hoch gestiegen. Unserer wäre weit über den Frachtkosten gelegen, die Händler beim Neufahrzeugbezug von Suzuki bezahlten. Das kam aus psychologischen Gründen nicht in Frage. Mit Verlust den Transport abzuschließen, war auch nicht unsere Absicht.

Also wandten wir uns an Speditionen. Die meisten waren an der Fracht nicht interessiert. Sie beförderten grundsätzlich keine Motorräder. Die anderen, die es getan und Kapazitäten frei gehabt hätten, wollten nicht, da ihnen das Risiko von Transportschäden durch Umfallen zu groß war. Warum? Weil die RVs nur selbsteinklappende Seitenständer hatten, keine Hauptständer. Abhilfe hätte geschaffen werden können, indem die Fahrzeuge auf Paletten transportiert worden wären. Die Fracht durften nicht über den Rand stehen, also schieden Europaletten aus. Es hätte zwar größere gegeben, aber mit denen wäre der Transport mindestens doppelt so teuer gekommen. Grund der Preis richtete sich in diesem Fall in erster Linie nach der Grundfläche des Transportgutes (Palette).

Was blieb uns anderes übrig, als selbst zu fahren. Wir besorgten uns einen Leih-Lkw. Ich hatte den passenden Führerschein Klasse 2. Wir mieteten einen 12-Tonner – größere Ladefläche als die der 3er-Lkws. Auf diese Weise lagen die Einnahmen über den Mietkosten, mit dem Ergebnis, dass meine Fahrzeiten ebenfalls vergütet waren.

Diverse RVs wurden von den Außendienstlern zu den Händlern gebracht. In diesen Fällen war es deren Sache, sich über die Frachtkosten einig zu werden. Wir berechneten sie nicht.

Was gibt es noch zu berichten?

Zwei Drittel der Fahrzeuge wurden im ersten Jahr verkauft, der Rest im nächsten. Um die letzten mussten wir uns selbst kümmern. Über BP waren nur noch wenige vermittelbar. Das entsprach zwar nicht ganz unserer ursprünglichen Abmachung, wurde dafür mit anderen Entgegenkommen kompensiert. Wir hatten ein gutes Verhältnis, das auf Vertrauen basierte – und nie enttäuscht wurde.

Kunden wollten immer das, was es nicht mehr gab. So auch bei den RV80 und RV90. Glücklicherweise fanden sich 1983 bei SD in irgendeinem Lager noch ein paar RV90, die wir umbauten. Die Fahrzeuge waren schnell verkauft, da wir eine Liste von leer ausgegangenen Interessenten führten. In hartnäckigen Kundenfällen besorgten wir uns Ladenhüterfahrzeuge bei Händlern.

Mit der Zeit erhöhten sich die Versicherungsprämien für Leichtkrafträder in die Region wie früher der Kleinkrafträder. Die Nachfrage nach Rückumbauten auf RV90 wuchs.

Dies war für uns nur ein kleines Zubrot, da die billigste Lösung ein neuer Zylinder von Suzuki und der Tausch des Kettenrades war. Fertig war die 90er. Die Teile konnte jeder bei seinem örtlichen Händler bekommen und einbauen lassen.

Kreidler-Van Veen (GS50/GS80)

Ein Mosaikstein in der Motorradgeschichte

Die Beteiligten

Firmen waren mit der damaligen Anschrift:

Kreidler-Van Veen Sport GmbH, Industriestraße, 3828 Duderstadt (KVV)

und

BS motor Schellhorn und Baindl und (ab 1979) BS motor Fahrzeughandels GmbH, Schlesische Straße 13, 8192 Geretsried –
(ab 1980) Hans-Urmiller-Straße, 8190 Wolfratshausen,
im folgenden auch *BS* genannt.

Die technischen Entwicklungen der Umbauten stammten von Rupert Baindl. Er nahm auch die Umsetzung vor.

Indirekt war Suzuki Deutschland involviert, zumindest was die KVV GS80 anbetrifft. Zum besseren Verständnis ist es ratsam, das Kapitel *Suzuki RV90 – RV80*[1] zu lesen. Das Geschehen um unseren Kreidler-Van-Veen-Umbau hat chronologisch vor der RV80-Geschichte begonnen. Die RVs haben sich zeitlich dazwischen gedrängt. Ich empfehle, zumindest den Anfang dieses Kapitels zu lesen.

Auf der IFMA[2] 1976 in Köln hatte Van Veen, der niederländische Kreidler-Importeur, seine mit Wankel-Motor[3] ausgerüstete OCR 1000 vorgestellt; ein Motorrad mit Kreisscheiben-Motor und einem Kammervolumen von 996 ccm mit einem sagenhaften Drehmoment von 135 Nm, Sie hatte, wie die Münch 4 TTS-E mit Einspritzung, 100 PS (TTS mit Doppel-Weber-Vergaser 88 PS). Zum Vergleich: Im selben Jahr wurde die Kawasaki Z900

---

[1] Seite 48 ff

[2] IFMA – Internationale Fahrad- und Motorrad Ausstellung

[3] Felix Wankel ist der Erfinder des Kreiskolben-Motors, verbaut wurde der Motor im Ro80, einem NSU-PKW (NSU ist heute Audi)

mit 76 PS angegeben, die Honda 1000 Wing, die damals noch nicht Gold Wing hieß, mit 82 PS.

Das Interesse an der OCR 1000 war riesig, der Kundenkreis jedoch klein. Das Fahrzeug stand mit etwas über 24.000 DM zu Buche. Für diese Kleinigkeit hätte man drei Kawasaki Z900 bekommen. Die stand mit Listenpreis 8.200 DM im Laden.

1976 bot auch Suzuki ein Motorrad mit Wankel-Motor an, die RE 5 Rotary, die es schon seit 1974 gab,. Sie stand mit 62 PS zum Preis von 8.700 DM in der Preisliste.

Der dritte Wankel im Bunde war Herkules mit seiner W 2000 (im Volksmund: Staubsauger, wegen der Optik). Sie hatte ein Kammervolumen von 294 ccm und brachte 27 PS. Also auch keine Konkurrenz zur OCR.

Doch zurück zu Van Veen. Für den Bau der OCR wurde im Zonenrandgebiet[1] in Duderstadt ein Gelände mit Halle erworben.

Ich gehe davon aus, dass aufgrund des hohen Verkaufspreises der Van-Veen-Wankel von Haus aus erkannt worden war, dass ein Geld bringendes zweites Standbein wichtig war.

Van Veen war nicht nur wegen des außergewöhnlichen Motorrads ein Begriff. Er hatte sich seit 1968 um die Kreidler-Straßenrennmaschinen gekümmert. Erfahrung im Motorenbau war vorhanden.

Die Motocross-Szene entwickelte sich rasend zu der Zeit. Die Jugendlichen, die noch nicht mit Motorrädern auf die Straße durften, aber mit 50ern, boten ein riesiges Käuferpotential. Eben diesen Kundenkreis hatte Van Veen in Holland. Warum sollte der Verkauf nicht auch in Deutschland funktionieren.

Für die jüngeren Leser: Es gab damals noch kein Internet. Man bewegte sich für Gespräche und Sonstiges persönlich zu Freunden und Freundinnen. Es gab zwar das Telefon, aber das war an

---

[1] Zonenrandgebiet war auf der Westseite ein circa 50 km breiter Streifen entlang des Eisernen Vorhangs, der Grenze zur damaligen Tschechoslowakei und DDR. Dieses Gebiet wurde mit Förderprogrammen seitens der Politik interessant gemacht, um Arbeitsplätze zu schaffen.

einem Kabel befestigt, welches meist nicht ins eigene Zimmer reichte. Die Eltern hatten größere Ohren als heute. Doch zurück.

Ein Fahrwerk wurde entwickelt. Die ersten Fahrzeuge wurden für das in Holland populäre Jugend-Cross gebaut. Um in Deutschland Stückzahlen absetzen zu können, musste in die Rennszene hier eingegriffen werden. Beschreibung im Kapitel *Motorsport* und *OMK* [1]

Die Gespräche mit der OMK um eine Cross-Serie für 14-Jährige verliefen zäh, aber positiv. Sie wurde, trotz der Trägheit im Apparat, schon 1979 in Deutschland als Pokalserie eingeführt. Bei den beiden Probeläufen in Bauschheim und Radevormwald gingen die Plätze ein bis sechs auf Anhieb an KVV MCs. Der Grundstein für einen erfolgreichen Verkauf der Fahrzeuge war gelegt.

Kreidler war ein Begriff und Van Veen auch, ebenso Kreidler-Van Veen. Was sollte also gegen diesen Lieferanten sprechen. Zudem frisch am Markt stellte nicht ganz so hohe Anforderungen an Neuhändler wie die Japaner. Ausgenommen BMW waren alle europäischen Marken, wie Italiener und Engländer, auf dem absteigenden Ast. BMW konnte sich, nicht nur wegen der Behördenaufträge, über Wasser halten. Sie konnten sich auf eine eingefleischte Fangemeinde bei den älteren Motorradfahrern verlassen, die mit dem *Japanschrott* nichts am Hut hatten.

Am 24. Juli 1978 kontaktierten wir (BS motor) Duderstadt und erkundigten uns nach den Fahrzeugkonditionen und Liefermöglichkeiten. Erste Informationen wurden ausgetauscht. Von einer GS-Version kurz vor Vollendung mit ähnlichen technischen Daten und Straßenzulassung war die Rede. Ein derartiges Fahrzeug bot bis dahin kein Hersteller. Das Besondere an der GS war, dass von der ersten Auflage nur dreihundertsechzig Stück gebaut werden sollten. Diese Anzahl war notwendig, da sie die Mindeststückzahl für die Homologation war. Bei einer geringeren Serie durften Fahrzeuge nicht an Geländesport-Wettbewerben teilnehmen. Sportfahrer waren die angepeilte Käuferschicht.

---

[1] Oberste Motorsport-Kommission – Seite 158 ff

Die Angaben überzeugten uns. Erwartungsvoll unterschrieben wir am 24. September 1978 einen Exklusiv-Händlervertrag für den Raum München und südlich bis zur Grenze. In Ost-West-Ausrichtung reichte das Gebiet von Miesbach und Rottach-Egern bis Landsberg und Schongau. Diese Orte waren inbegriffen. Ab 8. Januar 1979 durften wir Unterhändler einsetzen.

Unser Laden war zu dem Zeitpunkt in Geretsried, in einem ehemaligen Milchgeschäft. Mit Erfolgsaussichten ließ sich sicherer nach Geeigneterem suchen. Wir waren offen für alles.

Unsere Erstbestellung bestand aus einer Motocross und einer GS, wobei die Cross umgehend und die GS spätestens im Frühjahr 1979 geliefert werden sollte. Im Händlervertrag wurde für unser Gebiet und 1978/1979 eine von Lieferantenseite sehr optimistische Abnahmezahl von zehn Fahrzeugen festgelegt. Diese konnte nie verwirklicht werden. Vor allen Dingen, da wir wussten und auch sagten, dass es in unserer Gegend kein Motocross-Gelände gebe und *einfach so durch den Wald* zu viel koste. Wir konnten nur zulassungsfähige Fahrzeuge vermarkten.

1978 und 1979 – Start mit Problemen

Die MC wurde mit Rechnung vom 18. Oktober 1978 geliefert. Die GS50 sollte bis Januar 1979 zum Preis von 4.135 DM (plus 84 DM Fracht) kommen.

Im Oktober 1978 hatten wir die ersten beiden festen Kunden. Sie kamen fast jeden Tag und erkundigten sich, ob die GS inzwischen geliefert worden sei. Dies ging trotz Winters, oder vielleicht deswegen, jeden Tag so. Der eine hatte eine Hercules Ultra LC[1] und wollte die KVV als Winterfahrzeug. Bei einem eventuellen Sturz wäre keine Verkleidung kaputt gegangen. Der zweite wollte durch den Schnee pflügen.

Leider wurden wir aus Duderstadt immer wieder vertröstet, dass die Fahrzeuge noch nicht vom TÜV abgenommen worden seien.

[1] LC stand für liquid cooled (flüssigkeitsgekühlt) – hieß im Volksmund spöttisch *likörgekühlt*. Dieses Modell war zur damaligen Zeit für die Jugend das angesagte Straßen-Kleinkraftrad, da Kreidler und Zündapp nur *Luftgekühlte* im Programm hatten.

Mit Herannahen des Frühjahrs sank für den Hercules-Fahrer das Interesse an der KVV, da er ein Sommerfahrzeug hatte. Der zweite Kunde sagte auch klipp und klar, entweder Lieferung oder er verzichte auf das Fahrzeug. Verträge waren noch nicht unterschrieben. Weitere Werbung und Kaufverträge vermieden wir, solange die Liefersituation nicht geklärt war.

Ende April 1979 bekamen wir ein Rundschreiben aus Duderstadt, dass die MC Junior abverkauft werde und der Verkaufspreis von 3.760 DM auf 3.500 DM gesenkt worden sei. Die minimale Senkung wurde damit begründet, dass die Junior ab sofort mit der Hinterradschwinge und dem Magura-Magnesium-Gasgriff der Profi ausgeliefert werde. Stolz wurde in dem Schreiben darauf hingewiesen, dass in diesem Jahr bereits zweimal ein Fahrer mit einer Junior-Cross Sieger gewesen sei. Dies fassten wir als Witz auf, da die Saison gerade erst begonnen hatte (April) und laut den Starterlisten außer KVV kaum andere Fabrikate am Start waren. Wir gönnten Duderstadt den Spaß. Zudem kam die Aktion für diese Saison zu spät, da nach Beginn der Rennserie selten neue Fahrer dazukamen.

Die Starterfelder waren überfüllt. Also kam nur ein Ersatz bei Verschrottung im Einsatz in Frage. Gegen technisches Versagen sprach die Qualität der Fahrzeuge.

Es schien sich etwas zu tun. Warum sollten sie nicht endlich auch die GS ausliefern? Vielleicht brauchten sie Platz in Duderstadt? Es tat sich aber nichts, außer erneuten Vertröstungen.

Wir stellten KVV in Duderstadt vor die Wahl, entweder fertige Fahrzeuge binnen zweier Wochen zu liefern, oder wir gäben den Vertrag zurück, mit Konsequenzen. Wir einigten uns darauf, dass wir eine GS ohne TÜV-Abnahme bekämen und dazu die Arbeitsgrundlagen, die sie dem TÜV in Hannover für die Abnahme zur Verfügung gestellt hatten. Eigentlich war es ein Gutachten ohne Unterschrift. Zudem bekamen wir die Teile, die wir zum Umbau unserer MC50 benötigten, dass wir beim TÜV vorfahren konnten.

Ohne weitere Probleme lieferten wir am 21.5.1979 das erste Fahrzeug, die umgebaute MC50 Profi an den Kunden aus. Mit Schnee pflügen war zwar Ende Mai nichts mehr, aber der Stolz, die erste in Deutschland, ja weltweit zugelassene KVV GS50 zu besitzen, wog allen Ärger auf.

Am 27. April erhielten wir die zugesagte, noch TÜV-lose GS und konnten diese am 13. Juni mit Papieren ausliefern. Der Kunde ließ trotz Sommers seine Ultra in der Garage und fuhr lieber mit der KVV. Er war der einzige – und sollte es bleiben – der eine GS mit weißem Plastiktank mit TÜV-Segen hatte. Der Tank war ursprünglich für die Serie vorgesehen, wurde jedoch vom TÜV Hannover abgelehnt. Plastiktanks waren nicht erlaubt. Begründung: Sie können bei einem Unfall leichter platzen, Benzinfestigkeit auf Dauer nicht sicher, und, und, und. Diese Gefahren sah nur der deutsche TÜV. In anderen Ländern hatte sich längst herumgesprochen, dass Kunststoff- nicht unsicherer als Blechtanks sein müssen.

Vielleicht waren die Benzinbehälter ein Grund für die Lieferverzögerungen. Unser TÜV in München gab sich nach einigem Hin und Her mit einer Druck- und Dichtheitsprüfung zufrieden. Es war ja eine einmalige Sache. Wir bekamen die Papiere mit dem Hinweis, den Tank auszutauschen, wenn Kreidler-Van Veen liefern könne, bzw. wenn die Serie ausgeliefert werde. Der Plastik-Tank wurde nicht in die Papiere eingetragen, da er ja ausgetauscht werden sollte. Manchmal konnte der TÜV über seinen eigenen Schatten springen. Alle späteren GS-Fahrzeuge wurden mit Blechtanks ausgeliefert.

Unsere beiden Kunden wollten ihre Fahrzeuge natürlich nicht in Originalzustand fahren. Etwas mehr Leistung sollte schon sein. Wir ersetzten vor der Auslieferung den Original- durch einen K&N-Luftfilter. Der Ansaugkanal im Zylinder und der Ansaugstutzen wurden poliert und die Bedüsung geändert. Dies waren Maßnahmen, die sich die Beiden leisten konnten und die ihren Eltern nicht auffielen. Es sollte ja nicht jeder etwas merken.

So fuhren sie mit viel Spaß und ohne Schäden durch den Sommer.

Nach den positiven Erfahrungen seiner Freunde wollte unser dritter Kunde nicht mehr länger warten. Er drangsalierte uns, bis wir in Duderstadt nicht mehr losließen.

Am 18. Oktober bekamen wir nach zähen Verhandlungen für unseren Plagegeist eine MC50. Diesmal unsere erste MC-S 50, die in Duderstadt intern schon in Profi umbenannt worden war, statt mit Cross-Tank einem GS-Blech-Tank und statt der MC-Bank die der GS. Die weiteren Umbauteile wurden separat geliefert, die Rahmenverlängerung (für die 2-Mann-Sitzbank) sowie die für die Straßenzulassung notwendigen Teile. Das Fahrzeug wurde bei BS motor umgebaut. Papiere und TÜV gingen auf unsere Kappe. Wir hatten wieder keine Probleme, aber auch so gut wie keinen Gewinn. Nach dem Umbau konnte die dritte Kreidler-Van Veen 'GS50' am 29. November 1979 zugelassen werden.

Die MC50 wurde in den Versionen *Junior* bis Anfang 1979 und dann als *Profi* ausgeliefert. Die Bezeichnungen *Junior* und *Profi* wurden erst Ende 1979 eingeführt. Auf den Prospekten prangte noch *MC-S-50*. Diese Verkaufsbezeichnung war bei Auslieferung der ersten Fahrzeuge bereits überholt. Es war die *Profi* daraus geworden. Wer fühlte sich nicht als Profi, wenn er eine *Profi* sein eigen nannte?

Weil es Restbestände der ersten MC50-Serie gab, musste zu Unterscheidung eine interne Verkaufsbezeichnung für diese Modelle her. So wurden den Fahrzeugen der alten Serie der Name *Junior* zugeteilt. Sie hatten einen geknickten, unten fast waagrechten Rahmenunterzug, in dem der Motor hing.

Die neuen Rahmen der *Profi* hatten von der Schwingenbefestigung zum Lenkkopf gerade Unterzüge. Durch die höhere Lage wurde der Motor besser gegen Aufsetzen geschützt. Wegen des schräggestellten Aggregats musste die Getriebeölmenge um 20 ccm auf 350 ccm erhöht werden.

Die MC-*Junior* hatte einen Verkaufspreis von 3.760 DM, die MC-50-S oder auch *Profi* 3.950 DM incl. 12% MwSt.. Technische Unterschiede siehe *Technische Daten*[1].

Zu guter Letzt bekam Duderstadt das Muster-Gutachten am 8. November 1979 unterschrieben. Wir hofften auf weniger stressige Zeiten und konnten uns weiteren Verkäufen zuwenden.

---

[1] KVV auf Seite 212 ff

1979 war für BS motor eine verlorene Saison in Sachen Kreidler-Van Veen. Eine Stornierung einer GS mussten wir auch hinnehmen. Der Kunde wollte in der Saison 1979 an GS-Veranstaltungen teilnehmen. Ihm wurde das Risiko zu groß, ohne Fahrzeug dazustehen. Die ungewisse Liefersituation am Anfang des Jahres hatte ihn vergrault.

Bis Ende 1979 lieferte BS motor aufgrund vorstehender Probleme nur drei KVV GS50 an Kunden aus. Das X-fache wäre möglich gewesen. Unter anderem auch, weil die KVV die Jugend-Cross-Szene beherrschte. Bei den 50ccm-Cross-Rennen war die KVV MC50 das dominierende Fahrzeug, sowohl zahlenmäßig, als auch in technischer Hinsicht. Ohne KVV schien kein Sieg möglich. Ich hatte einmal eine Renn-Ergebnis-Liste zu Gesicht bekommen, auf der war die erste Nicht-KVV so um den Platz 30. Bei den letzten Rennen im Jahr waren kaum mehr andere Fabrikate am Start.

1980

Die Saison versprach erfolgreich zu werden. Wir hatten Interessenten für diverse Fahrzeuge anderer Marken. Die Mund-zu-Mund-Propaganda für KVV trug ebenfalls Früchte. GS50-Käufer kamen in den Laden. Duderstadt konnte liefern. Was wollten wir mehr, außer andere Räumlichkeiten.

Die wurden uns im Januar 1980 angeboten, in Wolfratshausen im neu erschlossenen Gewerbegebiet. Außer vier Betrieben und dem Gebäude, in das wir einziehen konnten, standen nur Kühe auf weiter Flur, bis hinüber nach Gelting.

Am 1. März 1980 eröffneten wir in der neuen Halle mit sagenhaften hundertfünfzig Quadratmetern Grundfläche und einem Areal von zweitausend, falls es irgendwann einmal zu eng werden würde.

Unser vierter KVV-Kunde war eine Fahrschule. Deren Schulungsmotorräder mussten immer etwas Außergewöhnliches sein, eine KVV GS50 oder eine Bultaco Matador 350. Hauptsache keine andere Fahrschule hatte das gleiche Fahrzeug.

Am 26. März 1980 lieferten wir die ersten beiden Original-KVV-GS50 aus, eine an die Fahrschule und eine weitere an privat. Darauf folgten bis Juni vier weitere.

Unsere Freude bekam schnell einen Dämpfer. Die Kunden brachten die Fahrzeuge zurück. Entweder sprangen sie zwischendurch nicht oder sehr schlecht an oder sie liefen nach ein paar hundert Metern Fahrt nur noch mit ca. 30 bis 40 km/h. Diese Eigenart machte sich wetterabhängig bemerkbar. Mal lief der Motor zufriedenstellend, mal nicht.

Wir zerlegten Vergaser, Luftfilter, Zylinder; wir experimentierten mit verschiedenen Bedüsungen, Schwimmerständen und -nadeln – keine nachvollziehbare Besserung.

Es folgten etliche Telefonate mit Duderstadt, die das Problem mit bei ihnen stehenden Fahrzeugen nachvollziehen, sich aber auch keinen Reim darauf machen konnten. Auch dort war dem Motor mit dem 28er Bing-Vergaser keine zufriedenstellenden Laufeigenschaften beizubringen.

In der Motocross-Version lief die Antriebseinheit mit diesem Vergaser ohne Probleme. Wir verpassten unseren Kundenfahrzeugen einen K&N-Luftfilter. Die Muckereien waren weg.

Wegen der zu lauten Ansauggeräusche fiel die Lösung beim TÜV durch. Nachdem wir nicht locker gelassen hatten, begann Duderstadt blindlings an einem neuen Luftfilterkasten zu experimentieren – gaben sie zumindest am Telefon vor. Bei diesem Experiment sei der Motor immer noch nicht zu stabilen Drehzahlen zu bewegen gewesen.

Fest stand, das Problem verursachte der in der GS verbaute Serienluftfilter. Eine intensive Lösungssuche unsererseits wollten wir auf den Herbst vertagen. Die Fehlersuche hatte schon genug Zeit gekostet. Und warum sollten wir die Kartoffeln für andere aus dem Feuer holen? Wir befanden uns mitten in der Saison und mussten Geld verdienen. Es war die erste in den neuen Räumlichkeiten und wir verkauften Suzuki und andere Marken gut. Die Werkstatt lief. Wir hatten einen Namen.

Zwischenzeitlich sickerte durch, dass die anderen von Kreidler-Van Veen bis dahin ausgelieferten Fahrzeuge auch Schwierigkeiten bereiteten und es massiven Ärger mit den Kunden und Händlern gab. Weitere Auslieferungen aus Duderstadt wurden gestoppt.

Die Nachfrage nach der GS50 war bei uns unverändert. Wir mussten uns sofort um eine Lösung kümmern. Binnen weniger Tage war sie gefunden: Der Filterkasten (Beruhigungskammer) war zu klein. Die Luft wurde im Behälter zu sehr verwirbelt.

Wir fertigten einen neuen Luftfilterkasten aus getränkten Fiberglasmatten an. Unsere beiden Erstkunden erprobten ihn ausgiebig. Wir hatten keine Beanstandungen mehr.

Dieses Ergebnis sandten wir nach Duderstadt und forderten die Techniker auf, einen modifizierten Luftfilterkasten zu verbauen und endlich die Fahrzeuge auszuliefern. Wir hatten die Lösung gefunden. Statt sich zu erkundigen, wie diese aussah und uns vielleicht ein Honorar anzubieten, schwieg Duderstadt. Hätten sie für 'n Apel und 'n Ei haben können.

Statt die Verkaufssaison zu retten und unseren getesteten Luftfilterkasten zu nehmen oder einen eigenen auf der Basis unserer Angaben zu konstruieren, wurde eine andere Richtung eingeschlagen. Das Ergebnis war, dass die GS50 die 21er-Bing-Vergaser aus der Kreidler RS verpasst bekamen. Für bereits ausgelieferte Fahrzeuge wurde auf dem Garantieweg dieser Unsinn fortgesetzt. Die GS liefen zwar, hatten aber nicht mehr die angegebene Leistung. Die Version wurde trotzdem ausgeliefert.

Da dreihundertsechzig Fahrzeuge fertig produziert waren, wurde bei jeder Auslieferung einer GS50 an den Handel der montierte 28er Bing demontiert und durch den 21er ersetzt. Dies ergab sich, weil wir alle KVVs, die wir später aus der Konkursmasse aufkauften, mit montierten 28ern übernahmen.

Die Lösung entsprach nicht mehr den Angaben im Prospekt. Kreidler-Van Veen lieferte auf unsere Intervention (zumindest an uns) kostenlos den 28er Bing mit. Wir stellten uns darauf ein, die BS-Eigenbau-Luftfilter weiter zu produzieren, um wenigstens unsere Fahrzeuge mit dem 28er ausliefern zu können.

Eigentlich hätte das Werk die Betriebserlaubnis ändern lassen müssen, da ein anderer Vergaser zum Einsatz kam. Ob und wie das bewerkstelligt worden ist, kann ich heute nicht mehr sagen. Ich weiß nur sicher, dass alle achtzig Fahrzeuge, die wir 1981 erstanden, den 28er Bing eingebaut und in den Papieren eingetragen hatten. Dies lässt den Schluss zu, dass alle GS50 mit 21er Vergaser ohne gültige Betriebserlaubnis unterwegs waren.

Wachsende Probleme und das Aus für KVV

Kreidler in Kornwestheim verbaute in seinen neuen 80er-Modellen (markenuntypisch mit stehendem Zylinder) einen Luftfilterkasten, der mit leichten Abänderungen in die KVV GS50 zu montieren war. Die GS lief damit einwandfrei – und der Luftfilter hatte sogar den TÜV-Segen. Nun konnten Fahrzeuge auch aus motortechnischer Sicht unbedenklich an die Kunden ausgeliefert werden. Seitens des Fahrwerks waren sie sowieso eine Klasse für sich.

Wie gesagt, es war bereits 1980 – eineinhalb Jahre nach dem Start der GS50 – und erst ein paar Exemplare waren bundesweit ausgeliefert. Ab Mitte dieses Jahres rüsteten die deutschen Kleinkraftrad-Hersteller Hercules, Zündapp und Kreidler ihre Bänder auf 80-Kubiker um. Die Japaner drängten mit preisgünstigeren Fahrzeugen auf unseren Markt.

Die von den Deutschen erfundenen 80er[1] hingen als Damoklesschwert über der 50er-Szene. Das Kleinkraftrad starb. Dies wurde durch die Haftpflicht-Versicherungsbeiträge dramatisch beschleunigt. Ein Leichtkraftrad wurde mit ca. 120 DM (60 €) Prämie pro Jahr versichert. Das Kkr blieb bei den über 800 DM (400 €) pro Jahr. Freiheitsrabatt war noch nicht. Steuerfrei waren beide.

Damit wurde auch die Kreidler-Van Veen GS50 unverkäuflich. Bis Juli 1979 lieferten wir noch sechs Fahrzeuge des Typs an Kunden aus. Dann war Schluss mit dem Kleinkraftrad. Die Jugendlichen warteten lieber auf die Leichtkrafträder, die für 1981 angekündigt waren. Mit 50 ccm fanden nur noch Mofas und Mokicks Käufer.

---

[1] Leichtkrafträder auf Seite 196

Im Juni 1980 erreichte uns ein Schreiben der Firma Kreidler-Van Veen Sport GmbH mit dem Inhalt, dass der *„Alleinverkauf unserer Sportfahrzeuge, einschließlich Ersatzteileverkauf, Garantieabwicklung usw...“* ab sofort von den Kreidler-Werken in Kornwestheim übernommen werde. Dies sei aus organisatorischen Gründen und wegen der besseren Händlerbetreuung. Die Kreidler-Van Veen Sport GmbH setze ihre Prioritäten klar auf die Fahrzeugentwicklung, -fertigung und deren Sporteinsätze.

Dieses Schreiben kam für uns einem Offenbarungseid gleich. Hinter vorgehaltener Hand hieß es, dass Kreidler die Felle davonschwimmen sah. Man wollte finanziell retten, was zu retten war und holte alles nach Kornwestheim.

Dort wusste man mit den Fahrzeugen und der ganzen Sparte nichts anzufangen. Schon beim ersten Gespräch mit dem Kreidler-Außendienst und den Federführenden in Technik und Vertrieb trat dies zutage.

Bei den Schwaben wurde tapfer versucht, die Fahrzeuge zu vermarkten. Da die Stückzahl für Kreidler-Verhältnisse minimal war, wusste niemand damit umzugehen, ohne noch mehr Verlust einzufahren. Erschwerend kam hinzu, dass die Fahrzeuge über das Kreidler-Händlersystem nicht absetzbar waren. Der Preis war hoch und die Stückzahl zu gering. Die Käuferschicht eines normalen Kreidler-Händlers war eine völlig andere. Außerdem hatten die wenigsten eine Ader für Motocross- und Geländesportaktivitäten.

Die Fahrzeuge standen herum. Von einem GS-Modell mit 80 ccm war nicht mehr die Rede. Bei Kreidler-Van Veen war man ursprünglich zuversichtlich, eine 80ccm-Ausführung herauszubringen. Auf den Auslieferungsmeldekarten standen GS50 und GS80 zur Auswahl.

Wie diese 80er aussehen sollte und welchen Motor sie haben werde, war scheinbar vage. Der von Kreidler in Kornwestheim entwickelte Antrieb mit stehendem Zylinder war ungeeignet. Der Rahmen hätte neu konstruiert und die Bodenfreiheit drastisch reduziert werden müssen. Außerdem lief der neue Kreidler-Motor rau und vibrierte stark. Rahmenbrüche als Folgeschäden waren bei den Kreidler Florett 80 und Mustang 80 an der Tagesordnung.

Nach vorherigen Vermessungen startete Rupert mit dem Umbau eines RS-Motors auf 80 ccm. Die Materialreserven schrien geradezu nach einem Versuch, ein popeliges, gedrosseltes Lkr-Antriebsaggregat auf die Beine zu stellen.

Die Stehbolzenabstände ließen eine Vergrößerung der Bohrung zu. Ein fertiger Kolben mit passendem Kolbenbolzendurchmesser war schnell gefunden. Wir mussten nur Suzuki auf dem Weg der Ersatzteilbestellung belästigen. Als Vertragshändler kein Problem. Ein Kreidler-Zylinder mit Fresserspuren wurde ausgefräst, eine Guss-Buchse eingesetzt. Kolben montiert, Zylinderkopf bearbeitet, dass er zum neuen Hubraum passte, fertig.

Nein, nicht ganz. Es waren schon Versuche und diverse Verbesserungen nötig. Ach musste ein Auspuff konstruiert werden, der den Motor gutmütig abriegelte, wenn die Drehzahl von 6.000 Umdrehungen/Minute überschritten wurde. Alles in allem ging es recht zügig voran.

Der erste Motor lief mit 78 ccm und wartete auf die Stufe 2 – das Tuning. Der Hintergedanke Leistungssteigerung hatte sich parallel eingenistet gehabt. Den 50er-Motor gab es in der Cross-Maschine mit 12, ja sogar bis 14 PS. Was war mit dem höheren Hubraum rauszuholen?

Die Eckdaten für die 80er-Klasse waren vom Gesetzgeber gesteckt und bekannt, nur noch nicht in ein Gesetz gegossen und somit nicht verbindlich.

Wir hatten einen Leichtkraftrad-Grundmotor mit Auspuff für verhältnismäßig wenig Aufwand und Umbaukosten. Theoretisch wären wir die ersten gewesen, die fertige Lkrs hätten ausliefern können. Kreidler hätte gestaunt, wie schnell ihre unverkäuflichen GS50 weg gewesen wären. Als Abfallprodukt wäre der Umbau auch für die RS verwendbar gewesen.

Diese Überlegung teilten wir der Entwicklungsabteilung im Kreidler-Werk in Kornwestheim mit. Irgendwie bilde ich mir noch heute ein, dass am anderen Ende der Leitung ein mitleidiges Lächeln abgesandt wurde. Jedenfalls teilte man mir mit, dass unsere Lösung technisch ausgeschlossen sei. Platz für größeren Kolben oder Hubverlängerung, Stabilität des Gehäuses, usw. Alles nicht machbar.

Nach längerem Überreden ließen sie sich herab, dass wir das Testfahrzeug ins Schwabenland bringen durften und sie einmal damit fuhren.

An einem Freitag nach Feierabend kamen wir in der Dämmerung an. Herr Anscheid und zwei andere Herren von der Kreidler-Entwicklungsabteilung waren da. Sichtlich freudlos fuhren sie auf dem Firmenhof auf und ab und ließen sich zu keiner Aussage bewegen. Sie schienen überrascht zu sein, dass das Fahrzeug lief. Zweifelten Sie an unseren Angaben? Durften sie sich nicht anders äußern? Wollten sie nicht?

Nach knapp dreißig Minuten mit Austauschen von Belanglosigkeiten fuhren wir wieder drei Stunden heim. Wollten sie nicht zugeben, dass der Bau des Motors mit stehendem Zylinder eine Fehlentscheidung war?

Diesen Abend und den Tag, an dem ich später die KVV-Teile in den leeren, einsamen Hallen in Kornwestheim sah, werde ich nie vergessen.

Das Fazit: Wir konnten keinerlei Hilfe von Seiten des Werks erwarten. Wir waren ein Zwei-Mann-Betrieb und hatten weder die Mittel noch den Platz und die Zeit unsere Ideen umzusetzen. Die Unterlagen für ein Mustergutachten des TÜVs lagen fertig in der Schublade. Das finanzielle Risiko und die Ungewissheit, was Kreidler mit den bei ihnen stehenden Fahrzeugen machen werde, trieb uns um. Unseren Enthusiasmus für die GS konnten wir einstampfen. Außer wir fänden eine andere Lösung.

1981 – Kreidler-Van Veen GS80

Im Winter 1980/81 waren wir mit dem Umbau der GS50 auf Leichtkraftrad beschäftigt. Grund waren die neuen, niedrigen Versicherungsprämien. Mit unserem Umbausatz sollte die Differenz der Prämie in maximal zwei Jahren egalisiert werden können.

Aus finanziellen Gründen blieben wir bei den preisgünstig herstellbaren Grauguss-Laufbuchsen. Die Bearbeitung konnten wir zum größten Teil selbst erledigen. Wegen der geringeren Leistung gegenüber der 50er-Version konnten wir auf die Nikasil-Beschichtung an den Zylinderwänden verzichten, da der neue Motor weniger Pferdestärken (heute KW) haben werde. Die generelle Leistungsreduzierung bzw. -einschränkung war Ziel des Gesetzgebers. Für die Kolben fanden wir einen passenden bei Zündapp – von der KS100. Luftfilter gab es ebenfalls beim Münchner Hersteller – von der KS80. Mit wenig Änderungen waren diese Teile einsetzbar und entsprachen unseren Qualitätsanforderungen.

Finanziell bewegten sich die Kalkulationen nahe an der Grenze zum Lukrativen, bzw. weit darüber, je nach verkauften Stückzahlen.

Erste Gespräche mit dem TÜV in München hatten ergeben, dass es an ihm nicht scheitern sollte. Wir müssten ein Mustergutachten erstellen lassen und alle Neufahrzeuge und Umbauten bestehender in Einzelabnahme vorführen. Dabei werde in erster Linie nur noch auf die handwerkliche Ausführung geachtet.

Sollten wir das Risiko eingehen? Wir hatten unser Augenmerk auf einen geruhsamen Verkauf serienmäßiger Neufahrzeuge gerichtet und nicht auf technische und finanzielle Experimente. Doch Rupert wäre nicht Rupert gewesen. Ihm schwebten weitere Umbauten von Kreidler-Modellen vor. Es könnte ein riesiger Markt werden, wenn man die RS umbauen würde. Was bei der GS gehe, gehe auch bei der RS.

Der Zufall half nach, es mag Januar oder Februar 1981 gewesen sein. Im Rahmen eines Gesprächs mit dem uns betreuenden Außendienst von Suzuki Deutschland[1], unserem BP, erwähnten wir (BS motor) bei einem kalten Hopfentee, dass wir eine Lösung für die unverkäuflichen Kreidler-Van Veen GS50 durch Umbau auf Leichtkraftrad erarbeitet hatten.

---

[1] BS motor war seit September 1979 Vertragshändler

Hier drängt sich chronologisch ein Teil des Kapitels Suzuki RV90 – RV80 dazwischen.[1] Da BP auf eine schnelle Abwicklung und ein *Ja* oder *Nein* bestand, trat das GS80-Projekt vorübergehend in die zweite Reihe. Beide Vorhaben bekamen jedoch durch eine Kombinationsmöglichkeit der Entwicklungen zusätzliche Impulse. Die RV-Sache sollte bis zum Juli 1981 abgeschlossen sein.

Durch die glückliche Fügung, dass beim Umbau der Suzuki RV90 auf Leichtkraftrad (80ccm) die Zylinderlaufbuchsen und die Kolben übrig blieben, kam das KVV-Projekt einer Umsetzung noch näher.

Die RV-Teile passten nach leichten Fräsarbeiten für den Kreidler-Motor. Der Zylinderkopf wurde angeglichen.

Die Überlegung war, die originalen 50er-Zylinder mit Nikasil-Beschichtung für den Einbau der Buchsen zu opfern oder in Italien neue Zylinderrohlinge anfertigen zu lassen. Wir entschieden uns für die italische Variante. Der Verkauf der Original-Kreidler-Zylinder mit den geschmiedeten Mahle-Kolben deckte den Aufwand für die Zylinder-Rohlinge der KVV und der Produktion der einzusetzenden Laufbuchsen in der Suzuki RV80.

Die größte vorzufinanzierende Aufgabe war der Neubau des hochgezogenen Auspuffs und des darüberliegenden Rahmenseitendeckels. Nach ein paar Fehlversuchen fanden wir jeweils einen Hersteller, der sich mit Kleinserien von um die einhundert Stück abgab. Formen mussten gebaut werden, die mit mehreren tausend Mark zu Buche schlugen. Über die Hälfte der Produktionskosten für den Auspuff und die linke Rahmenabdeckung gingen dabei drauf. Für die Tiefziehform des Auspuffs wurde uns am 4.11.1981 eine Rechnung über 8.650 DM plus Mehrwertsteuer gestellt. In der Summe war noch kein einziges Teil dabei.

Während wir uns mit unseren beiden Leichtkraftradgeschichten abgaben, kam das Kreidler-Drahtwerk ins Trudeln. Durch die ungünstige Firmenkonstellation war der Fahrzeugbau mit hineingerissen worden.

---

[1] Suzuki RV90 – RV80 auf Seite 48

Per 16.3.1981 erfolgte die Übernahme der Fahrzeugwerke durch die Willner Gruppe München/Ingolstadt. Willner hatte über viele Jahren als einen Zweig ein Kreidler-Ersatzteildepot als Großhändler für den bayerischen Raum betrieben. Die neue Firmenbezeichnung lautete *Kreidler Fahrzeuge GmbH und Co. KG, Kornwestheim.*

Wir erhielten von der neuen Firma eine Unbedenklichkeitsbescheinigung, dass die GS ohne technisch negative Auswirkungen auf das Restfahrzeug mit 80 ccm laufen könnte, da keine Leistungssteigerung verbunden sei. Dieses Schreiben erhielten wir am 3. Juni 1981 mit dem Hinweis: „Vielleicht sprechen Sie Ihr Umbauvorhaben mit dem TÜV zuvor noch durch."

Im Juni 1981 widmeten wir uns wieder ausgiebiger der GS80. Wir wollten die Entwicklungskosten und -zeit nicht umsonst investiert haben. Wir fragten bei Kreidler nach zwanzig Fahrzeugen an. Damit wäre ein Teilerfolg erzielt gewesen und ein Mustergutachten beim TÜV hätte sich gelohnt. Für diese Anzahl sahen wir kurzfristige Absatzchancen in unserem Großraum (Oberland[1] und München).

Dazu wären sicher ein paar Umbausätze für die, bei den Händlern in ganz Deutschland stehenden und schwer verkaufbaren GS50 gekommen. Wir gingen von mindesten zehn Stück aus. Eine genaue Anzahl wussten wir nicht, aber dass es um etliche gehen solle, steckte uns der Kreidler-Außendienst. „Manche stehen noch aus Duderstadt-Zeiten."

Gewinn hätte bis dahin nicht ins Haus gestanden. Aber fürs Ego und die Ausweitung unseres Rufes hätte es sicher positiv ausgewirkt.

Inzwischen zu dritt hielten wir nebenbei unseren normalen Motorradbetrieb mit Verkauf und Werkstatt aufrecht. Es war für alle ein Arbeiten fast rund um die Uhr.

Am 24. Juli 1981 trat Kreidler mit einem Angebot auf uns zu. Der Preis und das Risiko, dass sie die restlichen GS50 anderweitig verkauften und wir nicht mehr in der Lage seien, die Fahr-

---

1 Gebiet zwischen München und den Alpen

zeuge chargenweise nachzubestellen, ließ uns über unseren Schatten springen.

Am 31.7.1981 übernahm die Firma BS motor alle achtzig restlichen bei Kreidler stehenden GS50. Die Ersatzteilversorgung hierfür wurde weiter über Kornwestheim erledigt.

Bis der TÜV seinen Segen zu unserer 80er-Version gab und die Fahrzeuge umgebaut waren, war das Jahr 1981 entschwunden. Es mussten so wichtige Genehmigungen, wie die Ausnahme, eine Schnarre statt einer Hupe verwenden zu dürfen, entschieden werden. Nachdem der TÜV sein Gutachten hierfür gemacht hatte – Kosten sind mir nicht mehr bekannt – wurde dieses weitergeleitet an die Regierung von Oberbayern. Die Genehmigung für die Verwendung einer Schnarre statt der Hupe – ich weiß nicht, ob dafür eine Plenarsitzung einberufen worden war – wurde uns für schlappe 300 DM (150 €) erteilt.

Für den, der sich nicht erinnern kann: Eine Schnarre wird mit Wechselstrom betrieben. Das ist der Strom, der aus einer Lichtmaschine herauskommt. Man kann ohne Batterie hupen. KVVs hatten keine Batterien.[1]

Am 28.12.1981 konnten wir unsere erste GS80 liefern – nach Sindelfingen, sozusagen zurück in die Kreidler-Heimat.

1982

Am 2.2.1982 wurde in Kornwestheim eine Pressemitteilung herausgegeben: Willner (Kreidler) stellte am 1.2.1982 Vergleichsantrag. Am 5.2.1982 wurde die Händlerschaft per Rundschreiben informiert. Eine Ära (Kreidler) ging scheinbar endgültig zu Ende.

1983

Die Ersatzteilversorgung aus Kornwestheim erwies sich zu aufwendig. Der Konkursverwalter von Kreidler trat an uns heran und wollte uns alle vorhandenen Ersatzteile im Paket verkaufen.

---

[1] Eine Hupe benötigt den Anschluss an eine Batterie, diese liefert Gleichstrom

Nach einigem Hin und Her wurden wir uns einig. Inzwischen war es Februar 1983 geworden. Zum 24.2.1983 übernahm die Firma BS motor von der Firma Kreidler Werke GmbH i.K. (in Konkurs) sämtliche noch vorhandenen Ersatzteile und Werkzeuge von KVV.

Bei der Paketbesichtigung in Kornwestheim, bot sich mir ein trauriger Anblick. Aus den mehrgeschossigen Ziegelhallen war alles geräumt. Wo früher die Drehbänke, Fräsmaschinen und Schleifbänke rumorten, herrschte gähnende Leere und Grabesstille. Man konnte das Knarzen der Gummisohlen beim Gehen hören.

In der Mitte stand ein kleiner, verloren wirkender Haufen. Die Schachteln und Kisten mit den Teilen füllte später einen 38t-Lastzug und noch einmal das Zugfahrzeug. Eine Bestandsliste gab es leider nicht. Die Teile wurden volumenmäßig in Augenschein genommen, z. B. ¾ m^3 28er-Bing-Vergaser, 2 m^3 Sitzbänke, usw. Zur Vollständigkeit fehlten nur wenige Teile (z. B. Bremsbeläge und Schalthebel). Der Schachtelinhalt hätte für den Bau weiterer 100 Fahrzeuge gereicht, ohne dass groß Teile nachgekauft hätten werden müssen. Sie waren offensichtlich für die Produktion vorgesehen gewesen.

Die Fracht brachten wir im Nachbarort Degerndorf unter. Sie füllte ein paar Jahre eine Omnibusgarage mit angrenzendem Werkstattraum bis unter die Decke.

Im Herbst 1983 hatten wir alle KVV-GS verkauft. Es gab keine neuen mehr. Das Fahrzeug-Kapitel schien abgeschlossen.

Kaum machte diese Tatsache die Runde, kamen die ersten Anfragen, ob es nicht noch welche gäbe oder ob wir nicht nachbauen könnten. Wir hätten doch alle Teile.

Nach Rücksprache mit dem TÜV legten wir eine Serie von zehn Fahrzeugen auf. Teile und Lehren zu Rahmenschweißen besaßen wir. Es ging nochmal los. Vom TÜV erhielten wir Rahmennummern, die wir verwenden konnten. Ein neues Gutachten brauchten wir nicht. Nur die Regierung von Oberbayern stellte für 50 DM, weil Folggenehmigung, eine neue Sondererlaubnis für die Schnarre aus, mit der Auflage, dass jeder Fahrer eine Kopie der

Genehmigung mit den Fahrzeugpapieren mitführen müsse. Diese Bedingung galt bereits bei den GS80. Leicht vorzustellen, dass alle ihre Zwei-DIN-A4-Seiten-Erlaubnis immer bei sich hatten. Ich kannte keinen.

1984 und 1985

In diesen Jahren verkauften wir die letzten KVV aus der Nachbauserie. Eine kurze Episode in der Motorradgeschichte ging ihrem Ende zu.

Diese von uns komplett gebauten GS waren sehr unterschiedlich, alle mit Sechsgang-Getriebe und Sechs-Scheiben-Kupplung, ansonsten je nach Kundenwunsch. Eine wassergekühlte (Wettbewerbsumbau) mit Membraneinlass (von der Suzuki TS80X), Wiseco-Kolben, Drehzahlmesser, verlängerter Gabel und Stoßdämpfern ging 1986 nach Berlin.

Die bei uns noch vorhandenen Ersatzteile wurden überwiegend auf Veteranenmärkten verkauft. Für die laufende Ersatzteilversorgung waren es zu viele. Erschwerend kam hinzu, dass an einer Kreidler-Van Veen selten etwas kaputt ging, selbst im Geländeeinsatz. Auch die von uns mit Crosszylindern und auf Wasserkühlung umgebauten Fahrzeuge hatten trotz einer Leistung von 16 bis 20 PS kaum Verschleiß- oder andere Schäden.

Leider ist es mir nicht gelungen, von ehemaligen Mitarbeitern aus Duderstadt ihre Seite zu erfahren. Ein einziger, den ich auftrieb, wollte sich nicht erinnern. Für ihn sei das alles vergessen.

Noch was für Statistiker und Zahlenfetischisten:

So ein Kreidler-Motor in der Motocross mit 12 PS hatte eine Literleistung von 240 PS, die Straßenrennmaschine mit 22,5 PS brachte es auf eine von 450 PS. Zufrieden?

Während ich das schreibe, steht die letzte von uns gebaute GS50 in meiner Garage und harrt der Dinge, nach der Montage seit ihrer Probefahrt auf dem Hof nie gefahren.

Das war‘s nun endgültig.

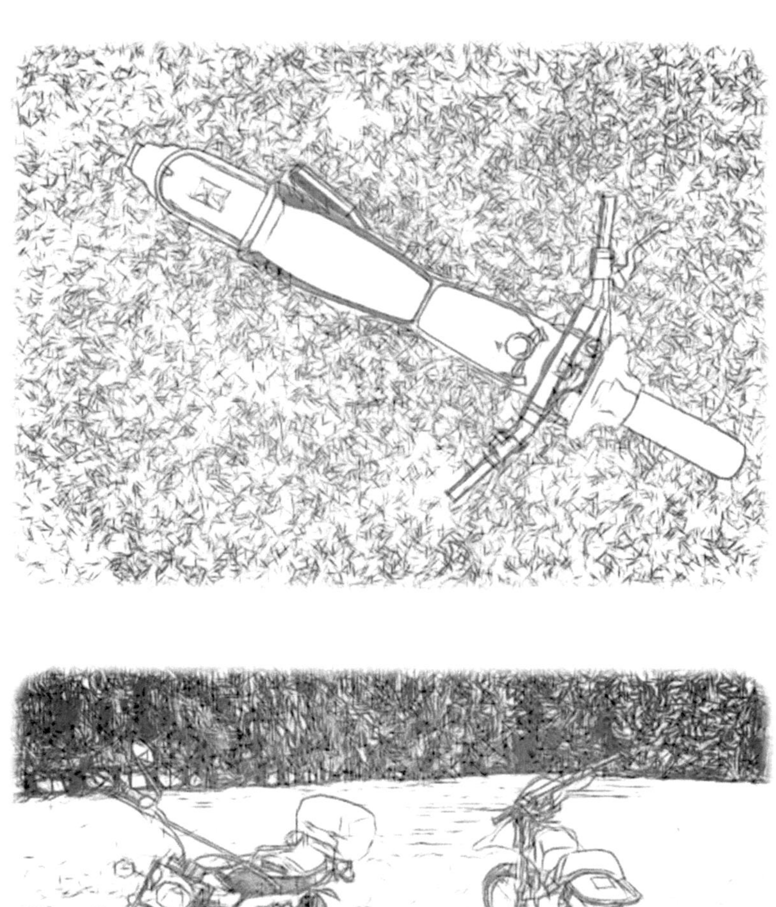

Tornax

Die Welt ist klein, auch die des Motorrads. Am 15. Dezember 1081 schrieben uns die Tornax Werke GmbH. Ja, dieses Datum prangte auf dem Brief. Ok, man kann sich vertippen, es war natürlich 1981.

Gerade mal ein halbes Jahr war vergangen, seit wir die ersten Suzuki RV80 ausgeliefert hatten. Uns wurde ein ähnlicher Deal angeboten. Wir könnten ungefähr hundertvierzig Mokicks auf Leichtkraftrad umbauen, inklusive Konstruktion auf die Beine stellen.

Verkauf durch uns, wir hätten uns für die Anzahl auf Kommissionsbasis verpflichten sollen. Lieferung jeweils fünf oder zehn Fahrzeuge. Bei einem Gewinn von im Idealfall zwölf Prozent lohnte sich der Aufwand nicht, nicht einmal ein Durchrechnen. Diese Marge wäre nur beim Verkauf direkt an Endverbraucher erreicht worden, ohne den Handel. Welche Werkstätte hätte Reparaturen übernommen? Tornax war nicht gerade eine bekannte Premiummarke.

Zudem wurde bereits das neue Leichtkraftrad von ihnen beworben. Wer hätte bei dreihundert Mark Unterschied ein umgebautes altes Modell gekauft? So unwissend waren weder die Kunden noch wir.

Entweder hatte hier jemand von der Funktionsweise des Markts keine Ahnung oder wir sollten für dumm verkauft werden. Beides hielten wir für unwahrscheinlich, bei diesem Unterzeichner.

Es war unterschrieben vom ehemaligen Verkaufsleiter von Kreidler-Van Veen.

Yamaha – wie aus einem Drehbuch

Sowas gibt es nur im Film. Falsch, die Begebenheiten haben sich real zugetragen.

Bei SD hatte es in den ersten Monaten in 1981 geheißen, dass die 80er nicht vor Mitte des Jahres lieferbar sein werden, Wir mussten handeln. Noch eine Saison ohne unsere Haupteinnahmequelle konnten wir nicht opfern.

Die 16-Jährigen waren die Motorradfahrer der Zukunft. Viele blieben ihrer ersten Marke treu. Traf auch auf die Erstwerkstatt zu – und diese wollten wir sein und bleiben.

Yamaha war eine passende Marke. Ein solides Management, bei Kunden gefragte Fahrzeuge. Und sie konnten bereits im Frühjahr zur Zeit des Hauptgeschäfts Leichtkrafträder liefern. Wir kontaktierten die Leute in Meerbusch und einigten uns umgehend auf das 50er- und 80er Programm.

Rechtzeitig zum Saisonbeginn im April fuhren die ersten, von uns ausgelieferten Yamahas im Landkreis. Die Zusammenarbeit mit dem Importeur verlief hervorragend, zumal ein Ersatzteillager in München für zuverlässigen und fixen Nachschub sorgte. Die Fahrzeuge bereiteten keine Probleme und die Kunden folgerichtig auch nicht. Das Geschäft brummte.

Im Sommer wurde klar, dass unsere Räumlichkeiten zu klein für Suzuki, Kreidler, Kreidler-Van Veen und Yamaha waren. Arbeitsmäßig waren wir überfordert. Für das nächste Jahr musste etwas geschehen.

Yamaha wieder abgeben? Suzuki konnte inzwischen liefern. Das ging gegen meine Ehre. In unseren Räumlichkeiten war ein Weiter nicht zu schaffen. Wir fuhren bereits im *Schichtbetrieb*.[1]

Nach längeren Diskussionen zwischen Rupert und mir, lagerten wir Yamaha in eine neue Firma aus.

---

[1] Der RV90/RV80- und KVV-Deal – 1981 auf Seite 48

Mit Hugo Tauer gründete ich eine OHG, Sitz in Waldram. Die Eintragung ins Handelsregister zog sich hin. Das hatte ich schon bei der Gründung von BS motor erlebt. Diesmal wusste ich, wie der Hase lief und so wurde die Firma mit den üblich vorangehenden Holpersteinen am 25. Mai 1982 eingetragen.

Ein kleines Geschäft für den Verkauf und die Ersatzteilversorgung reichte. Die Werkstatt war nach wie vor bei BS motor. Eine separate Werkstatt war nicht vorgesehen.

Durch diese Konstellation hatten wir auch etwas von den Kunden, die bei BS motor generell nicht einkaufen wollten. Warum es solche gab? Es handelte sich meines Wissens um Leute, mit denen wir nie etwas zu tun gehabt hatten, weder privat, noch geschäftlich. Sie blieben über all die Jahre die absolute Ausnahme.

Später nach einem Ausbau, wenn wir genug Platz bei BS hätten, das Gelände war groß genug und lag überwiegend brach, sollte der Zweig zurück integriert werden. Soweit der Plan.

Der Yamaha-Vertrag erstreckte sich über das komplette Motorrad-Programm der Marke, nicht nur die Kleinen wie vorher bei BS motor..

Zudem war angedacht, dass die Bekleidungsabteilung von uns über kurz oder lang ausgelagert werden sollte.

Während der Saison 1982 kristallisierte sich heraus, dass Hugo mit dem Geschäftsbetrieb überfordert war. Er öffnete diverse Male mit Stunden Verspätung oder auch gar nicht. Ich war zu beschäftigt mit unserem Betrieb, um einspringen zu können.

So zog ich mich zum 31. Oktober 1982 aus der OHG zurück. Ich überließ Hugo gegen Abfindung an BS motor die Yamaha-Vertretung und versprach, dass wir uns auch weiterhin aus dieser Sparte heraushalten werden. Die Geschäftsbeziehung BS motor und Mitsui endete erst Ende 1983.

Am 12. November 1982 erschienen Hugo und ich beim Notar und ließen die Schreiben für die Eintragung meines Ausscheidens im Handelsregister beglaubigen. Ein paar Tage später erhielt ich per Post die Kopie. Ich ging davon aus, dass damit alles erledigt sei.

Hugos Geschäft wanderte 1983 zusehends den Bach herunter. Er öffnete auch während der Saison nur noch, wann er wollte. Viele beschwerten sich bei uns (BS motor), dass *drüben* geschlossen sei. Es sei nicht einmal ein Schild an der Tür. Für Kunden wurden die Öffnungszeiten zum Lotteriespiel. Letztendlich blieben sie ganz aus.

Mitte 1983 wurde es drehbuchmäßig. Ich bekam Mahnbescheide, die OHG betreffend. Ein Hinweis an die Firmen, dass ich vor mehr als einem halben Jahr vor den Bestellungen von Herrn Tauer aus der OHG ausgeschieden sei, ließen manche nicht gelten. Es kam zu diversen gerichtlichen Auseinandersetzungen, die meist zu meinen Gunsten verliefen.

Was war geschehen? Die OHG war nicht gelöscht. Warum? Eine Unachtsamkeit des Notars und diverse Zufälle.

Zum Notar: Er reichte eine Urkunde ein, auf der er beglaubigt hatte, dass ich aus der OHG ausgeschieden sei und Hugo Tauer das Geschäft als Einzelfirma weiterführe. Die Eintragung ins Handelsregister wurde verweigert. Hugo wollte die Firma als Tauer Zweirad-Center weiterführen. *Center* im Namen wurde aufgrund der Betriebsgröße abgelehnt. Da mein Ausscheiden und der neue Firmenname auf ein und derselben Urkunde standen, wurde beides im Registergericht nicht eingetragen. Wären es zwei separate Beglaubigungen gewesen, ... Kommentar meinerseits: Hätte der Notar wissen können/sollen/müssen.

Warum ich so lange Zeit nichts davon erfahren hatte, begründete er mit einer Posturkunde, die besagte, dass sein Schreiben an mich nicht zugestellt werden konnte. Fakt: Ich war in der Zwischenzeit privat umgezogen, hatte aber einen noch laufenden Nachsendeauftrag bei der Post. Aller möglicher Unfug wurde nachgesandt, nur dieses entscheidende Notarschreiben nicht. Falls das Weiterleiten von Urkunden nicht erlaubt gewesen sein sollte, hätte ein Zurücksenden an den Notar mit neuer Adressangabe genügt. Auf dem Umschlag stand aber *Unbekannt verzogen*. Also ein Versagen der Post.

Der Notar konnte nicht erklären, warum er nicht mit mir über BS motor Kontakt aufgenommen hatte. Ihm und seiner Kanzlei war bekannt gewesen, wo er mich erreichen konnte. Schließlich hatte ich alle BS-Angelegenheiten von ihm beglaubigen lassen. Von *unbekannt verzogen* konnte nicht die Rede sein. Eine Haftung für den mir entstandenen und zukünftigen Schaden schloss er aus. Ich hätte mich bei ihm melden können. Hätte ich die Ergebnisse des Notars kontrollieren sollen? Seine Kopie der Urkunde war ja auch angekommen. Sei es, wie es wolle. Alle meine zukünftigen Angelegenheiten erledigte ein anderes Notariat.

Ende 1984 hatte ich in Sachen Tauer OHG einen Ordner randvoll mit Schriftverkehr und Gerichtlichem. Ein paar meiner Lieferanten lernte ich von einer neuen Seite kennen. Sie versuchten auf Biegen und Brechen, Geld von mir einzutreiben; manche auf die Gefahr hin, wegen ein paar hundert Mark der OHG viele tausend Umsatz bei BS motor zu verlieren. Schließlich waren beide Firmen Kunden.

Ein Glück für mich war, dass ich trotz des Nichtlöschens im Handelsregister, oft nicht haftbar gemacht werden konnte, da Bestellungen von Hugo mit Stempeln getätigt wurden, auf denen der OHG-Zusatz herausgeschnitten war. Somit ordnete das Gericht diese als nicht der OHG zuzuordnende Bestellungen ein. Es gab auch Firmen, die mich persönlich nicht mahnten, die zugaben, dass sie wussten, dass ich nicht mehr beteiligt war..

Da bis zum Notartermin die Buchhaltung der OHG mir oblag, hatte ich laufend alle Daten zur Hand. Am 19. November 1982 waren alle Lieferanten schriftlich von meinem Ausscheiden informiert worden. Wie Betriebe nun mal ticken, der eine vermerkte es in seinem Kundenstamm, der andere nicht.

Es gab aber auch Forderungen aus 1983 an mich von Firmen, mit denen ich nie zu tun hatte. Die beriefen sich auf die Existenz der OHG im Handelsregister und meinten, nachdem sie bei Hugo nichts holen konnten, die Forderungen von mir eintreiben zu können. Sie blitzen alle bei Gericht ab. Keiner konnte einen Stempel vorweisen, auf dem OHG zu sehen war. Zu meiner Zeit hatten noch gar keine geschäftlichen Beziehungen bestanden.

Außer auf einer Menge nicht vergütetem Zeitaufwand blieb ich auf einem finanziellen Schaden von unter fünftausend Mark sitzen. Darin waren Mietrückstände und Rechtsanwaltsgebühren für Fälle, die im Sand verliefen. Ab Mitte 1985 hatte ich endgültig meine Ruhe.

Was Positives: Durch unsere Nähe zum Rennsport kam 1983 ein Kunde auf uns zu und wollte eine RD350 für die Teilnahme am Yamaha-RD350-Cup. Dabei stellten wir fest, dass wir einen noch laufenden Vertrag mit Yamaha hatten.

Wir besorgten ihm sein Fahrzeug. Er konnte ab April an den Rennen teilnehmen. Wie es so ging, zerstörte er das Fahrzeug auf der Rennstrecke und bekam im August ein weiteres. Zum Ende des Jahres beendeten wir die Geschäftsbeziehung mit Yamaha definitiv.

Die Suzuki-Agentur-Zeit 1982 - 1984

oder *Die mageren Jahre*

Graue

Das Thema „Graue" oder Grau-Import findet Erwähnung, weil es eine wenig bekannte Nebenerscheinung hatte, deren öffentliche Diskussion die Importeure vermieden.

Insider können diesen Absatz überspringen. Für die, welche mit der Bezeichnung nichts anzufangen wissen: *Grau-Import* ist ein Import, der nicht durch einen vom Hersteller autorisierten Importeur oder eine Werksniederlassung geschieht. Grau-Import gab und gibt es auch für Teile, Bekleidung und was weiß ich noch alles.

Grau-Importe sind vom Hersteller nicht autorisierte Einfuhren. Re-Import wird Ex- und wieder zurück Importiertes genannt.

Warum gab es Grau-Importe? Am Anfang wollten Leute Fahrzeuge, die nicht über den offiziellen Importeur zu bekommen waren. Seien es Modelle, die nicht für das Land vorgesehen oder weil sie vom offiziellen Importeur nicht in ausreichenden Stückzahlen verfügbar waren, oder, oder.

Diesen Nischenmarkt hatten ein paar grenznahe Händler für sich entdeckt. Mit der Zeit ergab sich, dass auch offiziell erhältliche Modelle bei Eigenimport noch mehr Gewinn abwarfen.

Man suche sich einen Markt, der niedrigere Laden-Nettopreise und/oder größere Spannen und/oder höhere Umsatz-/Mehrwertsteuersätze hat und verdiene, indem man Fahrzeuge auf eigenes Risiko hole.

Dänemark war ein Land mit wesentlich höheren Umsatzsteuersätzen.[1] Man bekam diese beim Import nach Deutschland erstat-

---

[1] D (1.1.78–30.6.79 – **12 %**) (1.7.79-30.6.83 – **13 %**) --- DK (**20,25 %** – 30.6.1980) (**22 %** ab 1.7.1980 –1.1.1992)

tet oder musste sie im Nachbarland gegen Exportnachweis nicht zahlen. So kam ein lukrativer Einstandspreis für die Händler zustande. Oft wurden von den Geschäftspartnern in Dänemark die Fahrzeuge zum Einkaufspreis abgegeben, öfters zusätzlich der Umsatzbonus geteilt. Oder eine dänische Firma eröffnete in Deutschland gleich ein Motorradgeschäft und vermarktete direkt. Die ersten bundesweit bekannten Importeure saßen in Schleswig-Holstein. Als sich spanische Fahrzeuge als lukrativ herausstellten, schossen deutschlandweit Importeure aus dem Boden.

Mit der Zeit konzentrierte sich das Grau-Geschäft auf die Umsatzrenner, die bei den offiziellen Vertretungen den Gewinn abwarfen. Graue konnten Rosinen picken und mussten sich nicht mit den weniger attraktiven Fahrzeugen herumschlagen. Es baute sich eine ernst zu nehmende Konkurrenz auf.

Die *Offiziellen* interessierten sich kaum für Modelle, die sie nicht selbst vertrieben. Meist handelte es sich bei diesen um von der Stückzahl uninteressante. Falls nicht, konnte man sie ja später in Eigenregie auf den Markt bringen, was vorkam. Ein kurzfristiges Reagieren war bei Suzuki kaum praktikabel.[1]

Der Graumarkt war auch ein Testmarkt. Dies war mit ein Grund, warum nur halbherzig gegen diese Geschäfte vorgegangen wurde. Es wurde außerdem gehofft, dass der TÜV das Problem lösen würde.

Am deutschen Markt gab es ein Hindernis für die Grauen, das Lenkschloss.[2] Während bislang der TÜV mit allem zur Verfügung Stehenden an Pragraphen festhielt, weichte dieses Prinzip ab 1979 auf. Den Prüfern wurde zugestanden, dass sie (teilweise) in der Lage seien, Sachverhalte zu begutachten und Entscheidungen selbst zu treffen. Zwar konnte keiner vollkommen Neues erfinden, aber Spielräume wurden größer. Zudem entwickelte sich ein Konkurrenzkampf unter den TÜVs in den einzelnen Bundesländern. Wie aus dem Namen Technischer-Überwa-

1 Baujahr- und Modell-System auf Seite 217

2 Behörden, TÜV und Vorschriften auf Seite 186 und
Fahrgestell-Nummern-Aufbau auf Seite 225

chungs-Verein hervorging, waren sie als Vereine konzipiert und konnten untereinander in Wettbewerb treten.

So kam es, dass der eine TÜV zu den Zünd-Lenkschloss-Kombinationen ja, während der andere nein sagte. Als kleiner Importeur suchte man sich den passenden für sein Vorhaben aus. Erst einzelne Kisten, dann ganze Lkw-Ladungen.

Anfänglich bekam man die Genehmigung der Schloss-Kombination für ein Fahrzeug im Einzelfall. Beim nächsten, weil der Prüfer keinen technischen Grund für eine Ablehnung erkennen konnte. Warum sollten beim zweiten Motorrad Bedenken hinzugekommen sein, usw. Plötzlich war ein Parallelmarkt da.

Die Fahrzeuge der offiziellen Importeure hatten meist eine ABE.[1] Die Grauen bekamen ihre Papiere aus Kostengründen im Einzelabnahme-Verfahren. Das heißt, alle Motorräder mussten individuell vom TÜV abgenommen werden. Man stelle sich das nicht so vor, dass jedes Fahrzeug vorgefahren werden musste. Bei genügender Stückzahl kam der Prüfer auf den Hof. Bei ausreichend Vertrauen durften die Motorräder nicht endmontiert in den Transportkisten bleiben.

Da aus Japan keine Fahrzeuge hoppla-hopp bezogen werden konnten, fingen die europäischen Importeure an, untereinander Überkapazitäten auszutauschen. Dazu trug der unterschiedliche Kundengeschmack bei. Die Tauscherei wurde nicht publik gemacht und im Zweifelsfall lieber abgestritten.

SD betraf es als einziger Privatimporteur und nicht Werksvertretung am eigenen Geldbeutel. Den anderen Japanern war es egal, über wen ihre Fahrzeuge verkauft wurden. Die Gesamtstückzahl zählte.

Nach Interventionen im Werk erreichte SD, dass mit geeigneten Maßnahmen die Preisdifferenzen minimiert und mit *Exportverboten* innerhalb Europas der Graumarkt teilweise ausgetrocknet wurde. Es soll sogar mit Entzug des Vertragshändlerstatus gedroht worden sein.

Mit diesem Hintergrund entstand die Katanas.

---

[1] Allgemeine Betriebserlaubnis

Katana – Die deutschen Suzukis

Die Reihe wurde in Deutschland angeregt und konzipiert. Sie bewies viel Mut und Selbstvertrauen. Ob sie wirklich nur für den deutschen Markt gedacht und eine Reaktion auf den Graumarkt war, wurde schon damals nicht befriedigend beantwortet. SD wollte die Fahrzeuge, unbedingt. Die beiden großen Katanas 750 und 1100 sollten eine erschwingliche Alternative zu Eglis und Bimotas werden.

Zwei Szenarien waren möglich.

1. SD wollte von Haus aus die Fahrzeuge weltweit exklusiv.

2. SD musste sie (später?) alleine abnehmen, da kein anderer Importeur das Risiko teilen wollte und absprang.

Die Bestellung bedeutete eine hohe finanzielle Vorlage, da das Werk verlangte, dass von jedem Modell (550, 650, 750 und 1100) jeweils mindestens zweitausend – oder zweitausendfünfhundert (Gedächtnislücke) – Stück abgenommen werden mussten; sprich achttausend bzw. zehntausend Fahrzeuge nur dieser Baureihe. Die Zahl geisterte durch das Haus bei Suzuki in München. Das sei aus Kostengründen die Mindeststückzahl, um in Hamahatsu ein neues Modell produziert zu bekommen.

SD war sich des finanziellen Risikos bewusst. Dies wurde auch kommuniziert. Der Hintergrund war, dass man Augenhöhe mit Honda und Yamaha erreichen und nicht mehr der *Kleine Japaner* bleiben wollte.

Dass eine neue Suzuki-Modellreihe im Raum München kreiert würde und 1981 auf den Markt kommen sollte, war bereits Ende 1980 durchgesickert.

Es werden Motorräder, wie sie noch nie gesehen worden waren. Details blieben überwiegend bis zu ersten Vorstellung der Fahrzeuge vor der Presse geheim.

Die Katana 400 wurde weder im Händler- noch im Kundenkreis als Katana realisiert. Sie war außer des silbernen Tanks eine stinknormale GSX400F mit vier Zylindern.

Die GS550 und 650 mit den bewährten Zwei-Ventil-Motoren verdienten eher die Bezeichnung Halb-Katanas. Zündkabel, Bremsbacken und Federn an den Stoßdämpfern hinten in roter Farbe, ein neu geformter, silber-lackierter Tank, eine zweifarbige Sitzbank und passende Rahmen-Seitenteile.

Die 750er und 1100er Katanas mit Vier-Ventil-Motoren wurden als die wirklichen vom Kunden akzeptiert. Für Außenstehende war die Bank der einzige Unterschied.

Die der 750er war eine aus grau-blauem Kunstleder. Die 1100er fiel durch zweifarbiges Veloursleder auf. Etliche Besitzer gönnten sich diese auf dem Ersatzteil-Weg, um ihr Fahrzeug aufzuwerten. Neue 750er-Bänke wanderten auf den Müll. Die veloursledernen hatten einen gravierenden Nachteil. Sie nahmen schnell und gerne Wasser auf. Selbst wenn der Regen vorbei war, war eine Regenkombi ratsam. Das Nass abwischen genügte nicht.

In Deutschland wurden die Fahrzeuge mit 100-PS ausgeliefert. Wenige Handgriffe verhalfen zur offenen Version, die gut 115 PS ablieferte.

Katanas polarisierten und tun es größtenteils heute noch. Entweder dafür oder dagegen. Ein dazwischen sein gab es kaum. Leider war das Design seiner Zeit zu weit voraus. Das Interesse war groß, aber nur beim Anschauen. Der Verkauf lief anfangs schleppend.

Zum ungewohnten Aussehen spielte der Preis eine Rolle. Lag er bei den 750er um circa 1.000 Mark höher als der anderer 750er-Suzukis, war die Differenz bei den 1100er erhebliche 1.500 DM. Das war für viele ein Monatsnettolohn.

An den Handel wurden die Katanas in der Reihenfolge aufsteigend nach Hubraum geliefert. Zuerst die 550er, am Ende die 1100er.

Im Verhältnis zu den Motorrädern fünf Jahre später konnte man die großen Katanas Eisenhaufen nennen. Für Touren brauchte man trainierte Arme und Sitzfleisch, da die Bank und Federung sportlich hart waren. Zum Schnellfahren war die Sitzposition geeignet. Der Choke, gesteuert mit einer Drehscheibe in der linken Rahmenverkleidung, war effektiv dosierbar, selbst mit dicken Handschuhen. Diese Art war ein Novum.

SD tat sich schwer mit dem Verkauf der gewaltigen Mengen an Fahrzeugen. Die letzten wurden erst drei Jahre nach der Ankunft aus Japan an den Handel ausgeliefert. Bis dahin fristeten sie ein Dasein in wechselnden Lager, da sie aus dem Freihafen heraus gemusst hatten.

Im Januar 1984 startete SD die letzte Abverkaufsaktion der Katanas. Händler, die eine Verkaufsprämie von 500 DM für die 750er und 550 DM für die 1100er wollten, mussten eine 750er als Vorführfahrzeug bis spätestens 24. Februar zugelassen haben. Eine Vorführmaschine gab nach zwei Jahren Marktpräsenz keinen verkäuferischen Sinn für den Händler, nur für SD. Die Dinger mussten weg, das war alles.

Gemunkelt wurde, dass die Katanas nicht der einzige Grund waren, warum 1985 das Werk in Japan mit einer eigenen Niederlassung in Deutschland startete und SD übernahm.

Für den englischen und amerikanischen Markt (USA und Kanada) gab es GSX1000S und GS500M Katanas. Sie waren für Rennzwecke bestimmt und hatten aus diesem Grund reduzierte Hubräume. Von der Existenz war in Europa so gut wie nichts bekannt. Erst mit dem Internet erfuhr die ganze Welt von ihrem Dasein. Es konnte sich nur um sehr kleine Stückzahlen gehandelt haben, da sie nicht einmal in den Microfiches[1] für die Ersatzteile auftauchten. Die Kleinserie wurde aus Homolgationsgründen in Japan gebaut, um ein Serien-Motorrad nachweisen zu können.

Später wurden noch andere Modelle von Suzuki unter dem Namen Katana angeboten. Sie waren weder für den deutschen Markt, noch hatten sie viel mit den *echten Katanas* zu tun, ausgenommen die 1100er mit Klapp-Scheinwerfer.

Groß wollte SD 1982 auch mit der passenden Katana-Bekleidung auftrumpfen. Lederkombi, Helm, Handschuhe und Stiefel, über-

---

[1] Ersatzteil-Katalog auf Film. Zum Ansehen brauchte man ein Lesegerät.

wiegend in Weiß gehalten mit roten und schwarzen Akzentuierungen wurden angeboten. Abgesehen davon, dass weiß eine undankbare Farbe war, war der Preis stolz. Kleinste Risse im Leder waren weithin sichtbar. Die Pflege der Ausrüstung verlangte mehr Zeit als das damit Herumfahren. Den Einzigen, den ich auf der Straße sah, war einmal Heinz, der Suzuki-Außendienst bei einem Besuch in unserem Laden. Ein paar mutige Händler hatten sich etwas für die nächsten Jahre hingelegt.

Anti-Dive-System

1978 hatten Suzukis mit Einführung der GS-Reihe ein besonderes Merkmal, eine Ganganzeige. Mit den 1982er-Modellen preschten sie wieder vor. Aus dem Rennsport stammte das Anti-Dive-System.[1] Es verzögerte das Einnicken der Gabel beim starken Bremsen, war ansonsten unauffällig. Trotz der Umstellung, weil die Federung *hart* wurde und sich die gewohnte Fahrgeometrie änderte, konnte man dem System nach kurzer Eingewöhnungszeit Freude abgewinnen. Wem dies nicht behagte, konnte mit einer Platte zwischen Gabel und Überlaufbehälter Abhilfe schaffen. Er hatte dann eine herkömmliche.

Die ersten Fahrzeuge mit Anti-Dive waren die Katana 750 und 1100, die als 1982er-Modell bereits im Herbst 1981 ausgeliefert wurden.

Die 550er und 650er kamen mit der neuen Gabel 1982. Die 81er-Modelle hatten kein Anti-Dive.

Das System wurde bis zu den Upside-Down-Gabeln 1985 in allen Touren- und Sportmodellen ab 550 ccm bei Suzuki verbaut. Enduros, Chopper und Fahrzeuge unter 500 ccm gingen leer aus.

Suzuki 1982

1982 trat SD mit neuer Corporate Identity und mit geändertem Logo auf. War das rote Suzuki-*S* bisher immer allein auf weißem

---

[1] *Anti-Dive – gegen das Eintauchen*

Grund kommuniziert worden, wurde es jetzt in zwei schwarze Streifen eingebunden. Briefköpfe und die Werbung sahen wesentlich frischer und fortschrittlicher aus. Für interne Schreiben blieb das Logo überwiegend das alte. Die bedruckten Blätter wurden aufgebraucht.

SD hatte sich neu auf- und den Fahrzeugverkauf auf ein Agentursystem umgestellt. BS motor hatte den Vertrag am 4. November 1981 unterschrieben. Ein Großteil der Händler hatte ihn ebenfalls unterzeichnet, viele unter Protest. Einige beendeten die Zusammenarbeit. Meist waren es keine Exklusivhändler. Sie konnten es sich leisten und ein Suzuki-Minus mit anderen Marken im Laden ausgleichen.

Die Systemumstellung war kommuniziert worden mit der Notwendigkeit, die Verkaufspreise stabil zu halten. Zudem hätten die Grauimporte[1] zu sehr Anteile vom Markt gewonnen, der SD abginge. Um mithalten zu können, hatten Vertriebspartner in der Nähe von Grauhändlern ruinöse Rabatte an Kunden gegeben. Dies hatte deren Nachbarhändler zum Mitziehen veranlasst. Das habe Kreise gezogen. Der Schritt sei notwendig gewesen, da es teilweise an die Substanz ging.

Wieso waren die neuen Verträge ein Problem?

Sie nahmen den Vertriebspartnern ihre eigene Preisgestaltung und halbierten die Brutto-Marge. Händler wie wir, die mit keinen oder kaum Kundenrabatten arbeiteten, hatten pro Motorrad nur noch den halben Verdienst bei gleichem Aufwand. Die Margen waren sicher, aber wesentlich niedriger als vorher.

Die Fahrzeugverkaufspreise wurden um mehr als die Margenkürzungen gesenkt. Dies machte Suzuki-Motorräder günstiger im Verhältnis zu den anderen Japanern. Auf den ersten Blick sah das positiv für den Handel aus. Ein Anstieg der Verkaufszahlen sollte den geringeren Gewinn pro Einheit mehr als wettmachen. Wurde uns erzählt.

Misstrauisch hatte die Umstellung die Händler gemacht, weil die Aktion mir nichts dir nichts durchgezogen wurde. Waren nicht gerade erst Preislisten herausgekommen mit Gültigkeit ab

[1] Graue auf Seite 85

1.1.1982? Diese waren das Papier nicht wert, auf dem sie gedruckt waren. Warum die Kosten auf sich nehmen, wenn man ein Agentursystem mit anderen Preisen geplant hatte?

Preisbeispiele Händler/Agentur: GT80L vorher 3.214 DM, nachher 1.999 DM; GSX400E vorher 4.994 DM, nachher 3.999 DM; GSX1100E vorher 10.799 DM, nachher 8.799 DM.

Mit der Preissenkung hatte SD ein Problem bei den Kunden geschaffen, dessen Tragweite offensichtlich keine Beachtung bei der Planung gefunden hatte oder unterschätzt worden war. Bei Suzuki-Besitzern kam die Aktion nicht gut an. Bis dato hatten sie beim Verkauf ihrer Gebrauchten hohe Preise erzielen können; unter den Japanern im Verhältnis die höchsten. Für manche Kunden war die Wertkonstanz ein Kaufentscheid für diese Marke gewesen.

Jetzt war dieser Vorteil schlagartig weg. Wieso sollte man seine Suzuki verkaufen und auf eine neue umsteigen, wenn man für die augenblickliche nichts mehr bekam? Konnte man der Marke für die Zukunft trauen? War dies eine einmalige Angelegenheit? Wer im Herbst 1981 ein Fahrzeug gekauft hatte, brauchte sich nicht um das Fehlen von Spott in seinem Freundeskreis sorgen. Auch Motorradfahrer anderer Marken fürchteten beim Kauf einer Suzuki, später die Dummen zu sein.

Die Händler hatten das Problem mit den Fahrzeugen, die unverkauft in ihren Betrieben standen. Dafür gab es keine Zuschüsse. Bei großem Fahrzeugbestand konnte das ans Eingemachte gehen. Auch Gebrauchte, die man gewohnheitsmäßig im Herbst in Zahlung genommen oder angekauft hatte, verloren schlagartig an Wert.

Das war die Situation am Anfang der Saison.

In den ersten fünf Monaten gab es diverse Fehlbuchungen bei Bezahlungen an Suzuki. Motorräder, die vor dem 1.1.1982 an den Handel fakturiert worden waren, mussten über ein anderes Konto bezahlt werden, als die Agentur-Ware. Soweit so einfach. Nur tauchten Suzukis teilweise als Agentur-Fahrzeuge bei der falschen Bank auf oder Motorräder wurden dem falschen Händler zugeordnet. Die Folge waren Diskussionen und Hin- und Herbuchungen. Die jahrelangen Unzulänglichkeiten in der Verwaltung waren nicht beseitigt. Neue Gerüchte machten die Runde.

Suzuki wollte und musste die Katanas auf dem Markt platzieren. Der Lagerbestand[1] im Freihafen verursachte enorme Kosten. Hintergrund: Fahrzeuge wurden nach Möglichkeit erst herausgeholt, wenn sie an Händler ausgeliefert wurden. Erst an diesem Tag wurde der Importzoll fällig. Diese Handhabung war allgemein in vielen Branchen üblich, da sie der Liquidität guttat.

Die Preissenkungen waren nur ein Schritt. Um Sichtbarkeit beim Kunden und bei der Presse zu erzeugen, wurde im Februar eine Vorführaktion gestartet. Jeder Händler hatte die Möglichkeit eine GSX1100SZ und eine GS650G zuzulassen. Suzuki übernahm die Versicherung für ein viertel Jahr. Die Fahrzeuge mussten für mindestens diesen Zeitraum zugelassen bleiben. Unsere 1100er Katana ließen wir am 26. Februar zu.

Sie bekam eine Gimbel-Vollverkleidung, mit Einverständnis von SD. Wegen der Eintragung beim TÜV gab es eine Riesendiskussion, da SD Probleme hatte, uns den KFZ-Brief dafür zu senden. Dies widersprach den Abmachungen mit ihrer Hausbank. An so etwas war nicht gedacht worden.

Nach ein paar Tagen fanden sie eine Lösung und sandten den Brief direkt an den TÜV. Der musste ihn direkt an SD zurückschicken, wofür wir uns das Gezeter auf der Prüfstelle anhören mussten. Sie hätten anderes zu tun, als KFZ-Briefe zu verschicken. Und wer zahle das? Das tauche bei ihrer Kostenabrechnung auf. Sie müssten das dann rechtfertigen. Als ich ihnen das Porto geben wollte, lehnten sie das mit der Begründung ab, sie dürfen nichts annehmen. Da würde ihnen Bestechung nachgesagt. Und eine Briefmarke nähmen sie auch nicht an, da der Versand aktenkundig sei und dann gefragt würde, wem das Porto berechnet und wie es eingenommen worden sei. Es waren eben andere Zeiten.

Ich war seit zehn Jahren wöchentlich, manchmal täglich dort ein- und ausgegangen. Der Zirkus fußte nicht auf persönlichen Ani-

---

[1] Es wurde gemunkelt, dass es sich zeitweise um weit über zehntausend Fahrzeuge handelte.

mositäten. Vorschriften und die Angst vor einem Fehlverhalten waren ausschlaggebend.

Das zweite Vorführfahrzeug, eine GS650G ließen wir am 29. April des Jahres zu.

Zu dieser Zeit löcherte uns ein Kunde, er wolle unsere Vorführ-1100er. Kam leider nicht in Frage, da wir die Katana bis Ende Mai behalten mussten. Zum einen, weil Suzuki es im Winter so bestimmt hatte. Zum anderen, weil wir mit dem Katana vom 21. bis 25. Mai auf der Händler-Tagung in Korsika erscheinen sollten. Über mehrere Wochen konnte mir SD nicht sagen, zu welchem Preis sie das Fahrzeug an meinen Kunden abtreten wollten. Zur Erinnerung, es war ein Agenturfahrzeug und gehörte nicht BS motor. Das Einzige, was wir dem Käufer nennen konnten, war der Aufpreis für die Verkleidung. Ich sagte zu, dass er sofort nach Korsika das Fahrzeug übernehmen könne, auch wenn es noch nicht umgemeldet werden könne.

Für die Korsika-Fahrt bekam Suzuki viel Presse, jedoch mehr in Italien als in Deutschland. Ein Deck voll Katanas auf der Fähre und der kilometerlange Tross auf der Fahrt von Bastia zum Südende der Insel nach Santa Giulia ließen die Zaungäste neugierig werden. Angekündigt waren Zwei-Bett-Strohhütten ohne Strom im Club Med. Bis auf die lästigen Animateure war der Aufenthalt in Ordnung, vor allem Essen und Trinken.

Dass die Stimmung nicht vor Freude überschäumte, lag in erster Linie an den Händlern. Sie waren geistig bei ihren Betrieben. Schließlich war Hauptsaison und die Fahrzeugverkäufe mit eingeschränktem Verdienst hatten bis dahin keine Euphorie hervorrufen können. Die meisten Gespräche drehten sich um diese Themen.

SD hatte sich redlich bemüht, an alte Zeiten anzuknüpfen, als Händlertagungen Highlights waren. Aber die gereizte Stimmung konnte nicht überspielt werden.

Zurück von Korsika übergaben wir unserem Kunden die 1100er Katana. Am 4. Juni erhielten wir endlich den KFZ-Brief. Das Fahrzeug war übergeben. Doch damit war noch nicht Schluss.

Der neue Besitzer hatte einen Unfall drei Wochen, nachdem wir ihm einen neuen Vorderreifen aufgezogen hatten. Er schloss auf einen Montagefehler. Unsere Betriebshaftpflicht regelte den Schaden. Wir hatten ein gutes Verhältnis zum Kunden und alles war Friede, Freude, Eierkuchen.

Als wir später den angeblich gezwickten Schlauch erhielten, stellte sich heraus, dass wir nichts dafür gekonnt hatten. Grund war ein Fabrikationsfehler. Der Schlauch war an einer Schweißnaht aufgerissen. Es waren keine äußerlichen Spuren sichtbar. Uns war das egal. Was hätten Streitereien gebracht?

Das war der eine Teil. Der andere war die Versicherung, die Suzuki abgeschlossen hatte. Am 25. Mai war das nächste viertel Jahr fällig, das uns berechnet wurde. Dass das Fahrzeug nicht zu diesem Zeitpunkt umgeschrieben werden konnte, hatte Suzuki zu vertreten, was sie einsahen und uns die Prämie für die paar Tage erstatten wollten. Wir sollten sie einstweilen beim Versicherungskonzern begleichen.

Die Versicherung war jedoch nicht in der Lage, eine ordnungsgemäße Prämien-Rechnung für die paar Tage zu erstellen. Sie wussten, wann und auf wen das Fahrzeug umgemeldet worden war, brachten es aber nicht fertig, einen korrekten Betrag zu berechnen. Im August schickten sie uns eine weitere Rechnung für das nächste viertel Jahr.

Am 5. August 1982 erhielten wir ein Schreiben von SD, dass Otto de Crignis seine Anteile an Lowmann verkauft hatte und nicht mehr für SD tätig sei.

Am 11. Oktober hatte die Versicherung die Ummeldung endlich zur Kenntnis genommen. Sie schickten eine Mahnung – keine Rechnung vorher – auf welcher der zu viel berechnete Betrag gutgeschrieben schien. Als Differenz für neun Tage bleiben 307,10 DM.

Natürlich weigerten wir uns, diese horrende Prämie zu bezahlen. Sie entsprach einem Jahresbeitrag von ungefähr 11.000 DM, wohlgemerkt Haftpflicht und Teilkasko, nicht Vollkasko!

Wir reichten die Mahnung an SD weiter. Schließlich war uns versprochen worden, den Betrag für die paar Tage zu übernehmen.

Nachdem wir und SD noch einmal Einspruch erhoben hatten, wurde am 22. Oktober die Forderung auf 71,40 DM gesenkt. Suzuki konnte den Betrag nicht an die Versicherung überweisen, da die Rechnung auf BS motor lautete. So zahlten wir und bekamen am 17. Januar 1983 unser Geld von Suzuki wieder. Der Zirkus hatte mehr als ein halbes Jahr gedauert.

Im Herbst 1982 zog SD von der Ingolstädter Straße in München nach Schleißheim in die Mittenheimer Straße 60 um. Ab jetzt konnten wieder Technik-Lehrgänge stattfinden, die im letzten Winter aus organisatorischen Gründen und Platzmangel ausgefallen waren.

Für sinnlose Verkaufsseminare wurde viel Geld ausgegeben. Ich hatte während meiner Zeit in der Autobranche und auch bei Suzuki schon an solchen teilgenommen. So gut sie für die Pkw-Branche taugten, sowenig für die Motorradzunft. Ein Verkaufsgespräch mit Motorradkunden entsprach nun mal nicht dem mit Pkw-Fahrern. Dies war den Kursleitern unbekannt. Da ich mich weder langweilen, noch aufregen wollte, schickte ich Helmut hin. Er arbeitete bei uns im Lager und Verkauf.[1]

Zur Seminar-Teilnahme waren wir gezwungen, da diese eine Bedingung für die Auszahlung des Fahrzeug-Jahresbonus war. Er sollte diesmal für uns hoch ausfallen.

Trotz aller Widrigkeiten war 1982 das Jahr geworden, in dem BS motor die meisten motorisierten Zweiräder seiner Gesamtzeit verkauft hatte. Einen Teil hatten die Restabwicklung der RV80-Geschichte und der Verkaufsbeginn der KVV GS80[2] beigetragen. Insgesamt waren es gut einhundertsechzig Fahrzeuge geworden.

Die Verwaltung der Agenturfahrzeuge bei Suzuki war umständlich gewesen und hatte das ganze Jahr nur bescheiden geklappt.

---

1 Ist der Helle aus dem Kapitel Winter/Diehl – Die ewigen Gespann-Europa-Berg-Meister auf Seite 167

2 Der RV90/RV80- und KVV-Deal – 1981 auf Seite 48

Es hatte viele Telefonate und Schreiben wegen unzureichender Provisionen gegeben.

Es kam vor, dass wegen Preisreduzierungen von SD für Fahrzeuge mehr abgebucht wurde, als wir vom Kunden eingenommen hatten. Dies wurde nicht immer von SD automatisch ausgeglichen. Man musste sein Konto stets im Auge behalten und sich selbst rühren. In einem Fall dauerte es vom 5. August bis 24. November, bis wir den Scheck in Händen hielten. Händler linderten auf diese Weise die Finanzmisere bei SD.

Eine Überprüfung der von uns an Suzuki bezahlten Fahrzeuge erforderte für uns Extraaufwand, da auf den Kontoauszügen interne Belegnummern standen, die wir Händler schwer Fahrzeugen zuordnen konnten, vor allen Dingen, wenn mehrere gleiche Beträge am selben Tag abgebucht worden waren.

Am 3. August 1982 forderten wir bei Suzuki eine Liste aller Fahrzeuge mit Fahrgestellnummern an. Eine Woche später konnten wir zwei reklamieren. Der Betrag für eine GSX250EGT war von uns überwiesen und von Suzuki noch einmal eingezogen worden. Eine Katana 550 war abgebucht worden, obwohl wir das Fahrzeug nie hatten.

Erst mit Datum 18.9.1983, also ein dreiviertel Jahr nach Jahresende, schaffte es SD, eine komplette Provisionsaufstellung an die Händler zu schicken. Bei keinem, mit denen ich sprach, stimmte sie. Bei unserer fehlten sieben Fahrzeuge.

Ein weiteres Beispiel für die Umständlichkeit der Verwaltung. Oder waren es Tricksereien?

Kfz-Briefe für Neufahrzeuge waren bei der jeweiligen Hausbank des Händlers hinterlegt und wurden diesem ausgehändigt gegen Überweisung des Inkassobetrags. Soweit so gut. Bei Preisreduzierungen wurde nicht einfach der Betrag geändert, sondern von SD an die Händlerbank ein Scheck geschickt, den diese aufbewahren musste, bis das Fahrzeug abgelöst werde. Die Banken waren von dem Mehraufwand begeistert, wie man sich vorstellen kann. Vor meinem geistigen Auge spult sich gerade ab, wie das abgelaufen sein mag, wenn ein Scheck mit einem falschen Kfz-Brief abgelegt worden, oder gar verschwunden wäre.

Noch etwas ganz anderes aus der Nacht vom 13. auf den 14. März 1982. Was jetzt kommt, ist nicht der Inhalt eines Drehbuchs, sondern beruht auf dem Bericht unseres Nachbarn und der Zeitung vom folgenden Dienstag.

Montag, der 15. März. Ich war noch keine fünf Minuten im Betrieb, da kam der Nachbar von gegenüber an. Gestern sei bei uns eingebrochen worden. Ich sah ihn verdutzt an. Ich hatte nichts bemerkt. Er erzählte:

In der Nacht zum Sonntag sei er aufgewacht, da er zu nachtschlafender Zeit Geräusche gehört und Lichter bei uns gesehen hatte. Sein Schlafzimmer blicke genau auf unseren Betrieb. Es war im ersten Stock auf der gegenüberliegenden Straßenseite, dreißig Meter entfernt.

Er sah einen Pkw und zwei Gestalten, die sich hinter unserer Halle an den Kisten mit den Neumotorrädern zu schaffen machten. Er habe die Polizei gerufen. Die beiden seien mitgenommen worden.

Trotz Suche konnte ich nicht feststellen, dass etwas fehlte. Ich dankte ihm. Er ging. Für mich war der Fall erledigt. Dummer-Jungen-Streich.

Am nächsten Tag stand in der örtlichen Zeitung: *Flexibel muss man sein: Passt das Motorrad nicht ins Auto – stehle ich eben einen Transporter.*

Zwei Gymnasiasten hatten sich entschlossen, bei BS motor ein oder mehrere Fahrzeuge zu stehlen. Der eine lieh sich von seinem Vater den Mercedes (Pkw). Tarnung ist alles. Irgendwo hatten sie Kennzeichen her, aber keine gleichen. Das hintere war aus Erding, das vordere aus Straubing. So beschildert fuhren sie zu uns. Dort stellten sie fest, dass die Kisten selbst mit bestem Willen nicht in den Kofferraum passten. Während der Anfahrt zu BS hatten sie einen VW-Bus beim Reifenhändler nebenan stehen sehen. Also brachen sie den auf und wollten zu uns herüberfahren. Ging aber nicht, da der Anlasser keinen Mucks machte. Also holten sie den Mercedes und schleppten den VW mit dem Abschleppseil quer über die Straße zu uns.

Unser Nachbar hatte ihnen die ganze Zeit zugesehen und der Polizei live am Telefon berichtet. Die musste die beiden nur noch einsammeln. Dass Gymnasium nicht automatisch Intelligenz voraussetzt, ergab sich aus der Tatsache, dass man mit Auge-mal-Pi feststellen hätte können, dass eine Motorradkiste nicht einmal in den VW-Bus gepasst hätte. Oder hatten sie vorgehabt, ein Motorrad vor Ort auszupacken und zusammenzubauen?

Polizei: *Beide kommen aus geordneten Verhältnissen.*

Suzuki 1983

In Deutschland hatten die Zulassungen bei Neumotorrädern 1982 gegenüber dem Vorjahr um 4,3 Prozent abgenommen. Dafür bei Gebrauchten um fünf Prozent erhöht. Der Gesamtmarkt war gewachsen, aber der Handel hatte kaum profitieren können. Wieder einmal wurde gefragt, diesmal in der Zeitschrift *PS*: *Stirbt der Motorradmarkt?* Diese Frage tauchte im Verlauf meines Lebens immer wieder auf. So ganz tot war er nie.

Wird es 1983 besser werden?

Die Provisionen, die wir für den Verkauf der Motorräder in 1982 erhalten hatten, ließen für so gut wie alle Händler kaum Spiel zum Weitermachen. Suzuki musste die Sätze erhöhen, wenn sie nicht riskieren wollten, dass die Hälfte während des Jahres mit der Marke aufhörte oder andere Marken ins Programm nahm.

SD erhöhte die Provision um vierzig Prozent. So kamen wir wenigstens wieder annähernd in frühere Regionen, die ein Auskommen sichern konnten. Das erste Friedensangebot zeigte Wirkung. Die Händler waren etwas besänftigt. Die Suzuki-Familie wurde immer wieder als Argument angeführt; wir sollten zusammenhalten. Für 1984 werden die Probleme beseitigt sein. Neue Aktionen werden den Umsatz ankurbeln, usw.

Apropos Aktionen: Für unsere GS650G hatte SD im Rahmen der Katana-Aktion die Versicherung per Sammelvertrag bis zum Vorjahresende übernommen. Ab 1. Januar 1983 wurde die Prämie uns berechnet. Damit begann ein erneutes Durcheinander.

Hatten wir im Vorjahr gemeint, die 1100er-Sache sei ein Versehen gewesen, stellten wir nun fest, dass es sich offensichtlich um Serienabzocke handelte. Anders konnte man es kaum bezeichnen, wenn einem umgerechnet das Doppelte von dem abverlangt wurde, was die teuerste Konkurrenz berechnete. Dass es sich um ein System oder absolute Unfähigkeit drehte, wurde bei Gesprächen mit Händlerkollegen klar. So gut wie jeder berichtete Ähnliches.

Wir meldeten das Fahrzeug am 29. Januar ab, da bis dahin die Prämie als bezahlt bestätigt worden war. Etliche Telefongespräche brachten zwar ein Verständnis des Versicherungsmitarbeiters zu Tage, aber dies ließ den Rest des Konzerns unbeeindruckt. Am Schluss zahlten wir für an die hundert Telefoneinheiten.

Im März kam wieder mal eine Mahnung. Immer noch ging nicht hervor für welchen Zeitraum. Für mich war das Ende der Fahnenstange erreicht. Ich forderte eine genaue Aufstellung der bisherigen Prämien mit Zahlungen, die SD bezahlt hatte und die wir bezahlen sollten. Vor Eingang dieser Übersicht verweigere ich jeden Kontakt.

Auf mein Schreiben kam nie eine Antwort, auch keine Mahnungen mehr. Ich ging davon aus, dass sich die Versicherung scheute, ihren Deal mit SD offenzulegen. Dann wäre herausgekommen, dass man die Zugeständnisse bei den Prämien von den Händlern hintenherum kassieren hätte wollen. Ich hoffte, dass sich SD nicht über den Tisch ziehen hat lassen und die horrenden Beiträge bezahlte. Wobei ich nach den bisherigen Erfahrungen mit der SD-Verwaltung meine Zweifel hegte. Später stellte ich eine überschlägige Hochrechnung auf, welche Summe da im Raum gestanden hätte bei mehreren hundert Fahrzeugen. Leider futsch.

Der Fahrzeugverkauf ging in diesem Jahr auch bei uns weiter zurück, da unsere beiden 80er-Aktionen weitestgehend abgeschlossen waren und eine Steigerung mit Suzuki-Motorrädern nicht möglich war. In der Summe fehlte in etwa ein Drittel. Werkstatt lief gut, etwas Ruhe nach dem letzten Jahr schadete nicht, wenigstens für eines.

Während wir unsere Verkäufe im Agentursystem stabil halten konnten, waren andere Händler vom Verkaufsrückgang wesentlich stärker betroffen. Die Marge je Fahrzeug war gravierend niedriger als früher und Suzuki hatte keine Fahrzeuge im Programm, um Konkurrenzmarken ausstechen zu können. Die Vierzylinder-GSX-Modelle mit 13-Zoll-Vorderrad waren neu, aber nicht in ausreichenden Stückzahlen vorhanden. Das restliche Angebot war zu bieder.

Als im Herbst auf der Händlertagung die Modellpalette 1984 vorgestellt wurde, gab es heftige Worte aus der Händlerschaft. Unfähig eines akzeptablen Gegenarguments saßen die Verantwortlichen von SD auf dem Podium. Sie schienen keinen Plan zu haben. Mir taten sie schon fast leid.

Jedem Händler war klar, dass es steil bergab gehen werde. Von den sechzehn Fahrzeugen werde es je vier Variationen der GSX550, GSX750, GSX1100 geben. Das 80er-Programm bestand aus einem Modell, der TS80X. Sie war neu, das heißt, war etwas größer als die TS80ER, hatte einen passablen Look und schloss durch ihren wassergekühlten Motor zur Konkurrenz auf. Ein Blickfang war sie nicht. Von der seit zwei Jahren angekündigten RG80 war immer noch nichts zu sehen.

Am 10. Oktober beschwerte ich mich per Brief an den Verkaufsleiter bei SD, dass statt der versprochenen Besserung eine extreme Verschlechterung zu erwarten sei. Weder sei unsere Marge erhöht worden, noch sei ein attraktives Programm vorhanden. Die 80er auf eine einzige Enduro zu beschränken, sei ein Aufgeben einer Käuferschicht. Es gab genug Jugendliche, die zu klein für Enduros waren, nicht nur Mädchen. Außerdem verboten viele Eltern den Kindern diese Art Fahrzeuge. Umweltschutz.

Das weibliche Geschlecht, ein aufkeimendes Kundenpotenzial, wurde komplett ignoriert. Sie wollten nicht Enduros fahren. Für Yamaha war die Lage super. Yamaha hatten wir nicht mehr. Manchmal waren wir nahe dran, zu bereuen, mit Suzuki statt den Stimmgabeln weitergemacht zu haben.

Am 14. Oktober teilte SD mit, dass ab sofort eine neue Bank für Zahlungen zuständig sei. Deshalb sollten wir eine komplette Fahrzeuginventurliste einreichen.

Am 28. Oktober (wegen Urlaub) bekam ich als Antwort auf mein Schreiben, dass wir SD verstehen müssten, sie trügen das ganze finanzielle Risiko und den Aufwand bei der Lagerhaltung beim Agentursystem. Man sei bemüht, eine Besserung zu schaffen. Blah, blah, blah. Ein Satz machte mich stutzig. In ihm stand, dass SD intensive Gespräche intern mit den Gesellschaftern und extern mit Suzuki Japan führte. Suzuki schien sich überhoben zu haben und irgendwie hilflos.

Meine Spekulation: Der langwierige Abverkauf der Katanas, es standen immer noch welche im Importlager, war eine starke finanzielle Belastung. Auch andere Uralt-Modelle belasteten den monetären Spielraum, Beispiel: GSX750EGT, Silver-Suzi[1] aus 1981. Die Verwaltung funktionierte inzwischen, hatte aber keinerlei wirksame Möglichkeiten mehr. Suzuki Japan hatte kaum neue Ideen entwickelt und hinkte den anderen Marken aus dem eigenen Land hinterher.

Wehrlos und ungefragt blieben die Händler.

Suzuki 1984

Die Händlerschaft hatte sich nicht beruhigt. Nach 1982 hatten auch 1983 einige ihre Verträge zum Jahresende zurückgegeben.

Im Januar schränkte SD die Händler noch mehr ein. Wurde 1982 und 1983 beim Verkauf eines Fahrzeugs nur der vom Kunden erzielte Preis abzüglich der Provision auf dem Händlerkonto belastet, so war es ab sofort der komplette, dem Kunden in Rechnung gestellte Betrag. Den eigenen Anteil musste man per Formular extra anfordern.

Das Rundschreiben vom 23. Januar regelte die Fahrzeuglieferungen an Händler. Motorräder werden automatisch geliefert, Grundlage die jeweiligen Jahresvorausplanungen. Änderungen

---

[1] Suzuki GSX750EGT (Silver Suzi) auf Seite 41

nicht möglich. Die Lieferung der Fahrzeuge behielt sich SD vor, vorausgesetzt Japan lieferte,

Ein Nachbezug vom Händler erfolgte, vereinfacht gesagt, nur als Lagerauffrischung. Keinerlei Reaktionen auf den Markt waren mehr möglich. So war es auch nicht verwunderlich, dass oft Motorräder nicht im Laden standen, während der Händler sie hatte, der sie nicht brauchte. Vorausplanung war eben Vorausplanung; funktionierte offensichtlich auch im Kapitalismus nicht. Auf einem Markt, der von Emotionen lebte, ein Unding.

Umdispositionen mussten über SD gemacht werden, was oft eine Verzögerung der Auslieferung an Kunden von einer Woche bedeutete. Ein direkter Weg zwischen Händlern funktionierte nur, wenn die Verkaufsprovision anschließend ebenfalls so gehandhabt wurde. Denn die Provision wurde von SD an den ausgezahlt, an den sie die Rechnung ausgestellt hatten. Bei Verzögerungen war die Übersicht auch mal verloren.

Im Februar lud SD bundesweit zu regionalen Round-Table-Gesprächen ein. Bei diesen wurde zum ersten Mal zugegeben, dass bis Sommer keine Besserung eintreten werde. Man bekomme aus Japan kurzfristig keine Fahrzeuge. Aber Japan habe versprochen, bereits im September das neue Programm nach Deutschland zu liefern, vor Belieferung des US-Markts. Das wolle etwas heißen.

Das Werk in Japan fürchtete offensichtlich, den größten europäischen Markt an die Konkurrenz zu verlieren, da es die Amerikaner als wichtigsten Auslandsmarkt an die zweite Stelle setzte.

Während der Hauptsaison gab es kaum Prospekte und Preislisten, ab Mai gar keine mehr. Dass keine neuen nachkommen werden, kam uns nicht in den Sinn. Leider habe ich in meinem Archiv nichts, da wir die letzten Exemplare an Kunden vergeben haben. So blieb eine dauerhafte Lücke.

Die Ersatzteilversorgung lief sehr unterschiedlich. Auch Verschleißteile wie Bremsklötze, Ölfilter und Batterien waren zwischenzeitlich nicht lieferbar. Solche Teile wurden per Luftfracht aus Japan eingeflogen. Dies erhöhte die nicht weiterberechenbaren Kosten für SD extrem.

Es war nicht übertrieben, als Mitte des Jahres der Spruch aufkam. *Wenn SD dieses Jahr keine Fahrzeuge aus Japan bekommen hätte, wäre der Schaden nicht größer geworden.*

Auch für BS motor wurde das Jahr schlimm. Am Ende lagen unsere Suzuki-Fahrzeugverkäufe bei dreizehn Prozent im Vergleich zu 1981.

Im Sommer vermehrten sich die Gerüchte, dass die Japaner das Heft selbst in die Hand nehmen werden.

Auf der Händlertagung im Herbst trat zum ersten Mal der zukünftige Geschäftsführer auf. Es wurde bestätigt, dass die *Suzuki Motor Handels GmbH Deutschland* die Geschäfte an die zukünftige *Suzuki Motor GmbH Deutschland* übergeben werde. Der Übergang sollte Schritt für Schritt im Hintergrund ablaufen. Das Tagesgeschäft sollte kaum tangiert werden. Annähernd so geschah es dann auch.

Der zukünftige Geschäftsführer Yoichi Nishitani hielt sich vornehm im Hintergrund und schaute sich das Treiben an. Die Klagen der Händler hielten sich in Grenzen, da es nicht schlechter kommen konnte. Die neu vorgestellten Modelle deuteten an, dass man wieder halbwegs erhobenen Hauptes nach vorne blicken könnte. Eine gewisse Skepsis lag trotzdem im Raum. Wer wusste schon, ob die Japaner ihre Versprechen halten werden. Mindestens die letzten drei Jahre fühlte man sich belogen und verkauft.

Vom Podium herunter wurde hoch und heilig versprochen, dass im Frühjahr die Läden voll mit den neuen Modellen stehen könnten. Es werde eine ausreichende Stückzahl vorrätig sein, auch für einen größeren Ansturm.

Die vorgestellten Modelle verschlugen vielen im positiven Sinn die Sprache. Aber es redeten die Personen, welche die letzten Jahre das Sagen hatten. Die Skepsis blieb. An den Tischen rund um uns wurde teilweise nicht einmal zugehört.

GSX-R750, ein Motorrad, das man sonst nur auf Rennstrecken zu sehen bekam – mit Straßenzulassung. Als Bonbon bestand die Möglichkeit eine sofort zu bestellen und per Luftfracht einfliegen zu lassen. Die Kleinigkeit kostete allerdings 3.000 DM Fracht und der Transport von Frankfurt zum Händler musste selbst organisiert werden.

RG500 Gamma, ein noch konsequenteres Rennmotorrad als die GSX-R, mit Zweitakt-Motor Vierzylinder im Quadrat. Barry Sheene ließ grüßen. Wenn diese beiden Fahrzeuge nicht einschlagen werden, dann nie mehr eines. Die Konkurrenz konnte vor Neid erblassen. So etwas hatte nur Suzuki.

Und um dem normalen Motorradfahrer etwas bieten zu können, gab es die neue Enduro DR600 obendrauf.

Dazu wurden die Daten und erste Bilder der RG80 gezeigt.

An den Modellen sollte es in Zukunft nicht mehr liegen können, wenn die Geschäfte nicht liefen. Als die Preise bekannt gegeben wurden, war der Ärger über die letzten Jahre bei den meisten Händlern verraucht.

Am 21. Dezember 1984 erhielten wir ein Rundschreiben mit dem Inhalt, dass SD per 1. Oktober ihre *Herausgabeansprüche an Agenturmotorrädern, die sich bei Ihnen befanden, zusammen mit dem Eigentum an diesen Motorrädern* an die Suzuki Motor GmbH übergeben habe. Das hieß, die neuen Herren waren die Japaner.

Aus dem Slogan der 70er Jahre *Suzuki – Präzision für die Freizeit* war über die Jahre am Ende geworden: *Rette sich wer kann.* Dafür sollte nun ein Ende eingeläutet sein.

Puch und Zündapp

Ältere Kunden dachten konservativ. Sie wollten keine Japaner. Nachdem Zündapp 1984 kurz vor dem Konkurs stand, blieben nur noch Hercules und Puch. Kreidler hatte uns bereits verlassen.

Auf das Sachs-Ziehkeilgetriebe standen wir nicht, also Puch. Diese Fahrzeuge bekamen wir über unseren ehemaligen Versorger mit Kreidler-Ersatzteilen, die Firma Holz in Putzbrunn. Wir konnten wieder Mofas und Mokicks anbieten.

Es machte das Kraut nicht fett. Es war bis 1986 ein Zubrot, 1987 wurde Puch von Piaggio geschluckt, was mit ein Grund war, sich auf die Italiener einzulassen.

Schnell wurde klar, dass Vespa an Puch kein Interesse hatte. Zögerlich bearbeiteten sie die Mofabestellungen. Wenn ich es richtig in Erinnerung habe, wurden die 80er Puch nicht über die Italiener vertrieben. Ist schon lange her.

Zu Zündapp: Da 1983 in puncto Suzuki-Verkauf schlecht gewesen war und 1984 auch nicht besser zu werden drohte, nahm ich die Gelegenheit beim Schopf. Das Werk in München inserierte am 5. Mai 1984 eine Stelle als Bezirksleiter. Ich bewarb mich. Nach einiger Zeit erhielt ich meine Unterlagen zurück, ohne Kommentar.

Im August war Zündapp in Konkurs. Ich möchte damit nicht ausdrücken, dass dies wegen der Ablehnung geschah. Ich gehe davon aus, dass sie die Stelle nicht mehr besetzten.

Umbausätze und Tuning

Rupert hatte sich mit Tuning beschäftigt, schon bevor ich in kennen gelernt hatte. Da ein Zweitakter mit wesentlich weniger finanziellem Aufwand zufriedenstellende Ergebnisse zeitigte, blieb dies das Metier. Vereinfacht gesagt, es ist weniger aufwendig Kanäle zu fräsen und polieren, als eine Nockenwelle zu bauen.

Jedenfalls hatte Rupert bei unserem Geschäftsstart 1977 schon Ahnung. Im Zuge seiner Skijöring-Laufbahn[1] war weiteres Knowhow dazugekommen. So wurde die Kreidler-Van-Veen-Geschichte eine logische Folge.

In unserem Laden tauchten ab 1983 wider mehr Kunden mit allerlei *Kleingetier* auf. Vom Mofa bis zu 250ern war alles vertreten. Tuning von Fahrzeugen mit Kennzeichen lehnten wir ab. Der ins Haus stehende potentielle Ärger war uns zu groß. Fürs Gelände sahen wir kein Problem. Dieses Verhalten zahlte sich

---

[1] Skijöring auf Seite 156

über die Jahre aus. Wir hatten diesbezüglich nie Zoff mit den Ordnungshütern.

Irgendwann war unser Ruf in den Bayerischen Wald durchgedrungen. Innerhalb kurzer Zeit entwickelte sich eine neue Geschäftsbeziehung. Wir erhielten Zylinder und -köpfe zum Bearbeiten zugesandt.

Zuerst für Kreidler, später fast alle Marken. 1983 und die beiden folgenden Jahre war Rupert an sehr vielen Abenden beschäftigt.

Für uns war es risikolos, da wir nicht an Endverbraucher verkauften. Auf unseren Hinweis, dass beim Fahren auf der Straße die Betriebserlaubnis erlösche, wurden wir beruhigt. *Die Leute fahren nur im Gelände* und Polizei gebe es so gut wie nicht. Bayerischer Wald eben.

Nach ein paar Monaten nahmen die Aufträge so zu, dass wir nachhakten. Inzwischen hätte es im Wald kein Fahrzeug ohne Tuning mehr geben dürfen. Unser Auftraggeber rückte heraus, dass er in Motorradzeitschriften inseriere und die Umbauten deutschlandweit vertreibe.

Da die RV- und KVV-Geschichte nicht mehr viel Zeit in Anspruch nahmen, kamen diese Arbeiten recht. Damit konnten wir die Verluste aus dem Motorrad-Tagesgeschäft wenigstens teilweise kompensieren.

Da wir hofften, dass es 1986 mit Suzuki wieder bergauf gehe, stellten wir die Tuningarbeiten ein. Die Nachtarbeiten waren auf Dauer zu kräftezehrend. Zudem starteten wir mit unseren Schneepflügen und dem Vertrieb von Fahrrädern. Ein fünftes Suzuki-Jahr im Keller werde es doch nicht geben. Oder?

Suzuki 1985 – Neuer Wind

Die neuen Herren

Plötzlich war alles anders. Oder doch nicht. Manches war gleich, vieles anders, trifft es besser. Was weitestgehend nicht mehr funktionierte, waren die Seilschaften, welche die letzten Jahre eine Zusammenarbeit zwischen SD und der Händlerschaft überhaupt ermöglicht hatten. Ohne war man aufgeschmissen oder hatte es wesentlich schwerer.

Es waren zwar viele Personen aus der Vergangenheit beschäftigt, doch Schlüsselpositionen waren neu besetzt und schlagartig hielt sich jeder an Vorschriften. Für uns Händler bedeutete das eine große Umstellung.

Ich spreche hier nicht von einem System der Mauscheleien. Persönliche Kontakte und flexible Auslegungen hatten auch ohne Zuwendungen Lösungen von Problemen erleichtert. Ich kann mich nicht erinnern – und das liegt nicht an Gedächtnisschwund oder -verlust – dass ich jemals ein Bier oder gar mehr ausgegeben hätte. Das mag auch daran gelegen haben, dass bei Treffen mit Suzuki-Leuten SD zahlte; auf Händlertagungen sowieso und bei den sonstigen Treffen waren es Spesen. Es fehlte meinerseits an Möglichkeiten.

Halt! Da fällt mir die ein oder andere Runde Bier ein, die ich ausgegeben habe, in Irland mit zwei Außendienstlern von Suzuki auf einer privaten Motorradtour.[1] Dort habe ich ein paar Guinness ausgegeben, aber auch welche erhalten. Das ging so reihum. Vielleicht habe ich in summa eine Lage mehr bezahlt, kann aber auch eine weniger gewesen sein.

Doch zurück zu 1985. Es gab neue Regeln und die wurden von allen eingehalten, keine Zaubereien und kein *Augezugedrückt* mehr.

---

1 ‚Aus dem Zylinderchen geplaudert – Privat', Kapitel ‚Irland 1991'

Das hatte Vorteile aber auch gravierende Nachteile und das nicht nur, weil der Japaner völlig anders dachte als ein Deutscher. Japaner bestanden aus Zahlen, Deutsche zwar auch, aber Emotionen spielten eine annähernd gleiche Rolle. Gefühle in Zusammenhang mit Deutschen mag seltsam klingen, traf aber zu.

Aus SD war zum 1. Januar 1985 die Suzuki Auto GmbH Deutschland geworden, die sich nicht mehr mit Motorrädern beschäftigte. Sitz weiterhin in Schleißheim.

Mit und bei den neuen Herren in Heppenheim[1] blickte anfangs kaum einer durch, niemand fällte eigene Entscheidungen.

Die Kommunikation war schlechter als 1984. Die Kompetenzen waren offensichtlich nicht klar verteilt. Keiner wagte es, selbst etwas zu bestimmen. Das ging bis oben hin. Bei jeder Unsicherheit wurde geantwortet, man müsse vor einer Antwort mit dem Geschäftsführer Rücksprache halten, selbst bei von uns als Kinkerlitzchen Eingestuftem. Von einem halbwegs normalen Betrieb konnte man erst im Herbst 85 sprechen. Auch 86 waren noch viele Holpersteine wegzuräumen.

Erste 85er *Sparprospekte* waren noch von SD in Schleißheim gedruckt und verteilt worden. Auf diesen war während der Anfangsmonate des Jahres über der Adresse ein Aufkleber: Neu – Firma Suz ... (Heppenheim).

Prospekte blieben die ganze Saison Mangelware, was ebenfalls auf eine überhastete Übernahme durch die Japaner hindeutete.

Bereits im Dezember 1984 waren Abbuchungsvollmachten für Lieferungen und Leistungen gefordert worden.

Am 8. Januar 1985 unterschrieben wir eine *Zwischenverkaufsvereinbarung*, eine Seite. Mitgesendet wurden Geschäftsbedingungen und ein Blanko-Händler-Vertragsentwurf. Ein endgültiger Vertrag wurde erst Ende Juli vorgelegt, von uns unterzeichnet und von Suzuki Ende Oktober gegengezeichnet. Sozusagen waren wir wieder einmal ein Jahr vertragslos, aber ohne Folgen.

---

[1] Im weiteren Verlauf des Buches mit *Suz* abgekürzt, im Gegensatz zu SD (bis 1985)

Aus allem Geschäftsgebaren war zu schließen, dass die neuen Herren ihr Geschäft nicht verstanden, überfordert waren oder, was am wahrscheinlichsten war, dass sie auf die Übernahme im Vorjahr nicht vorbereitet waren. Letzteres halte ich für den wahren Grund. Denn alles in den vergangenen drei Jahren von uns Erlebte passte zu diesem Schluss. Waren wirklich die Katanas ein Hauptfaktor im Niedergang von SD gewesen?

Die neuen Modelle

Die Leichtkraftradlücke war mit der RG80 geschlossen. Sie versprach gute Geschäfte. Auch die GSX-R750 verhieß einen Aufwärtstrend bei den Verkaufszahlen. Die RG250W, noch mit Halbschale, verstanden die meisten Händler als Verkaufsgag. Stückzahlen erwarteten wenige.

Dass SD in den letzten beiden Jahren in Japan stark an Einfluss eingebüßt hatte, sah man an den Chopper-Modellen. Die Fehler von Honda und Yamaha wurden munter kopiert und getoppt. Ein in Japan oftmals vorgetragener Wunsch nach einem Chopper, der die Grundzüge einer Harley-Davidson tragen sollte, war konsequent ignoriert worden. Der Kunde wolle dies nicht, war die Antwort. Was wurde uns stattdessen versucht aufs Auge zu drücken?

Die GV700GL und die GV1200GL. Beide widersprachen dem Kundengeschmack, wie es kaum höher ging. Die Japaner waren der Überzeugung, ein Chopper sei mit einer Stufensitzbank, einem Tropfentank und einem hochgezogenen Lenker ausreichend definiert. Wenigstens spendierten sie diesmal, und das hatten sie Honda und Yamaha voraus, den Fahrzeugen Speichenräder.

Beim Unter-dem-Tank griffen sie voll daneben. Vier-Zylinder, Vierventiler, V-Motor mit Wasserkühlung und protzigem, mit Chromrahmen versehenen Kühler. Der technische Vorsprung gegenüber einer schüttelnden Harley war erreicht, aber das Feeling der Kunden nicht. Wer sollte das Säuseln eines leisen, vibrationsarmen Vier-Zylinders einem laut hämmernden Zwei-Zylinder vorziehen? Dachte man in Japan wirklich so? Mit den Maduras, wie sie offiziell hießen, war kein Staat zu machen. Das merkten auch die Verantwortlichen schnell. Von den befreundeten Händlern stellte sich keiner ein Modell in den Laden. Ich kann mich nicht erinnern, dass je ein Kunde eine Madura gekauft hätte. Auf der Straße waren sie nicht zu sehen. Jedenfalls verschwanden die Chopper irgendwo in der Versenkung oder im Ausland, weit weg.

War die Hoffnung auf bessere Geschäfte am Anfang des Jahres noch groß, am Ende des Jahres war es die Enttäuschung. Statistisch gesehen ging es steil bergauf, bei BS motor stiegen die Verkaufszahlen um 3o %. Wenn man jedoch die absoluten weiß, ist es lächerlich wenig. War 1984 unser Tiefstand (ever) an verkauften Suzuki-Neufahrzeugen mit fünfzehn Stück erreicht, so stieg die Zahl 1985 auf zwanzig. 1981 lag die Zahl bei einhundertvierzehn, 1982 bei neunundneunzig, weiter fallende Tendenz. Von einer Besserung konnten nur des Kaufmännischen Unbedarfte sprechen.

Ein Übriges tat der Gesamtmarkt. Er stagnierte und war teilweise rückläufig. Auf dem Gebiet Leichtkraftrad halfen die munter kletternden Versicherungsbeiträge mit.

Schneepflug

Die Geschäfte waren mies gelaufen. Zwar war die Zahl der verkauften Motorräder angestiegen, warf aber immer noch zu wenig zum Leben ab. Glücklicherweise hatte unsere Werkstatt einen guten Ruf und treue Kunden, dass wir über die Runden gekommen waren.

Der Herbst kündigte sich an. Interne Gespräche konzentrierten sich auf den kommenden Winter und die nächste Saison. Was das nächste Jahr anging, konnte es nur aufwärtsgehen. Große Sprünge mit Suzuki erwarteten wir nicht. Das gab die Modellpalette nicht her.

Ich übernahm wieder mehr Touren als Busfahrer. Dieses Zubrot hatte mich seit Jahren komfortabel über Wasser gehalten.

Betrieblich konnten wir auf kein finanzielles Polster zurückgreifen. Deshalb diskutierten wir, wie die Kosten für die kalte Saison hereinzubekommen seien. Was konnten wir kurzfristig umsetzen? Der Winter mit Schnee stand vor der Tür.

Bereits im September 1981 hatte Rupert einen eigenen Schneepflug konstruiert und gebaut. Unser Nachbar hatte einen alten Traktor, aber ohne Pflug. Wir taten uns zusammen. Hartmut stellte den Traktor und wir den Pflug.

In den letzten vier Wintern hatte das Schneeräumen richtig Spaß gemacht. Ja, sogar zwei Nachbarn hatten sich das Gerät ausgeliehen und ihre Wege geräumt.

Zurück zu November 1985.

Warum sollten wir nicht Schneepflüge an andere verkaufen. Das wäre eine Beschäftigung für den Herbst und würde die nächsten Monate etwas Geld in die Kasse spülen.

Zuerst holten wir Preise für Anbauschneepflüge ein, um zu sehen, was andere so trieben.

Die beiden ersten Angebote ermutigten uns. Hersteller, die Kommunen belieferten, hatten lange Lieferfristen und für Hobbyräumer unerschwingliche Preise. Auch der Komfort in der Grundausstattung übertraf deren Bedürfnisse bei Weitem.

Ein halbwegs akzeptables Angebot lag bei knapp 4.000 DM plus diverse notwendige Zusatz- und Nebenkosten.

Rupert lief zur Hochform auf. Nach zwei Tagen waren seine neuen Konstruktionszeichnungen mit den Verbesserungen gegenüber 1981 fertig. Unser Schneepflug konnte mit gutem Gewinn für Händler angeboten werden. Mit Stückzahlen würden unsere Kosten noch einmal gedrückt. Die Kalkulation ging auf, Teile waren lieferbar.

Die Suzuki-Außendienstler sprachen ihre Händler an. Da Suzuki Motorrad und Auto inzwischen getrennt waren, erfuhren vorerst nur die Händler, die beides vertraten, von unserem Angebot. Zudem starteten wir Ende November 1985 eine Anrufaktion bei Händlern in der Umgebung, um nachzuhaken. Tatkräftig half uns Helmut Diehl.

Noch im selben Monat konnten wir von den ersten fünf gebauten Schneepflügen drei ausliefern, einer war für uns und einen hatten wir auf Reserve.

Wir fotografierten den Pflug am Fahrzeug und ließen Prospekte drucken. Inzwischen war es Januar 1986 geworden.

Dank Beziehungen bekamen wir eine 22-seitige Liste mit den Adressen aller Suzuki-Pkw-Vertragshändler. Diese Firmen schrieben wir an. Bei einem Endverbraucherpreis von knapp 3.000 DM waren wir am Markt unschlagbar, die Qualität hervorragend. Auch die Konkurrenz konnte bei höheren Preisen kaum Besseres bieten.

Ein deutschlandweiter Versand der Angebote und Prospekte wurde auf den Herbst verschoben, da die Entscheidungsphase sowohl für die Händler als auch bei den Kunden für diesen Winter schon lange vorbei war.

Zwischenzeitlich konstruierte Rupert zu den Halterungen für den LJ80 noch welche für den SJ413 und den Datsun Patrol.

Am 20. November 1986 starteten wir die neue Werbeaktion und versandten die Rundschreiben und Prospekte an die Händler. Da es wenig Resonanz gab, riefen wir vereinzelt an.

Etliche konnten sich nicht erinnern, die Angebote erhalten zu haben. Was wir auch lernten, dass im norddeutschen Raum kaum Nachfrage bestand. Begründung, dass es dort zu wenig Schnee gäbe. In Gegenden, wo es genug gab, wurde mit Lkws und Traktoren geräumt. In Städten räumte kaum jemand selbst. Der von uns ursprüngliche erhoffte Markt schrumpfte zusehends. Wir waren unserer Zeit zu weit voraus. Fünfundzwanzig Jahre später wurde es schick, einen Schneepflug am SUV zu haben.

Wir hatten für unsere Zwecke ein Räumgerät gebaut, zu einem erschwinglichen Preis. Funktioniert immer noch.

Unserer Preisvorteil war, wir setzten nicht auf anfällige Hydraulik, sondern hoben den Pflug mit von innen zu bedienender elektrischer Seilwinde. Durch das Eigengewicht senkte er sich und blieb fest am Boden. Statt einer verscheißanfälligen Gummilippe montierten wir Metallklappen, die *ewig* hielten.

Im Winter 1986/87 lieferten wir weitere acht Pflüge aus und stellten anschließend das Projekt ein. Der Verkaufsaufwand war zu hoch.

Unser Räumschild von 1981 habe ich immer noch. Es war aus der Riffelblechplatte unserer Werkstatt-*Hebebühne* in Geretsried gebaut worden. Ebenfalls ein Schild aus der letzten Produktion.

1986 - 1989

Wir hatten 1986 zwar neue Suzuki-Modelle, doch die Palette war nicht nach dem Geschmack unserer Kunden. Manche haderten immer noch mit der Preispolitik der letzten Jahre. Kurzum, unsere Verkaufszahlen waren seit 1984 im Keller. Nur der gute Ruf unserer Werkstatt brachte genug Kunden, um zu überleben. Schneepflüge und Fahrräder sollten nicht zu unserer Haupteinnahmequelle werden.

1987 wurden die Vierzylinder-Chopper durch neue Modelle ersetzt. LS650 Einzylinder, VS750 und VS1400 V-Zwei-Motoren. Der eingeredete amerikanische Geschmack war nicht auf Europa zu übertragen gewesen. Das hatte Suzuki endlich kapiert.

Die neuen Chopper waren der Renner, aber nicht ausreichend verfügbar. Die GSX400 war seit 1980 das Brot- und Butter-Modell. Die mittleren und großen Tourer hatten in den letzten vier Jahren keine Veränderung erfahren. Die R-Modelle waren in unserer Gegend eher dünn gesät. Hier wurden alltagstauglichere bevorzugt; zum Angeben gab es zu wenig Publikum.

Die RB50, ein Pocket-Bike, brachte zwar Leute in den Laden, doch zum Preis von 3.099 DM wollte sie dann kaum einer. Ohne Zulassungsmöglichkeit konnte sie ausschließlich auf privatem Grund bewegt werden – oder im Fahrerlager. Rennfahrer steckten ihr Geld lieber in ihre Rennmaschinen.

Die RB50 war optisch eine beim Waschen eingelaufene GSX-R750. Bildhübsch, mit Höckersitzbank in Kniehöhe (bei nicht allzugroßen Personen), konnte sie von Erwachsenen gefahren werden, Knie im 45-Grad-Winkel nach außen gespreizt.

Die Firma Motobox aus Goslar ließ im Herbst ein TÜV-Gutachten zur Zulassung als Mokick erstellen. Und schon gab es Nachfrage nach den Minis.

Im Alltagsbetrieb stellte sich heraus, dass die Vollverkleidung nicht benzinbeständig war. Kleckerte man beim Tanken, löste sich die Verkleidung auf. Das Problem war, dass Suzuki die Garantie ablehnte und auf dem Ersatzteilweg beschaffter Ersatz die gleichen Eigenschaften aufwies. Wir halfen Kunden auf Wunsch mit einer innen aufgeklebten GFK-Matte. So konnte Tropfbenzin keinen Schaden mehr anrichten.

Im September 1987 kam Walter, unser Vermieter, und teilte uns mit, dass er das Gelände im nächsten Monat seinem Sohn übergeben werde und wir ab da die Miete an ihn zahlen sollten. Rainer wolle in Geretsried ein Haus bauen. Wie es weiter gehen solle, sei ihm überlassen. Walters Nachwuchs bot uns das Grundstück zu einem für uns hohen, aber ortsüblichen Preis an. Es sei keine Eile geboten, da er frühestens in einem Jahr zu bauen anfange und er vorher das Geld aus dem Verkauf nicht brauche. An den Mietkonditionen änderte sich nichts.

1988

Der erste Finanzierungsversuch über unsere Hausbank für den Kauf des Grundstücks mit Halle wurde abgelehnt. BS motor hatte zu wenig Gewinn in den letzten Jahren erwirtschaftet. Wir hatten einen guten Ruf, bereits zehn Jahre auf dem Buckel und keine Schwierigkeiten bereitet, aber das war für die Bank keine verwendbare Sicherheitsgrundlage. Eine Verbesserung der zukünftigen Gewinne konnte ich nicht sicher nachvollziehbar vorlegen. Der Motorradmarkt unterlag zu großen Schwankungen. Falls die Ertragslage mit Suzuki noch schlechter werden sollte, was dann? Wir hatten inzwischen Vespa, aber der Rollermarkt begann gerade erst aufzublühen. Wie er sich ab 1990 entwickeln sollte, war noch nicht abzusehen. Es gab im Prinzip bei den Italienern nur die Blechroller mit Handschaltung.

Rupert und ich spielten verschiedene Szenarien durch. Unser Vermieter wollte verkaufen. Das stand fest. Wir als Firma bekamen das Geld von der Bank nicht.

Möglichkeit eins: Der Käufer kündigt uns, da er das Gelände selbst nutzen will. Warum sollte er es sonst kaufen? Das hieß, wir mussten uns einen neuen Platz suchen. Wie schwer das mit einem Motorradbetrieb war, hatten wir zehn Jahre zuvor erfahren müssen. Wobei die Toleranzschwelle inzwischen höher lag. Trotzdem fiel uns nichts im Raum Wolfratshausen ein.

Möglichkeit zwei: Der Käufer baut und lässt uns weiter hier. Das hätte eine Saison Verlust für uns heißen können. Was wir uns im Augenblick nicht leisten konnten.

Möglichkeit drei: Der Käufer lässt uns weiter hier und verändert nichts auf dem Gelände. Für wie lange? Sicher nicht zum jetzigen, günstigen Pachtzins.

Es musste wenigstens eine vierte Version geben. Gleich aufhören? Das wäre sie gewesen. Doch aus finanziellen Gründen ging das nicht. Wir hätten die letzten zwölf Jahre für nichts gearbeitet. Es steckte zu viel in der Firma. Wissen, Geld, Herzblut, Inventar und Ware. Wir hätten keinen halbwegs adäquaten Gegenwert erzielen können. Wer kauft eine Firma ohne Heimat. Hätte Suzuki dem Käufer weiterhin den Vertrag gelassen? Fragen über Fragen, die nur weiter ins Ungewisse führten.

Es wurde Sommer. Der Suzuki-Neufahrzeugteil hatte, wie die Jahre zuvor, weiter vor sich hingedümpelt. Unser Vermieter teilte uns mit, dass er bis zum Jahresende das Grundstück verkaufen werde. Wir sollten ihm bis Ende September definitiv Bescheid geben, ja oder nein.

Mit Rupert kam ich zu dem einzigen Schluss, einer von uns kauft das Grundstück, oder wir hören auf. Auf privater Basis wollte ich nicht gemeinsamer Eigentümer sein. Falls ich mich aus dem Geschäft zurückziehe, hätte ich weiter die Haftung für Zinsen und Tilgung übernehmen müssen. Zudem wäre ein Anteilsverkauf sehr schwierig.

Also blieb die Frage, er oder ich. Eine Finanzierung war über eine Lebensversicherung zu bekommen. Ein Teil konnte mit der Auszahlung dieser getilgt werden, der Rest ab sofort in monatlichen Raten. Damit war meine private Hausbank einverstanden. Zudem hatte ich einen realistischen Tilgungsplan aufgestellt.

Geplant war, die Halle zu vergrößern und einen Teil zu vermieten. Damit wären die Zinslast und die sofort beginnende Teiltilgung problemlos stemmbar gewesen.

Rupert konnte das nicht. Er hatte seine Familie mit Kindern zu ernähren. Er brauchte seiner Bank den Plan nicht vorlegen. Es handelte sich um dieselbe, die den Kauf über die Firma bereits abgewunken hatte.

So kam es, dass ich mir im Oktober einen Klotz für weitere dreizehn Jahre ans Bein band. Zwölf ohne hatte ich schon hinter mir. Als ich mit BS motor angefangen hatte, hatte ich an zehn insgesamt gedacht. Dann wollte ich irgendetwas anderes machen. Sicher nicht wieder etwas Kaufmännisches. Kaufmann war das Letzte, was ich in meiner Jugend werden wollte. Und wie kam es? Ich besuchte eine kaufmännische Realschule plus Gymnasium, ich machte eine Lehre als Bürokaufmann, ich arbeite in der Autobranche und gönnte mir, noch nicht genug des Ganzen, eine eigene Firma. Wie blöd muss man sein?

Ein Verkaufsschlager wurde die DR Big. Ein Einzylinder mit 779 ccm und 50 PS. Das ideale Reisemotorrad mit 29-Liter-Tank. Einmal habe ich nach 750 Kilometern getankt. Ich war von Anfang an begeistert von dem Fahrzeug, da ich das Motorrad mit der Fahrgestellnummer ..001 – die gibt es wirklich, vor Erscheinen im Dezember 1988 auf Sizilien mehrere Tage fahren durfte.[1]

So sehr die Meinungen bei der Optik auseinandergingen, umso weniger Differenzen gab es nach einer Fahrt mit der Big.

---

[1] ‚Aus dem Zylinderchen geplaudert – Privat‘ (Band 1), Kap. ‚Sizilien DR Big‘

Ende des Jahres waren wir mit diesem Typ laut Bert Poensgen der erfolgreichste Händler in Deutschland.

Sollte es bei uns mit den Verkaufszahlen von Suzuki doch wieder bergaufgehen?

1989

Wir hatten eine gesicherte Bleibe, aber eine ungewisse Zukunft.[1] Um die Einnahmen zu steigern, brauchten wir mehr Platz. Diesen konnten wir nur aus unserem Verkaufsraum herausquetschen.

Eine Zwischendecke konnten wir nicht einbauen, da Probleme aufgrund der Raumhöhe mit der Berufsgenossenschaft zu erwarten waren. Die Mindestraumhöhe von je zwei Meter fünfzig war nicht zu schaffen. Das Dach wegen eines fehlenden Meters zu heben war zu teuer. Eine Empore war die Lösung. Die hatte es auch schon im Geschäft bei uns zuhause gegeben, ebenfalls zu geringe Raumhöhe.

Im Winter konstruierte Rupert die Zwischendecke mit passender Wendeltreppe. Im Frühjahr wurden sie gebaut und aufgestellt, tatkräftig unterstützt von einigen Kunden. Danke nochmals von hier. Zum Saisonbeginn konnte der zusätzliche Raum in Betrieb genommen werden.

Um die Ertragslage zu verbessern, erweiterten wir unser Sortiment auf Gebieten, auf denen wir bereits tätig waren. Fahrrad und Bekleidung. Dafür war der neue Platz.

Wenn man die Treppe herauf kam, waren rechts die Fahrräder und links die Bekleidung.

Fahrräder

Wir hatten seit 1983 vereinzelte verkauft, vorwiegend an unsere bestehenden Kunden, die zum motorisierten ein nicht motorisiertes Zweirad gewollt hatten. Da die Anfragen mehr geworden waren, hatten wir ab 1986 Tretesel auf Lager. Dies sollte als

---

[1] Hallenbau auf Seite 122

zweites Standbein dienen, da wir ein dauerhaftes Überleben allein mit Suzuki angezweifelt hatten. Die letzten Jahre hatten genug Anlass dazu gegeben.

Unser Laden verfügte über etwas mehr als fünfzig Quadratmeter ebenerdiger Ausstellungsfläche. Das Ersatzteillager dahinter war zweistöckig. Eine Doppelgarage war für die neue Abteilung umfunktioniert geworden. In der Einzelgarage daneben stand der von Rupert gebaute Leistungsprüfstand, die Tuning-Abteilung des Betriebs.

Bei uns hatte nicht alles in einer Garage angefangen, wie bei Bill Gates und Anderen. Vielleicht bei Rupert? Der hatte vorher keine.

Das erste Jahr mit den Fahrrädern war unter unseren Erwartungen oder Hoffnungen geblieben. Einerseits waren die separaten Räumlichkeiten mit den Schwenktoren keine Lösung. Geschlossen, konnte man nicht hineinsehen. Die Tore waren außerhalb der Betriebszeiten nicht offen, Bei Regen, Schnee oder Sturm ebenfalls nicht. Wenn wir arbeiteten, arbeiteten die meisten Kunden auch. Sonntags sah unser Gelände tot aus.

Das zweite Problem, das ich zu wenig bedacht hatte, Rupert zeigte kaum Interesse an Nichtmotorisiertem. Er sah darin keine Herausforderung. Was mich betraf, lernte ich schnell, dass sich Fahrräder nicht ohne Fachwissen verkaufen ließen.

Drei Jahre dümpelte die Abteilung vor sich hin. Für 1989 fanden wir eine Fachkraft. Helmut kannte sich aus und zog Kunden von seinem bisherigen Arbeitgeber mit. Er blieb bis 1992.

Dann gaben wir die Fahrradidee wieder auf. Ein Hauptgrund war, dass die bauliche Betriebserweiterung[1] nicht klappte und in den beengten Räumen Querelen wegen des Platzes, den jeder für seine Arbeit brauchte, überhand nahmen. Da ich nicht mit Herzblut am Fahrrad hing und die Meistermisere[2] wieder aufzuflackern drohte, war es die einfachste Lösung, dies aufzugeben und mich zum Motorradsektor zurückzuwenden.

---

1 Hallenbau auf Seite 122

2 Handwerkskammer auf Seite 199

Krawehl-Agentur

1979 in Geretsried hatte unsere Zusammenarbeit mit der Firma Krawehl aus Hamburg begonnen. Im norddeutschen Raum war der Name in Motorradfahrerkreisen ein Begriff. Für die, welche die Firma nicht kennen: Krawehl importierte[1], was soll ein Hamburger sonst schon machen, Lederkleidung aus Fernost und war auf dem Crosssektor mit Italienern unterwegs.

So kam es, dass der Firmenchef uns gleich zu Anfang persönlich besuchte, noch vor dem Außendienst, auf dem Weg nach Italien.

Krawehl stand für Qualität und Korrektheit. Selbst heute noch erzählen mir Gäste in der Harz-Biker-Oase, dass sie mit der Lederbekleidung seit vierzig Jahren unterwegs sind. Sie werden nicht nur aus Nostalgiegründen von anderen Fahrern beneidet.

Wir hatten Krawehl-Produkte bis zum Ende der Firma im Programm.

Aufgrund der sofortigen gegenseitigen Sympathie wurde unser Crossfahrer[2] von Krawehl gesponsert.

1989 waren die Hamburger unseres Erachtens im süddeutschen Raum unterrepräsentiert. Das lag sicher mit an der konservativen Lederkleidung. Qualität, Zweckmäßigkeit und Passform gingen vor modischen Schnickschnack. Schwarz und vereinzelt dunkelbraune Modelle trafen auf einen überschaubaren Käuferkreis, vorwiegend Chopperfahrer. Doch genau das war ein Wachstumsmarkt.

Wir schlossen einen Vertrag mit Krawehl. Wir nahmen das komplette Sortiment auf Lager, in Kommission. Abgerechnet wurde monatlich nach Verkauf.

Leider stellte sich in den beiden Jahren heraus, dass sich die Kundschaft im Raum München und südlich davon nicht in

---

[1] 1979 Alleinimporteur für Plastex, Tommaselli, Vendramini, Mikuni, Jofama, Baruffaldi, Cheng Shin (Geländereifen)

[2] *Motocross auf Seite 162*

erhoffter Weise begeistern ließ. Im Januar 1991 wurde die unverkaufte Ware zurückgegeben.

Wir blieben Krawehl die nächsten Jahre bis zur Schließung der Firma in Hamburg treu. Unsere letzte Bonusvereinbarung war aus dem Jahr 1998.

Hallenbau

Das Grundstück war gekauft. Im Juni 1988 hatte ichr eine Bauskizze von einem Architekten erstellen lassen. Im Dezember 1988 stellte ich eine weitere Bauvoranfrage beim Bauamt. Die Halle sei inzwischen auf die doppelte Nutzfläche der im Juni gedachten angestiegen. Grund, ich fügte eine Betriebswohnung im Obergeschoß hinzu. Zudem beabsichtigte einer unserer Kunden, im Obergeschoß einen Laden zu eröffnen, um Kindersitze für Auto, Motorrad und Fahrrad zu verkaufen. Montage auf dem Gelände. Die überzeugendere Verankerung der Schalen war eine fest montierte Halterung und nicht der Sicherheitsgurt.

Bei einer Stadtratsitzung drehten einige scheinbar am Rad. Einzelhandel sei im Gewerbegebiet laut Satzung ausgeschlossen. Das käme nicht in Frage, usw. Auch der Einwurf half nicht, dass das auch nichts anderes sei, als Reifen zu montieren, was unser Nachbar tat.

Vielleicht hätte der Antrag auf Montagewerkstatt und Verkauf gestellt werden sollen? Nicht anders herum. Sei's drum. Dieser Mieter fiel voraussichtlich aus.

Begründet wurde die Ablehnung, dass ich 30 Pkw-Parkplätze auf meinem Gelände nachweisen hätte müssen. Dies sei nicht geschehen. Was der tatsächliche Ablehnungsgrund war, wurde mir nie klar.

Die benötigte Stellplatzfläche hätte mehr als ein Viertel der Grundstücksfläche beansprucht. Und das bei Nutzung nicht durch Einzelhandel. Da mein Draht zur Stadtverwaltung nicht ganz schlecht war, wir hatten etliche Leute daraus als Kunden, wurde mir geraten, den Plan noch einmal vorzulegen, ohne den Teil mit dem Kindersitz. Wenn die Leute später als Mieter einzögen, könne man nur noch bedingt etwas dagegen machen. Heute ist Einzelhandel scheinbar kein Problem mehr.

Die Bauvoranfrage im Landratsamt ergab, dass das Vorhaben generell genehmigungsfähig sei. Da ich großflächige, nackte Fensterscheiben im Erdgeschoß hässlich fand, schlug ich mit einem Rohplan vor, die Scheiben optisch mit Sprossen zu verkleinern. Das komme überhaupt nicht in Frage. Das hier sei ein Gewerbegebiet.

Niemand kannte einen Paragraphen, der dies vorschrieb. Enttäuscht über die Engstirnigkeit ließ ich, nachdem ich mir Angebote für die Bauarbeiten eingeholt hatte, den Bauplan vom Architekten zeichnen.

Kurz darauf gab ich die Unerlagen beim Amt ab. Diesmal kam ich an den Vorgesetzten des Bearbeiters. Zuerst nahm er einen Bleistift und zeichnete auf dem Plan herum. Dann drehte er ihn, dass ich sein Werk sehen konnte, und sagte: „Warum machen Sie keine Sprossen in die Fenster. Die sind doch viel schöner."

Darauf erwiderte ich nichts.

Ich solle mich noch um die Eintragung der Abstandsfläche zum Nachbarn kümmern.

Über eine Wand-an-Wand-Bebauung waren wir uns einig, da bereits 1980 von unserem Vermieter und ihm vorgesehen.

Die derzeitigen Hallen standen direkt aneinandergebaut. Nach hinten in den Grundstücken folgten etwa zehn Meter unbebaut, dann Garagen Wand an Wand.

An diesem Zwischenstück begann die Posse. Dafür sollte Hartmut zusätzlich meine Abstandsfläche bei sich eintragen lassen. Es handelte sich um insgesamt sechs Meter Tiefe auf eine Länge von etwa zehn. Die Breite seines Grundstücks betrug achtzehn. Da er irgendwann seine Halle auch erweitern wollte, stimmte er nach langem Hin und Her der Eintragung zu.

Wir saßen beim Notar. Dieser wies meinen Nachbarn darauf hin, dass er sich im eigenen Interesse erst vergewissern sollte, ob er später wirklich an die Grundstücksgrenze bauen dürfe. Wir vereinbarten einen neuen Termin.

Vom Landratsamt bekam ich die Auskunft, dass man das Bebauungsrecht nicht schriftlich bestätigen könne. Erstens wisse man nicht, inwieweit sich Vorschriften ändern werden. Zweitens könne er bei jetziger Antragsstellung bauen. Drittens dürfe man im öffentlichen Interesse so eine Zusage nicht machen.

Über das öffentliche Interesse ließ ich mich aufklären. Es könne ja sein, dass einmal ein Weg zu dem hinten anschließenden Grundstück von Nöten sei.

Wie bitte?

Hätte der Weg durch eine unserer Hallen geführt? Eventuell durch beide? Müssten unsere Hallen möglicherweise abgerissen werden? Zwischen unsere Hallen passte kein Blatt Papier.

Von der Eintragung der Abstandsfläche könne man nur absehen, wenn der Nachbar gleichzeitig einen Bauantrag stellen würde. Der dachte aber gar nicht daran, jetzt zu bauen. Später war für mich nicht lukrativ.

Im Mai 1991 strich ich die Segel. Es war keine Einigung mehr zu erreichen. Auch der Nachbar hatte die Faxen dicke und verweigerte nun seine Zustimmung.

So steht das Grundstück heute[1] noch ohne Hallenerweiterung.

CP50

Kommen wir zurück auf die Situation mit Suzuki. 1989 reagierte man in Heppenheim auf die steigende Nachfrage nach Rollern und brachte den CP50 auf den deutschen Markt. Mit mäßigem Erfolg. Erstens war ein Plastikroller überhaupt nicht gefragt. Für die Enthusiasten musste ein Roller wie eine Vespa aussehen und eine Blechkarosserie haben.

Für BS motor kam das Modell nicht in Betracht, da wir seit 1987 Vespa-Vertragshändler waren. Zudem war es für die Automatik-

---

[1] April 2018

roller und den Roller als Nutzfahrzeug im großen Stil noch ein, zwei Jahre zu früh. Der Rollermarkt wuchs zwar, war aber bescheiden im Verhältnis zu den nächsten Jahren.

KTM

Waren es zwischen 1979 und 1982 von KTM nur Gelände-Motorräder, so verkauften wir von 1989 bis 1992 Mofas der Marke.

Wir hatten etliche Kunden, die sich ein deutsches Fabrikat einbildeten. Beim Namen Vespa rümpften sie die Nase. KTM war gerade noch erträglich. Es waren zwar Österreicher, aber sie hatten einen deutschen Motor, Sachs. Zugegeben, Vespa-Mofas und Mopeds sahen gegen KTM zweitklassig aus.

Der Gesamtmofamarkt war gering und kam erst wieder in Fahrt, als man die neuen Automatikroller auf Mofa umrüsten konnte.

BS motor Halbe

Rupert und ich hatten uns nach zwölf Jahren zum 31.12.1989 getrennt. Er war auf eigenen Wunsch aus der Gesellschaft ausgetreten. Es hatte keinen Streit gegeben. Eher Frust bei Rupert, und vielleicht auch ein bisschen bei mir.

Baustellen hatte es etliche gegeben. Jedoch keine die Auslöser war. Für Rupert war ein Hauptgrund, weil ich einem gemeinsamen Kauf des Grundstücks nicht zugestimmt hatte. Das ließ er wenigstens durchblicken. Die unbefriedigende Ertragslage der letzten Jahre, die ungewisse Aussicht auf die Zukunft, die Abhängigkeit von Suzuki, das Nicht-Vorwärtskommen mit dem Bau und was weiß ich, spielten sicher mit.

Nach langem gemeinsamen Abwägen sah ich ein Weiter nur darin, dass Rupert mit den Sondersachen aufhörte und sich den Routineaufgaben widmete. Das hätte ihm die Freude an der Arbeit genommen, da nicht abzusehen war, wie lange er seinen Entwicklertrieb beschränken hätte müssen.

Die Trennung war folgerichtig, auch wenn es uns beiden schwerfiel.

Die Erweiterung des Betriebs mit Fahrrädern und der Krawehl-Bekleidung hatten sich als Sackgasse herausgestellt. Die Kosten waren gedeckt, mehr nicht. Da der Hallenbau zu versanden drohte ... Kurzum, es war so.

Rupert erhielt die restlichen Kreidler-Van-Veen-Teile. So hatte er wenigstens ein Trostpflaster. Ich hatte den Betrieb, eine ungewisse Zukunft, die Bankschulden und einen notgedrungen einsetzenden Ehrgeiz, das Steuer herumzureißen.

Aus heutiger Sicht hätte alles anders laufen können, wenn wir das Grundstück zwei Jahre später und mit mehr Vorlaufzeit hätten kaufen können. Denn der Zweirad-Markt sollte sich ändern. So, genug gejammert.

Im Frühjahr musste ein neuer Meister als technischer Betriebsleiter her. Die Handwerkskammer achtete penibel darauf.[1]

Zuerst vergrößerten wir den Verkaufsraum in der Halle um vierzig Quadratmeter. Zwischen dem Lager hinten und der Empore vorne wurden Verbindungsträger eingeschweißt. Unser Meister bestand darauf, dass er die geschraubten Verbindungen von Ruperts gebautem Teil mit Schweißnähten sicherte. Eine etwa zwanzig Quadratmeter große Aussparung blieb, um die Konstruktion weiter als Empore deklarieren zu können. Dafür sollte sich die Gewerbeaufsicht jedoch nie interessieren.

Ein Großteil der Fahrradmodelle wurde im Laden präsentiert und wir vermieden den Weg in die Garagen bei Wind und Regen.

1991 – 1995

Es ging mit den Fahrzeugverkäufen von Suzuki bergauf. Die RGV250 als Wimmer-Replica mit Lucky-Strike-Lackierung schlug ein. Es war ein Kampf um die fünfhundert Fahrzeuge. Klingelt was beim Leser? Zehn Jahre davor war über die Fünf-

---

[1] Handwerkskammer auf Seite 199

hunderter-Regel schon erfolgreich Geld in die Kassen gespült worden.

Die fünfhundert Mark Aufpreis zur normalen RGV waren kein Problem. Tausend wären es ebenfalls nicht gewesen. 49 PS, Leergewicht vollgetankt 155 kg, Handling wie ein Moped, Rennlackierung.

Aber nicht nur von diesem Modell gab es zu wenige. Um an Fahrzeuge zu kommen, schrieb BS motor, wie andere Händler, fingierte Kaufverträge, um diese lange vor der gewünschten Lieferzeit nach Heppenheim zu senden. Früher hätten wir das nie getan. Es war der einzige Weg, wenigstens ein bisschen bei der Vergabe mitzumischen. Fahrzeuge wurden ohne Einlagerung im Hafen direkt an die Händler ausgeliefert.

Die Fahrzeugverknappung war von Suzuki beabsichtigt, da sie Kosten senken wollten. Das ging einfach, indem man möglichst wenig Fahrzeuge im Freihafen zwischenlagerte. Die Kosten dort waren enorm gestiegen.

Aufgrund der Engpässe bei der Fahrzeugbelieferung wurde es wieder üblich, dass wir Händler uns in verstärktem Maße aushalfen. Bis von der Donau holten wir Motorräder; und gaben natürlich auch welche her. Unter besonderen Kollegen kam es ab und zu vor, dass Interessenten direkt zur Konkurrenz geschickt wurden. Im Gegenzug schickte diese einen ihrer Kunden. Eine Hand ... Spontan fällt mir die Firma Bartl in Biberg und Fuchs in Penzberg ein. Bei Motorrädern mit wenig Gewinn war der Direktverkauf der sinnvollere Weg. Ich kann mich an kein Abwandern eines Kunden erinnern, der sein Fahrzeug auf diese Weise erworben hat. Das gute Verhältnis unter den Händlern rief eher Anerkennung hervor.

Trotz der Engpässe begann sich erneut die Spirale der Preisnachlässe zu drehen. Oder weil die Fahrzeuge immer bei den falschen Händlern auf Lager standen und diese versuchten, die Motorräder loszuwerden? Wir alten Hasen hatten das schon zehn Jahre vorher erlebt und wussten, dass solche Mittel ein Schuss in den Ofen waren. Doch inzwischen mischten viele Neue mit, die das nicht erlitten hatten.

Vereinzelt gaben wir bei Verhandlungen mit Kunden nach. GSX-R waren ohne Nachlässe nicht zu verkaufen. So tauschten wir auch mal eine Original-Auspuff-Anlage gegen eine Zubehör-, ohne Aufpreis. Oft verzichteten wir aber auf derartige *Geschäfte*.

Es kamen vermehrt Leute in den Laden, die ihre Motorräder finanzieren wollten, ein bei uns bis dahin kaum vorhandenes Thema. In diesen Fällen war die Ertragslage zwar geringer, da wir Zuschüsse zahlen mussten, aber es war wenigstens ein Gewinn zu erwirtschaften. Suzuki wechselte mit Kunden-Finanzierungen von der CC- zur Pacific-Bank. Für uns Händler änderte sich nichts, außer dem Ansprechpartner.

Ab 1991 war der Gebrauchtmarkt so gut wie leer gefegt. Alle Motorräder, die sich bewegen ließen, gingen in die östlichen Bundesländer. Ab 1993 kamen die neuen Bundesbürger bis an den Alpenrand, weil es nichts Gebrauchtes mehr gab. Selbst für unverkäufliche Schrottfahrzeuge wurden horrende Preise gezahlt. DDR-Feeling pur.

1992 verkauften wir, vermittelt von Suz, eine GS500 an den TÜV Sachsen. Sie brauchten das Fahrzeug für die Ausbildung der Sachverständigen zum Fahren lernen.

Von wegen *Fahren lernen*. Über die Jahre waren die meisten Fahrschulen im Landkreis und den umliegenden unsere Kunden. Das war oberflächlich betrachtet ein wenig lukratives Geschäft. Aber einige der Fahrschüler griffen zu Suzuki als erstes Motorrad. Schließlich waren sie damit vertraut.

1993 war für mich das Kapitel Werkstatt erledigt. Ich wollte den Aufwand nicht mehr. Es würde eine sichere Einnahmequelle wegbrechen, aber auch ein großer Kostenfaktor. Zudem hatte ich die Wichtigtuer von der Handwerkskammer[1] so was von satt. Ohne Werkstatt konnte ich der Zwangsmitgliedschaft bei der Kammer entkommen. Jahrelang hatte ich sie quicklebendig erlebt, wenn es um Gebühren und Pragraphen ging, jedoch nicht zuständig für Belange der Betriebe, wenn es um Unterstützung ging.

---

[1] Handwerkskammer auf Seite 199

In diesem Jahr verkauften wir eine RG125. Soweit ich mich erinnere, wurde das Fahrzeug nicht im Programm nach Deutschland importiert. Es war eine Einmalgeschichte, wie unsere Kreidler RS[1] oder die XN85 Turbo, die in Buchloe gelandet war. Ab und zu kamen wir an solche Test- oder Pressefahrzeuge.

1994 ging es los, dass Kunden Fahrzeuge bestellten und später wieder stornierten. Hatten wir bisher davon abgesehen, führten wir nun Stornogebühren ein. Und siehe da, die Stornos sanken auf normales Maß ab. Woher der plötzliche Anstieg kam, wusste niemand zu sagen. Auch von anderen Händlern wurde mir dergleichen berichtet. Ab 1996 stellten wir die Berechnung wieder ein.

Derbi 1991/1992

Suzuki hatte sich schon vor Jahren aus dem Mokickmarkt zurückgezogen. War es ihnen zu viel Aufwand gewesen, die Modelle am Leben zu halten?

Gewusst hatte jeder, dass der Markt mit Einführung des Lkrs zusammenbrechen werde. Schließlich hatte die Versicherung für die 80er am Anfang kaum mehr als die für Mofas und Mokicks gekostet. Die TS50ER war ein Renner gewesen und hätte als Parallelversion mit etwas größerem Rahmen weiter ein Zugpferd bleiben können. Ein, zwei Jahre warten, hätte gereicht.

Es war von vorne herein klar, dass die Versicherungsprämien für die Leichtkrafträder nicht auf dem niedrigen Niveau bleiben werden. Eigentlich hatte keinerlei Veranlassung bestanden, sie so tief anzusetzen. Wenn ich es richtig in Erinnerung habe, war die Festsetzung auf politischen Druck erfolgt. Man wollte den Umstieg auf die 80er mit allen Mitteln durchsetzen.

Dass die Prämien steigen werden, war ebenso für jeden klar gewesen, der sich auch nur fünf Minuten mit der Materie beschäftigt hatte. Was sollte anders sein? Es handelte sich um denselben Fahrerkreis. Warum sollte ein 16-Jähriger von heute

---

1 Seite 22

auf morgen andere Fahrgewohnheiten an den Tag legen, nur weil er 30 Kubikzentimeter mehr unter dem A. hatte?

Als sich die Versicherungsprämie verdoppelt und vervierfacht hatten, stieg die Nachfrage nach Mokicks wieder. Suzuki überließ Yamaha kampflos das Feld – und das über Jahre.

Dann wurde offiziell bekannt gegeben, dass für das eingestellte Enduro-Leichtkraftrad TS80X auch auf Dauer kein Ersatz geliefert werde. Auf dem Sektor für 16-Jährige gab es nur noch den Roller CP50, den niemand wollte, und die RG80 Gamma.

Kreidler war weg, Zündapp war weg, Puch war weg. Vespa baute nur Mopeds. KTM war zu teuer. Dass die Mokick- und Leichtkraftradfahrer unsere Motorradkunden der Zukunft waren, interessierte bei Suzuki niemanden. Auch das Argument, dass es leichter sei, einen Kunden zu halten, als neu zu gewinnen, ändere die Einstellung bei der Führungsetage nicht.

Da brachte Derbi ein junge Leute optisch sehr ansprechendes Mokick auf den Markt und versprach dieses in Kürze auch als 80er.

Einen Importeur gab es, die Ersatzteilversorgung war in Deutschland möglich. Was sollte dagegen sprechen? Dass die Einfuhrfirma in Österreich saß? Davon solle nichts zu merken sein. Die Fahrzeuge und Ersatzteile sollten aus Dillingen kommen. Nach sehr kurzer Bedenkzeit überredeten wir uns, die Lücke in unserem Laden zu schließen.

Derbi hatte einen Namen, sie stellten von 1986 bis 1989 die Weltmeister in der 50er-Klasse und waren früher als größte Widersacher von Kreidler bekannt, also kein Niemand.

Am 11. Januar 1991 bestellten wir die ersten beiden Savannah-Mokicks. Geliefert werden sollten sie rechtzeitig zum Saisonanfang.

Mit etwas Verzögerung wegen der Erlangung der ABE kam die erste Lieferung Ende April. Hochbeinig, gelb-violett und im Design völlig ungewohnt, zogen sie die ersten Kunden an. Am Anfang war die Skepsis groß. Spanier, zu hoch für Mädchen (wobei das auch für ein paar Jungs galt), Sitzbank zu hart.

Gegenargumente gab es genug. Das größte war die Farbe. Gelb war ja ok, aber das Violett dabei. *Bin ich schwul?*

Tja, die Jungs hatten keinen Mut. Für Ältere kam das Fahrzeug auch nicht in Frage – gleiche Argumente. Im Sommer gab es endlich Kunden, die uns die Savannahs abkauften und zufrieden waren.

Mit etwas Verzögerung kam die 80er-Version zur Auslieferung. Da es bereits Ende Juni war, hatten die meisten Kunden ihr Zweirad für diese Saison schon. Die wenigen, die im Herbst ihre Fahrzeuge kauften, stießen sich an der Farbe. So standen die Savannahs bis zum Frühjahr 1992 im Laden, zwar viel betrachtet, aber nicht verkauft.

Als die Fahrzeuge ausgeliefert waren, stellten sich umgehend Probleme ein – die Bremsen unterdimensioniert, das Fahrwerk zu 'quarkig'.

Bei einer flog während der Fahrt die Zündkerze mit Gewinde aus dem Zylinderkopf. Zuvor war die 80er bereits einmal wegen diverser Mängel zum Importeur zurückgeschickt worden. Dort war die überwiegende Anzahl beseitigt worden.

Ein viertel Jahr darauf blieb das Fahrzeug mit dem Kopfschaden stehen. Diesmal rieten wir dem Kunden zu einer Klage gegen uns, da wir darin die einzige Möglichkeit sahen, das Leichtkraftrad an den Lieferanten zurückgeben zu können.

Erwartungsgemäß wurden wir verurteilt. Wir drohten dem Importeur unsererseits gerichtliche Schritte an, falls er das Fahrzeug nicht zurücknehme. Wir hatten die Reparatur nicht ausgeführt. Der Fehler lag beim Hersteller. Eine Klage wäre sicher zu unseren Gunsten entschieden worden.

Das Fahrzeug wurde zum vollen Preis zurückgenommen. Im Gegenzug kaufte der Kunde gegen Aufpreis eine Fantic Caballero – selber Importeur.

In die zweite Savannah 80 setzten wir gleich eine Gewindebuchse ein, um eine Wiederholung des Geschehens zu vermeiden.

Für uns war damit das Kapitel Derbi erledigt. Wir waren von Kreidler und unseren Umbauten anderes gewohnt, und die Kunden auch.

Zaire

Unser am weitesten entfernte Kunde war in Zaire. Genau genommen befand sich der Firmensitz des Käufers in Deutschland, Boehringer in Ingelheim. Aber die Fahrzeuge gingen nach Afrika. Es handelte sich um zehn Suzuki DR125.

Zu dem Auftrag kam es im Juni 1994 durch meinen Bruder. Er war für den Fuhrpark der Firma in Zaire zuständig. Die Pkws waren ständig kaputt, da mit ihnen zu unsensibel umgegangen wurde. Er kalkulierte durch, wie sich ein teilweiser Einsatz mit kleinen Motorrädern finanziell auswirken würde. Dabei kam richtig Sparpotenzial heraus.

In Zaire war nichts Passendes am Markt. Es gab nur Zweitakter. Die wollte er aber nicht, da ihm die Handhabung mit zwei Tanks (Benzin und Zweitakt-Öl) oder gar ein Selbst-Mischen durch den Fahrer zu unsicher waren. Nach jahrelangem Umgang mit den Menschen in Ruanda hatte er seine Erfahrungen gesammelt.

So kam er auf mich zu. Ich versuchte, ihn zu überzeugen, dass das Risiko, einen Fresser zu riskieren, mit Zweitakten größer war, aber die Reparaturkosten geringer seien. Seinen Ruanda-Erfahrungen konnte ich jedoch nichts entgegensetzen. Zweitakter hätte er von BS leichter haben können.

Der Deal wurde von der Zentrale in Deutschland genehmigt. Die zehn Fahrzeuge bekam ich nie zu Gesicht. Sie wurden ohne den Umweg über Wolfratshausen direkt nach Ingelheim geliefert, dort in Container verpackt und mit einem größeren Paket von Service- und Ersatzteilen nach Afrika verschifft.

Sicherheitshalber waren Dichtungssätze, Kurbelwellen, Ventile, usw. gleich mitgeordert worden. Ersatzteilbestellungen wurden in der Regel nur ein-, zweimal im Jahr ausgeführt. Der Grund war der Logistikaufwand.

Jede Bestellung musste in Afrika begründet und von Ingelheim in Deutschland genehmigt werden. Dies geschah immer problemlos, aber erst, nachdem wir die Preise an den Rhein gefaxt hatten. Darauf hin wurde eine Bestellung bei uns ausgelöst. Die Teile wurden nur als Komplettlieferung angenommen. Das war der Verwaltungsweg auch bei einer Order von nur ein paar tausend Mark. Verständlich war das Ganze, wenn man die Zollformalitäten mit einbezog.

Da es sich partiell um Teile handelte, die manchmal nicht einmal Suzuki in Heppenheim auf Lager hatte, konnte es bis zu zwei, drei Wochen dauern, bis wir lieferten. Die DR125 war in Deutschland ein kaum verkauftes Motorrad, da erst im Februar 1996 die Fahrerlaubnis für 16-Jährige von 80 auf 125 cm^2 geändert wurde. Es wurden Teile bestellt, die in unseren Breitengraden niemals kaputt gegangen wären.

Die Lieferungen von Ersatzteilen gingen bis 1998 und überstiegen in Summe die der Fahrzeugrechnung.

Dann waren die Fahrzeuge verbraucht? Gab es Adäquates jetzt auch in Zaire? Oder wurde doch auf Zweitakter umgesattelt? Ich kann es nicht sagen. Mein Bruder hatte zwischenzeitlich seine Zelte in Südamerika aufgeschlagen.

Triumph

Im September 1994 wurde uns von Triumph Deutschland die Vertretung für die Landkreise Bad Tölz-Wolfratshausen, Miesbach und Garmisch angeboten. Lange dauerte mein Ringen mit mir. Ich fand die Marke, Motorräder und das Auftreten der Firma super. Sie firmierten mit einem ruhmreichen Namen und hatten alles, was man von einem Engländer erwartete. Ausgenommen vielleicht: *All swimming in oil.*

Bereits 1990 bei der Vorstellung der neuen Triumph-Modelle auf der IFMA hatten mich die Motorräder fasziniert. Aus Platzgründen und einer Portion Skepsis, ob die Firma überleben werde, fand ich Abwarten sinnvoller.

Vier Jahre danach stand ich nun vor der Entscheidung: Ja oder nein? Dass ich mit Suzuki nicht mehr weitermachen wollte, lag in der Luft. Die Durststrecken waren zu lange und zu viele gewesen. Gute Jahre wurden von weniger guten aufgefressen. Vespa war an der Schwelle, lukrativ zu werden. Wir hatten ein zweites Standbein. Der Trend zum Roller war stark steigend.

Wenn ich jetzt der Vertretung zugestimmt hätte, wäre eine große bauliche Investition fällig geworden. Das hätte geheißen, einen neuen Anlauf bei den Behörden. Das Ganze auf nächstes oder übernächstes Jahr verschieben ging auch nicht. Triumph suchte jetzt nach einem Händler.

Mit Suzuki sofort aufhören? Platz hätte das gebracht. Nach fünfzehn Jahren war das nicht so leicht. Außerdem wären unsere Kunden nicht von einem Tag auf den anderen weggeblieben. Wie viele wären auf Triumph umgestiegen? BS motor hätte von vorne anfangen müssen. Die Zukunft wäre zu ungewiss gewesen.

Hätte ich gewusst, was im nächsten Jahr geschehen wird, hätte ich vielleicht anders entschieden. Nach fast zwanzig Jahren Motorrad-Geschäft war ich müde geworden. Ein müder Mensch sollte nichts Neues anfangen. Also wurde es auch nichts mit Triumph.

Ende mit Suzuki – 1995

Die Preistreiberei hatte in den letzten Jahren so zu genommen, dass nichts mehr übrig bleib. Für was das Geschäft weiter betreiben? Der Suzuki-Fahrzeugverkauf war wieder mal ein Nullgeschäft geworden. Die Werkstatt hatten wir auch nicht mehr.

Da kam ein Telefonat mit Bert Poensgen gerade recht. Als ich ihn auf die Situation und das Einschreiten von SD um 1980 ansprach, merkte ich, dass er resigniert hatte. Sein Satz: „Dann musst du die Suzukis eben auch billiger verkaufen."

Darauf ich: „Nicht ich muss die Suzukis verkaufen. Du musst sie verkaufen."

Damit beendete ich die Zusammenarbeit zum 31. Dezember 1995. Zuerst hielt Bert meine Antwort für einen Scherz. Ein paar Tage später sagte ich ihm, dass ich das ernst gemeint hatte. Ich hätte aber Ersatz für BS motor. Er brauche sich keine Sorgen wegen einer Versorgungslücke machen.

Somit wurde Pauli, der von der Isle of Man[1] und unser ehemaliger Mitarbeiter, der neue Händler in Wolfratshausen. Der Übergang verlief reibungslos, da die Firma Herold seit 1983 sowieso schon die Fahrzeugwartungen und -reparaturen gemacht hatte.

Sechzehn Jahre Zusammenarbeit waren mit dem Telefonat beendet. Wir waren durch dick und dünn gegangen. Letztendlich war die Luft zu dünn geworden.

BS motor konnte sich die Aufgabe von Suzuki leisten, da wir in den letzten beiden Jahren mehr Roller verkauft hatten als Suzis. Zudem waren die Aussichten auf dem Rollersektor rosiger, da ertragreicher.

---

1 ‚Aus dem Zylinderchen geplaudert – Privat' (Band 1)

Vespa – Piaggio

bis 1996

Unsere erste hatten wir im Juni 1982 verkauft. Wir bezogen sie von einem Händlerkollegen. Die Fahrzeuge aus Pontedera waren zu der Zeit Exoten in unseren Breiten. Die Zulassungen im Landkreis lagen sicher unter zehn Stück im Jahr, vielleicht sogar unter fünf. Die Italiener tauchten in keiner mir zugänglichen Zulassungsstatistik separat auf; liefen unter *Sonstige.*

Ende 1986 stand die Zukunft von Puch auf der Kippe. Unsere Bezugsquelle stellte den Vertrieb der Marke ein. Wer weitermachen sollte, blieb im Unklaren. Gerüchte über das Werk in Österreich kursierten.

Was blieb an namhaften Lieferanten für Mofas und 50er? Wir mussten in den sauren Apfel beißen und einen Italiener nehmen. Da kam nur Vespa in Frage. *Vielleicht könnten wir ja auch mal einen Roller verkaufen.* Geplante Stückzahlen: Zehn Mofa/ Mopeds und wenn es gut geht, drei, vier Wespen – im Jahr. Unser Hauptgeschäft sollte weiter das Motorradgeschäft sein. Der Kleinkram war als Kundenservice angedacht.

Händler, die länger mit Vespa zusammengearbeitet hatten, erzählten, dass Probleme, Art egal, absolute Einzelfälle seien. Manche hatten noch nie welche. Der Lieferant sei sehr zuverlässig. Es gehe fast familiär zu.

Das Lieferprogramm war überschaubar. Es gab keine Abnahmepflichten. Nichts sprach gegen einen Verkauf von Vespas, außer, dass es Italiener waren.

Es geht hier nicht um Diskriminierung. Die Südeuropäer waren und sind Superleute. Auch das Land ist super. Doch die Qualität ihrer Arbeit ist dann doch eine Stufe unter dem, was wir gewohnt sind. Soweit die landläufige Meinung.

Die südlich der Alpen sahen das Leben nicht so verbissen wie wir Deutsche. Aber wir verkauften nun mal hier in Deutschland.

Das Programm bestand aus ein paar Mofa-Varianten, einem Moped und dem PK50XL, PK125XL und dem PX200. Ende der Liste. Außer natürlich der Farben. Ein Pluspunkt war für uns, dass eine ansehnliche Auswahl an Zubehör direkt vom Importeur mit vertrieben wurde. Man konnte sich darauf verlassen, dass die Teile bei der Montage passten – meistens. Dies war bei sonstigen Lieferanten oft nicht der Fall, wo der Einsatz von Feile, Hammer, Zange und Lackspray kaum verwunderte.

Im Juni 1987 betrat ein Kunde das Geschäft und wollte einen PK50XL. Es sollte unser dritter Roller in diesem Jahr werden. Mofa/Moped hatten wir noch keines ausgeliefert. So viel zur Einschätzung von 1986.

Im Verlauf des Verkaufsgesprächs kramte er einen Zettel aus der Sakkotasche und zeigte mir, dass er den Roller innerhalb eines Jahres gratis habe. Er fuhr jeden Tag nach München in die Arbeit, mit seinem BMW 2000. Dreißig Kilometer hin, und wieder zurück. Von Grünwald bis Großhesselohe Stau, täglich.

Wenn er bei trockenem Wetter, geschätzt zweihundert Tage, den Pkw in der Garage lasse und mit dem Roller fahre, habe er mit der Differenz der Kosten diese 3.500 DM eingespart. Länger als mit dem Auto sei er auch nicht unterwegs, da er am Stau vorbeifahren könne. Und sich frische Luft um die Nase wehen lassen, sei auch angenehm. Damit meine er den Streckenteil außerhalb der Stadt. Mit einem Augenzwinkern fügte er hinzu: „Sollte es mehr als 165 Tage regnen, kann es die paar Tage länger dauern, bis sich der Roller selbst finanziert hat.“ Das sei ihm aber egal.

Erst daraufhin kam mir zu Bewusstsein, dass man den Roller als Nutzfahrzeug nicht nur im Mittelmeerraum einsetzen könnte. Unsere zukünftige Werbung stellte diesen Aspekt in den Vordergrund.

1988 kam der Cosa ins Programm. Der erste *Plastik-Roller* von Vespa. Er brachte eine neue Art von Rollerkäufern, ältere Männer, die den Roller als Freizeitgerät sahen. Sonntagsausflüge-nach-dem-Mittagessen-Typen. Auch Menschen, die beim

Auf- und Absteigen auf Motorräder Schwierigkeiten hatten. Stückzahlen waren nicht zu machen. Bis 1992 dümpelten wir bei um die zwanzig im Jahr.

Der bisherige PX80 erfüllte die neue Abgasnorm nicht mehr. Im November 1988 erhielten wir ein Rundschreiben, dass er ab 1. 1. 1989 nicht mehr als Neufahrzeug zugelassen werden könne, Piaggio jedoch eine Ausnahmegenehmigung für Lagerfahrzeuge (auch beim Händler stehende) erhalten habe. Diese ende am 31. Dezember 1990. Danach sei definitiv Schluss mit einer Erstzulassung. In die Fahrzeugpapiere wurde von der Zulassungsstelle eingetragen, dass das Fahrzeug als vor dem 1. Januar 1989 erstmals in Betrieb genommen gelte.

Weitere verschärfte Abgasnormen führten in späteren Jahren dazu, dass ohne Einspritzung nichts mehr ging. Neue Fahrzeuge mit Vergaser starben aus. Doch noch war es nicht soweit.

Der Sfera50 und 80 ließen ab 1991 die Verkaufszahlen ansteigen. Trotz anfänglich verhaltenen Interesses wuchs die neue Käuferschicht. Der Rollerboom war im Anrollen. Es lag in der Luft. Im Handel war es zu spüren. Ich kann nicht sagen, woran dies zu erkennen war. Vielleicht war die Zeit reif dafür. In Gesprächen (auch mit Motorradfahrern) kristallisierte sich immer mehr heraus, dass auch diese Art Zweirad seine Daseinsberechtigung haben könnte.

In den zwei Hauptlagern der Befürworter gab es die Plastikfraktion für Automatik und absolute Gegner. Bei den Neinsagern herrschte die Meinung: *Ein Roller ist eine Vespa. Sie ist aus Blech und hat eine Handschaltung. Nichts anderes.*

Der Quartz50, der erste Roller aus dem Hause Piaggio mit Wasserkühlung, brachte 1992 zwar mehr Power, war aber an die fünfhundert Mark teurer als der Sfera und hatte somit einen kleineren Käuferkreis. Er war der erste Roller der Marke, der als Piaggio kommuniziert wurde. Sfera – Vespa, aber Quartz – Piaggio. Erst ab da begann sich die Kenntnis durzusetzen, dass die Firma nicht Vespa hieß, sondern nur das Gefährt.

Ab diesem Jahr galt die Verpackungsverordnung. Jeder Lieferant musste seine Verpackungen zurücknehmen oder jemanden mit der fachgerechten Entsorgung beauftragen. Piaggio lieferte die Fahrzeuge in Kartons. Deren Entsorgung konnten wir kostenlos über den Papiercontainer vornehmen. Er stand auf unserem Gelände.

Für diese Nettigkeit vergütete uns Piaggio 2,50 DM pro Mofa und Moped, für Roller 5,00 DM. Für uns bares Geld. Der Importeur gab den Betrag an den Endverbraucher weiter. So zahlte der Kunde für einen nicht vorhandenen Aufwand.

Das Faszinierende bei Rollerkäufern war, sie schauten beim Neukauf sehr aufs Geld. Hatten sie das Fahrzeug einmal, kannten viele beim Kauf von Zubehör weniger Zurückhaltung.

Ab 1995 änderte sich dieses Verhalten. Nun wurde zu Neufahrzeugen im Kaufvertrag Zubehör von teilweise tausend und über fünfzehnhundert Mark bestellt. Extrem fiel das beim Hexagon auf.

Ab diesem Jahr sanken unsere Rollerauslieferungen nicht mehr unter die Einhundertermarke, zeigten eher Richtung zweihundert. Die haben wir leider nicht geknackt. Doch davon später.

Ein regelrechter Boom brach im Juli 1993 mit der Einführung des TPH50 und dann mit dem TPH125 los. Die Fahrzeuge bestellten wir zehnerweise beim Importeur in Diedorf. War der Sfera von den Stückzahlen her kalkulierbar, der TPH war es kaum mehr.

1994 brachte der Hexagon zusätzlichen Schwung in die Bude. In diesem Jahr hatten wir zum ersten Mal mehr Vespas als Suzukis verkauft.

1995 sorgte der Sfera125RST mit dem ersten Piaggio-Viertaktmotor für zusätzlichen Auftrieb. Es war das letzte Jahr für *Vespa Deutschland.*

Ab 1995 hieß der deutsche Importeur nicht mehr Vespa GmbH, sondern Piaggio Deutschland GmbH. Und wie es so kam, nach kurzer Zeit war kaum mehr etwas wie vorher, neuer Geschäftsführer.

Ob es am neuen Besen lag? Manch langjähriges Personal war mir nichts dir nichts weg. An eine Person erinnere ich mich, obwohl ich ihn nur vom Telefon kannte. Der wusste alle Ersatzteile inklusiv Nummern aus dem Gedächtnis. Man musste nur den Fahrzeugtyp angeben. Oft reichte eine Beschreibung. Er wusste zudem alle Teile mit den Nummern auswendig, die nicht im ET-Katalog standen.

In diesem Jahr ließ die Ersatzteilversorgung nach. Die Rechnungen bekamen ein neues Aussehen. Im Hintergrund war scheinbar etwas im Gange.

Piaggio stellte sich neu auf. Um die Zukunft vorzustellen, wurden wir auf die Händlertagung im September 1996 nach Rom eingeladen. Die erste und einzige dieser Art von der ich weiß. Ich war dort, habe aber wenig Erinnerung mehr, außer dass es stressig und, wenn ich mich richtig erinnere, eine internationale Tagung war und es keinerlei Unterlagen zum Mitnehmen gab.

Einige Zeit darauf war der Außendienst bei uns und klärte uns über das neue Vertriebssystem auf. Die Händler konnten bei ihrem alten Status bleiben oder aufsteigen mit einem ...

Piaggo-Center

... könnte man ab circa einhundert Fahrzeugen im Jahr werden – waren wir.

... müssten das einheitliche Auftreten mitmachen, sprich Außenwerbung und Ladeneinrichtung. Für uns läge der Aufwand bei etwas über 35.000 DM.

... dürften nur Fahrzeuge der Marken Piaggio, Vespa und Gilera verkaufen (Exklusiv-Händler).

... bekämen einen höheren Bonus.

... würden bevorzugt mit Fahrzeugen beliefert werden und vor den normalen Händlern. Dies galt ebenfalls bei Ersatzteilengpässen.

... hatten Gebietsschutz.

Wir waren Suzuki los, hingen dafür von Piaggio ab. Das war nicht geplant.

Um nicht ins Hintertreffen zu geraten, mussten wir der Center-Sache zustimmen. Eine zweitrangige Versorgung konnten wir uns nicht leisten. Es hatte in den letzten beiden Jahren schon genug Engpässe gegeben. Nichtsdestotrotz ging es steil bergauf bei uns. Das galt es nicht zu behindern.

Wir unterschrieben den Vertrag am 1. Dezember 1996. Er war akzeptabel. Ein Drittel sofort zahlen, eines übernahm Piaggio und das dritte sollte über drei Jahre mit dem End-Bonus getilgt werden.

Ab 10. Dezember bauten wir den Laden um. Weihnachten war alles fertig. Wegen der Podeste, auf die wir die Fahrzeuge stellen sollten, wurde die ausstellbare Fahrzeugzahl stark eingeschränkt. Leider gab es das Center nur im Paket in verschiedenen, aber festen Größen. Man konnte sich nicht herauspicken, was für einen das Sinnvollste war. So kamen von den fünf Podesten nur zwei zum Einsatz. Die anderen verstaubten in der Garage.

Ab 1. Oktober 1995 gab es eine neue gesetzliche Bestimmung, dass Leichtkrafträder (80er) nur noch maximal 75db (A) haben dürfen. Der PX80 schaffte das nicht. Piaggio beantragte eine Ausnahmegenehmigung, dass die betroffenen Lagerfahrzeuge bis 30. Juni 1996 noch zugelassen werden konnten. In den Papieren wurde eingetragen, dass das Fahrzeug in dieser Beziehung als vor dem 1. Oktober 1995 zu behandeln sei.

Das Rollergeschäft war im Verhältnis zum Motorrad ein leichtes geworden. Die Hälfte unserer Kunden nahm oft, was im Laden stand. Das war nicht schwer, weil wir während der Hauptsaison bis zu vierzig Roller auf Lager hielten. Für viele war er ein Nutzfahrzeug, um in die Schule, zum Sport oder zur Arbeit zu fahren.

50er mit Versicherungskennzeichen waren zum sofortigen Mitnehmen. Während der Kaufvertrag und die Rechnung geschrieben und die Versicherungspolice ausgefüllt wurden, wurde in der Werkstatt das Fahrzeug auslieferungsfertig gemacht sowie das Kennzeichen montiert. Eine halbe Stunde später konnte man mit dem neuen Gefährt am Verkehr teilnehmen.

Die mit größerem Hubraum waren fertig, bis die Leute von der Zulassungsstelle zurückkamen. Viele Roller wurden am selben Tag an die Kunden übergeben.

1997 bewarb Piaggio den SKR125 als fahrschultauglich. Sie hatten es geschafft, die Höchstgeschwindigkeit auf 101 km/h hochzutreiben. Damit entsprach er nicht mehr den Leichtkraftradkriterien, die mit maximal 100 km/h limitiert waren. Ich kannte keine Fahrschule, und an die dreißig zählten zur Kundschaft, die mit einem Automatik-Roller schulen wollte. Wenn ich das richtig in Erinnerung habe, gab es beide Versionen parallel – Lkr und Motorrad.

Der gesamte Aufwand im Betrieb war wesentlich geringer geworden als zu unserer Motorradzeit. Trotzdem war nicht alles eitel Sonnenschein.

Im Jahr 2000 wechselte Piaggio mit der EDV auf SAP. Wir wussten, dass dies bei keiner Firma problemlos über die Bühne gegangen war. Dass es aber so schlimm kommen würde, glaubte in der Händlerschaft niemand.

Ohne mich weit aus dem Fenster zu lehnen, behaupte ich, dass die Verantwortlichen bei Piaggio keine Ahnung von Geschäftsabläufen und/oder EDV hatten.

War das Programmheft für die Programmierer zu wenig umfangreich gestaltet worden? Um die Kosten gering zu halten und den Umstieg im Vorstand durchzubringen? Wie in der Politik?

Wusste man überhaupt, was man wollte? Hatte man ein Programm abgenommen, dass schlichtweg praxisuntauglich war?

Zu den Details, die wir als Händler mitbekamen: Hatten wir früher Fahrzeug und Rechnung/Papiere meist am selben Tag erhalten, plus/minus 1, konnte es jetzt eine Woche und mehr dauern. Auch kam es vor, dass Roller in der falschen Farbe geliefert wurden, oder welche, die man gar nicht bestellt hatte. Wir nahmen so gut wie alles, was wir bekommen konnten. Das Durcheinander wäre noch halbwegs zu verkraften gewesen. Aber!

Piaggio war nicht in der Lage, bei Lieferungen von Ersatzteilen und Zubehör einen Lieferschein oder eine Rechnung mitzuschicken. Die Rechnungsmisere hatten sie nach etwa einem viertel oder halben Jahr im Griff. Begleitpapiere zu Teilelieferungen gab es mehr als ein Jahr nicht.

Deshalb ließen wir später, als die Rechnungen nur noch drei, vier Tage nach den Teilen eintrudelten, die Pakete, wenn irgendwie möglich, ungeöffnet liegen und packten erst nach Erhalt der Rechnung aus.

In manchen Betrieben bestand das Problem, dass die Auspackenden nicht die Lieferkonditionen und Preise wissen sollten. Für sie wurden die Rechnungen mit abgedeckten Preisen und Konditionen intern kopiert.

Beim Auspacken konnten wir ohne Lieferschein/Faktura nicht feststellen, ob die Lieferung vollständig und richtig war. Wir hatten zwar die Möglichkeit, anhand unseres Bestellausdrucks die Stückzahl zu vergleichen. Aber daraus war nicht ersichtlich, ob sich Preise geändert hatten.

Umgeschlüsselte Teile waren schlecht zuzuordnen, wenn zum Beispiel mehrere Seilzüge gleichzeitig andere ET-Nummern erhielten. Glück hatte man, wenn ein Muster im Lager und das Fach nicht gerade leer war. Bei für Kunden direkt bestellten Teilen war es ab und zu nur möglich, wenn der Kunde seinen alten Zug mitbrachte. Das tat er aber nur, wenn er sicher war, dass der Zug passte. Schließlich musste er dafür die Verkleidung ab- und anbauen. Ähnliches war durch das ganze Sortiment so.

Zudem kam es oft vor, dass Teile mitgeschickt wurden, die man nicht bestellt hatte.

Ich würde ja nichts sagen, wenn die Handhabung früher nicht anders gewesen wäre. Früher war alles besser. In diesem Fall stimmte das belegbar.

War das mit den Lieferscheinen beabsichtigt, um Papier zu sparen? Es mögen ja weltweit Tonnen im Jahr gewesen sein. Warum hat man andrerseits Briefköpfe verwendet, die eine halbe Seite einnahmen? Ergebnis war, dass in den wenigsten Fällen die Berechnung eines einzigen Fahrzeugs auf eine Seite passte. Die

Rechnungssumme war auf dem zweiten Blatt. Weil einseitig beschrieben. Weil für jede, für den Händler irrelevante Angabe eine eigene Zeile verwendet wurde. Unübersichtlich und praxisfremd.

Bei gut formatierten Fahrzeugrechnungen wäre das Papier für Lieferscheine leicht rausgesprungen.

Ich verstehe selbst heute nicht, warum das Programm in dieser Phase der Entwicklung abgenommen und eingesetzt worden ist. Als Programmierer hätte ich mich nie getraut, so etwas abzuliefern. Meine bescheidene Meinung.

Dass die Software bei internen Abläufen nicht funktioniert hatte, war daran zu erkennen, dass im Frühjahr wichtige Verschleißteile nicht lieferbar waren. Teile, die jeder Händler jedes Jahr um diese Zeit in größerem Umfang bestellte. Da bis Juni keine Batterien, Bremsklötze, Ölfilter und dergleichen lieferbar waren, lag etwas sehr im Argen.

Zubehörgroßhändler frohlockten. Wieso konnten sie die Engpässe ausgleichen? Insiderwissen? Ich kann mir nicht vorstellen, dass sie mit einem mehrfachen Umsatz gerechnet hatten. Aber sie reagierten umgehend, während wir von Piaggio vertröstet wurden, ohne Terminzusage. Sicher werde sich das im nächsten Jahr nicht wiederholen. Doch was nützte das jetzt?

Nicht jeder Händler kam beim Zubehörhandel zum Zug. Wir erhielten Anrufe quer durch Bayern bis aus Coburg, ob wir Bremsklötze für einen Sfera, SKR, TPH oder sonst einen Typ hätten. Der Roller stehe seit mehr als zwei Monaten. Oft konnten auch wir nicht helfen, obwohl wir es gerne getan hätten.

Ich weiß von Händlern, die solche Teile nur an Kunden herausgaben, die das Fahrzeug bei ihnen gekauft hatten. Über andere war zu hören, dass sie die Preise verdoppelten.

Die Misere hatte sich herumgesprochen und ließ unser gestecktes Ziel von mehr als zweihundert verkauften Neufahrzeugen für das Jahr in Rauch aufgehen. Das war das Ersatzteil- und Zubehörproblem.

Das andere waren die Fahrzeuge. Eine erhebliche Anzahl wurde trotz schriftlicher Bestätigung oft mit großer Verzögerung geliefert. Um nicht in Schwierigkeiten zu kommen, schrieben wir bei Rollern, die wir nicht auf Lager hatten, in Kaufverträge mit dem Kunden: *Vorbehaltlich der Lieferung von Piaggio.*

Dass sich das nicht positiv auf das Kaufverhalten auswirkte, versteht sich von selbst. Wer bestellt schon ein Fahrzeug, um in die Schule oder Arbeit zu fahren, wenn er nicht weiß, wann er es bekommt. Manche nahmen dann eine andere Farbe oder ein anderes Fahrzeug, weil wir es auf Lager hatten. Unzufriedene sprangen ab und kauften das Gefährt einer Konkurrenzmarke, anderswo.

Waren die Piaggio-Center-Idee und das Umkrempeln der Strukturen schuld? Das Werk wies in den letzten beiden Jahren Verluste aus. 1999 starb Giovanni Alberto Agnelli, Präsident von Piaggio, mit 33 Jahren an Krebs. Kurz darauf starb seine Mutter Antonella Bechi Piaggio. Der junge Agnelli hatte sein persönliches Erbe und das seiner Mutter verwaltet.

Die Firma war plötzlich ‚kopflos'. Die Bezugspersonen und wichtigsten Aktionäre waren nicht mehr an den Schalthebeln. Für Piaggio wurde ein Käufer gesucht und gefunden. Die US-Manager des Fonds Texas Pacific waren unerwünscht. Das schlug Wellen bis ins italienische Parlament.

Dann zeigte die Deutsche Bank Interesse. Über ihre Fonds-Tochter Morgen Greenfell Privat Equity erwarb sie 80 Prozent des Kapitals. Da die Deutsche Bank kein Interesse an der Geschäftsführung bekundete und die Investition nur im Sinne einer Geldanlage sah, kam der Deal zustande.

Piaggio produzierte im Jahr 490.000 Zweiräder und 40.000 Kleintransporter allein in Italien. Weltweit waren es mit Spanien, Indien und Indonesien 950.000 Stück.

Mit der Übernahme durch die Deutsche Bank wehte ein anderer Wind in der Buchhaltung. Die neuen Eigentümer scherten sich nichts um gewachsene Strukturen. Für sie standen Zahlen in Form von Gewinnen im Vordergrund.

Im September 2000 erhielten wir von Piaggio eine Liste mit offenen Rechnungen zur Abstimmung auf Unstimmigkeiten. Diese war teilweise nicht nachzuvollziehen. Diverse angegebene Belegnummern konnten wir nicht zuordnen, andere fehlten.

Uns wurde ein Ratenzahlungsplan angeboten, auf dem auch nicht überfällige Rechnungen aufgelistet standen. Ungeachtet der Fälligkeiten wollte man augenscheinlich einen Schlussstrich ziehen. Nicht mit uns, nicht mit den Ungereimtheiten in ihrer Buchhaltung.

Nachdem die Summe nicht stimmte, teilte ich ihnen mit, dass die Liste erst korrekt sein müsse, dann werde ich unterschreiben. Die beiden letzten Jahre deuteten darauf hin, dass das Aufdröseln eine langwierige Angelegenheit werde. Nicht dass die Rechnungen so alt gewesen wären.

Ein Betrag tauchte auf, unser bis dahin nicht verrechnetes Center-Drittel. Die beiden letzten Jahre war es auf keiner Offen-Posten-Liste aufgetaucht. Wir hatten schon gedacht, dass Piaggio auf den Anteil verzichten würde, da die im Vertrag zugesicherten Gegenleistung nur teilweise erbracht worden waren.

Von einer Besserstellung als Center hatten wir seit Vertragsunterzeichnung außer einem höheren Bonus nichts bemerkt. Mehrmals hatten Kleinsthändler vor den Centren Fahrzeuge geliefert bekommen. Auch überstiegen unsere Einkaufspreise in Einzelfällen die der B-Händler. Alles hatte auf ein freiwilliges Verzichten der Forderung hingedeutet.

Um keine schlafenden Hunde zu wecken, sagte ich Piaggio nicht, welche Posten nicht stimmten, wurde auch nicht dazu aufgefordert. Das fand ich eigenartig. Um eine Mithilfe wurde nicht gebeten. Warum? Ich hatte die Hoffnung, dass die Abstimmerei sich bis ins nächste Jahr hineinziehen würde. Dann wäre die Piaggio-Center-Rechnung verjährt.

Übrigens war die Liste nicht nur bei Forderungen teilweise nicht nachvollziehbar, auch Gutschriften waren darunter. Sei es, weil sie uns nicht betrafen oder sie nicht zugestellt worden waren. Es fehlten Gutschriften, für die wir Belege hatten, die aber noch nicht verrechnet waren.

Hatten sie die Lust verloren? War die Aufarbeitung zu aufwendig? Sicher war BS motor nicht der einzig Betroffene. Bis Januar 2001 rührte sich nichts mehr. Da kam eine neue Liste..

In der Aufstellung tauchte unser Anteil ein zweites Mal mit der gleichen Bezeichnung auf. Center waren wir aber definitiv nur einmal. Offensichtlich hatten sie nicht einmal ihr vertragliches Drittel bis dato verbucht.

In späteren Listen war von Rate drei und vier die Rede (mit jeweils einem Drittel der Gesamtsumme), wobei nur eines offen war und es ein viertes nicht geben konnte. Vier Drittel gab es bei einem Center nicht.

Manchmal standen Posten auf einer Liste, in der nächsten nicht, dann wieder. Das Gleiche galt für Positionen, die uns definitiv nicht zuzuordnen waren.

Belege bekamen plötzlich andere Referenznummern oder Bezeichnungen.

Auch tauchten Rechnungen aus 1997 und 1999 auf, die wir nie bekommen hatten und deren Grundlage uns nicht ersichtlich war. Für was? Sie verschwanden in einer der nächsten Aufstellungen wieder, manche ohne unser Einschreiten.

Es gab Zeilen mit nur einem Betrag, ohne Datum und Belegnummer.

Irgendwann gab ich die Differenzen unaufgefordert bekannt und teilte Piaggio mit, dass ich aufgrund nicht nur der oben erwähnten Situation unserer Drittel nicht mehr zahlen werde, Verjährung. Moralisch wäre es sinnvoll, wenn sie freiwillig darauf verzichteten.

Wir hatten vorsorglich, trotz unserer fehlenden Unterschrift auf der Vereinbarung die Ratenzahlung fristgerecht ausgeführt. Überfällige Rechnungen waren kaum mehr vorhanden. Zumindest hatten wir deren Verbuchung nicht zu vertreten.

Im Februar wurden die Diskussionen um den Center-Anteil öfter geführt. Piaggio bestand darauf, dass der Anteil in der Liste bliebe und wir bezahlen müssten.

Kurz und bündig. Die Saison hatte begonnen. Wir bestellten Fahrzeuge nach, um unseren Lagerbestand von vierzig nicht zu unterschreiten. Die waren erfahrungsgemäß unbedingt notwendig, um nicht zu oft in Auslieferschwierigkeiten zu kommen.

Roller wurden telefonisch bestellt. Zuerst dachten wir uns nichts, als wir keine Bestell- und Lieferzeitbestätigung erhielten. SAP.

Erklärung: Ich glaube nicht, dass SAP generell dafür verantwortlich war/ist. Die Fehler wurden überwiegend bei den Programmierern gemacht, die SAP als Basis verwandten. *SAP* war nur der Kurzformausdruck für die Misere. Doch zurück zu Piaggio.

Als keine Lieferungen im üblichen Zeitraum ankamen, fragten wir nach, was los sei.

Keiner wollte so richtig herausrücken. Irgendwann landeten wir in der Buchhaltung. Wir würden erst wieder mit Fahrzeugen beliefert, wenn wir das Piaggio-Center anerkennen würden. Niemand hatte es bis zu dem Anruf für nötig befunden, uns den Lieferstopp mitzuteilen. Irgendjemand, nicht aus der Fahrzeugabteilung, war auf Krawall gebürstet.

Kurz darauf luden wir den für uns zuständigen Außendienst zu uns ein, um die Sache zu besprechen. Er nahm den Verkaufsleiter mit, da er alleine nichts zusagen könne.

Lange diskutierten wir über meine Beweggründe, warum ich den Anteil nicht zahlen wollte. Beide zeigten Verständnis und schlugen vor, die Ratenvereinbarung ohne den strittigen Teil zu unterschreiben. Ich sah darin kein Problem, da die Restzahlungen nur über drei, vier Monate gingen.

Es konnte also weitergehen. Die Verkaufsabteilung war sehr interessiert, dass wir uns gütig einigten. Bei einem Bruch hätte Piaggio den größeren Schaden gehabt. Auf die Schnelle ließ sich kein annähernd gleicher oder besserer Ersatz für BS motor finden. Das war ihnen bewusst. Nachdem die Firma Brückl in München nach gefühlt hundert Jahren aus Altersgründen geschlossen hatte, waren wir der ausschlaggebende Händler von München bis Garmisch. Wir peilten in 2000 mit dem Wissen von Piaggio an, die Zweihunderter-Marke zu übertreffen.

Nun war die Buchhaltung aber anderer Meinung. Schriftlich wurde uns mitgeteilt, dass die beiden Leute vom Verkauf nicht berechtigt seien, mit uns Vereinbarungen zu treffen. Schien so, als sei ein Machtkampf zwischen VK und Buchhaltung im Gange. VK wollte uns halten. Buchhaltung wollte scheinbar Fehler aus der Vergangenheit vertuschen. Piaggio-Center-Posten wäre wohl zu sehr aufgefallen.

Wahrscheinlich war die letzte Rate der Centren nicht nur bei uns nicht abgezogen worden.

War es wichtig, Vergangenes durchzuboxen, auch auf die Gefahr abzusehender zukünftiger Gewinneinbußen? Daran zweifelte niemand, wenn unser Deal platzen würde. Dass BS motor den Anteil nicht bezahlen werde, stand für mich fest. Es galt, ihre Buchhaltung zu überzeugen, dass ein Nachgeben für sie besser sei.

Wir schalteten einen Rechtsanwalt ein. Er klärte Piaggio auf, dass ihre Forderung verjährt sei und sie sich vertragsbrüchig verhielten.

Kurze Zeit später erhielten wir die bestellten Fahrzeuge. Wie sich herausstellen sollte, nur diese.

Unser Außendienstler versuchte, die Wogen weiter zu glätten. Er rief mich an. Ich solle mit dem Leiter der Buchhaltung einen Termin vereinbaren. Dieser habe einem Treffen zur Aussprache in Diedorf zugestimmt. Meine mehrmaligen Versuche, den Maßgeblichen zwecks Terminabsprache am Telefon zu erreichen, scheiterten. Seine Abteilung konnte keine Zeitzusagen machen, das müsse er selbst. Er war telefonisch nicht erreichbar, er rief nicht zurück. Wie sollte ich mit so jemandem verhandeln?

Nach vierzehn Tagen rief mich besagter Mann endlich an. Fürchtete er, dass sich sein Verhalten herumsprach? Er sei diese Woche da. Ich sollte mit meinem Außendienst und dem Verkaufsleiter einen Termin vereinbaren.

Wieso sollte ich einen Termin vereinbaren? Er wusste, wann er Zeit hatte. Er konnte mit den beiden im Haus leichter als ich ein

Treffen arrangieren. Hätte ich einen oder mehrere Zeitpunkte vorgeschlagen, hätte er sicher genau da keine Zeit gehabt.

Ich übergab die Terminkoordinierung an die beiden aus dem Verkauf. Es kam wie vorhergesehen. Es war kein Termin möglich, der für alle gepasst hätte. Wohlgemerkt, ich hätte jeden wahrnehmen können. Zwar hätte ich aus dem Harz fünfhundert Kilometer Fahrt auf mich genommen, aber das wäre mir der Frieden wert gewesen.

Anschließend wurde uns bei telefonischen Fahrzeugbestellungen wieder nicht mitgeteilt, dass keine neuen geliefert würden. Wissentlich? Unwissentlich?

Wir hatten einen guten Draht zur Verkaufsabteilung, der das Hin und Her auch peinlich war. In einer meiner Telefonnotizen fand ich, dass sie ein Fahrzeug, auf das unser Kunde schon wartete, trotz Lieferstopp schicken würden und dies auch taten.

Piaggio bewegte sich auf sehr dünnem Eis. Das wusste die Buchhaltung. Die Lieferstopps bezogen sich nur auf Fahrzeuge. Ersatzteile und Zubehör waren nicht betroffen. Warum wurden sie geliefert? Weil BS motor einen entstandenen Schaden vor Gericht leichter belegen hätte können? Weil man Angst vor der Kundenreaktion gehabt hatte? Kunden, die keine Teile bekommen oder weiß Gott wohin fahren müssen, könnten sauer reagieren und viel Imageschaden verursachen. Das hatte Piaggio aus den letzten Jahren gelernt.

Da nicht abzusehen war, wann und ob unsere Differenzen ein Ende nehmen würden, schlossen wir im Frühjahr einen Vertrag mit Peugeot Motorcycles. Etwa die Hälfte der Neufahrzeuginteressenten konnten wir umlenken. Ihnen war die Marke egal, Hauptsache, wir kümmerten uns um ihr Fahrzeug. Dies verdankten wir unserem nun fast fünfundzwanzigjährigen guten Ruf.

Während der Lieferstopps bezogen wir Vespa/Piaggio/Gilera-Fahrzeuge von Händlerkollegen. Die freuten sich über einen steigenden Bonus und Einnahmen über erhaltene Skonti. Für uns war es ein Riesenaufwand. Wir mussten die Fahrzeuge bei den Händlern holen.

Trotz der Misere verringerten sich unsere gesamten Verkaufszahlen 2001 nur um etwa fünfundzwanzig Prozent, statt der angepeilten plus fünfundzwanzig.

Von den uns weiter neu zugesandten Abstimmungslisten war keine fehlerfrei, selbst wenn sie am Absendetag von uns noch kontrolliert wurden.

Mitte Mai 2001 waren wir kurz davor, mit Piaggio endgültig zu brechen. Wir forderten über unseren Rechtsanwalt die Bearbeitung von Garantieanträgen aus den Jahren 1998 bis 2000.

Am 25. Mai riet er uns, Piaggio eine fristlose Kündigung wegen Vertragsverletzung zu schicken, zusätzlich eine ordentliche zum nächsten Termin. Wir sollten warten, wie sie reagierten.

Wurde gemacht. Zudem drohte er in einem Schreiben seiner Kanzlei Schadensersatzforderungen wegen der verweigerten Fahrzeuglieferungen und Vertragsverletzung an. Dass die Forderung schwer und nur aufwendig durchzusetzen sei, sagte er uns. Aber ein Schreiben konnte ja nicht schaden.

Daraufhin bot Piaggio an, wir sollten alle offenen Posten bezahlen, wie sie unserer Buchhaltung entsprachen, ohne Center-Anteil. Im Gegenzug sollten wir einen neuen Vertrag als A-Händler erhalten. Somit konnte in Zukunft kein neuer Streit über den weiteren Vertrieb von Peugeot-Rollern entstehen.

Am 8. Juni unterschrieben wir den Vertrag und überwiesen die Gesamtsumme. Wir konnten uns in Zukunft viel Arbeit sparen. Piaggio konnte verbuchen, was sie wollten.

Wir hatten nie einen ungewöhnlich hohen Betrag an offenen Posten beim Importeur gehabt. Er hielt sich im Rahmen dessen, was wir seit Jahren hatten und unserer Größe entsprach. Die Eskalation hatte sich vorrangig um den Piaggio-Center-Anteil gedreht.

Durch den Umstieg auf Peugeot betrug der Schaden für Piaggio ein X-Faches vom offenen Center-Anteil. Dafür konnte man uns nicht verantwortlich machen.

Kurze Episode nach dem neuen Vertrag. Gut eine Woche nach Überweisung und Vertragsunterzeichnung bekam BS motor von

Piaggio ein Schreiben, dass sie uns wieder sperren müssten bis die Center-Sache geklärt sei. Wohlgemerkt nur diese Sache.

Sie hatten wahrgenommen, dass BS motor keine Schulden bei Piaggio hatte. Dass es einen neuen Vertrag gab, in dem stand, dass mit der Zahlung alle Forderungen an uns erledigt seien, hatten sie nicht auf der Pfanne. Oder war das ein Nachtreten?

Peugeot

Jahrelange Erfahrung hatte mich gelehrt, dass eine dauerhafte Geschäftsbeziehung nur entstehen konnte, wenn beide Seiten darauf abzielten. Nicht die schnelle Mark, heute der schnelle Euro, ließen dich langfristig überleben.

Eine zweite Erfahrung war, dass man sich nicht von einem einzigen Lieferanten abhängig machen sollte. Piaggio hatte uns indirekt zu einer Alternative gezwungen.

Japaner stellten auf dem Rollersektor keine lukrative Zukunft dar. Die war zu ungewiss. Zudem fing man als Händler mit ständig wechselnden Partnern jedes Mal neu an.

Die einzige Möglichkeit sahen wir in den aufsteigenden Peugeot-Rollern. Da stimmte der Name, ein handfester Importeur, der sicher nicht wechselte, und Fahrzeuge, die optisch und technisch ansprachen.

Zur Vertragsunterzeichnung gab es keine Hürden. Peugeot wusste, dass wir unser Gebiet im Griff hatten. Um Gerüchten keine Chance zu geben, klärten wir sofort über die Situation mit unserem Hauptlieferanten auf. Damit war der Fall erledigt.

2001 waren es ein Drittel weniger ausgelieferte Peugeot als Piaggio. Das lag in erster Linie daran, dass wir erst mitten in der Saison mit der Marke angefangen und eine große Anzahl Piaggios vor diesem Zeitpunkt verkauft hatten.

2002 waren es dreimal soviel Franzosen wie Italiener. Einerseits waren wir nach wie vor misstrauisch, ob und was Piaggio noch einfallen könnte. Andererseits hatten unsere Kunden manches mitbekommen und griffen lieber zur Marke, mit der wir keine Schwierigkeiten hatten.

Auch wenn ab 2003 wieder Piaggio-Roller die Oberhand bei uns gewannen, unsere Peugeot-Kunden hatten sicher keine schlechte Wahl getroffen.

BS – Ende des Motorradgeschäfts

Auch das Leben eines Motorradhandels ist endlich. Vom Zeitpunkt her fand es Einklang mit der Planung. Die Art und Weise war jedoch nicht geplant.

2003 stand BS motor schuldenfrei da. Alle Ware war bezahlt, alle auf Lager stehenden, fälligen Fahrzeuge abgelöst. Theoretisch konnte es nicht mehr nass reingehen.

Ich war im Harz, fünfhundert Kilometer entfernt, die Kontrollmechanismen funktionierten. Ich war auf dem Laufenden.

2004 hätten mich die anfänglichen Anzeichen stutzig machen sollen. Diverse, jahrelang funktionierende Abläufe waren plötzlich zu aufwendig. Dass ich mit meinem Nachgeben die Kontrolle aus der Hand gegeben hatte, merkte ich erst ein Jahr später, als es zu spät war.

Markus wollte den Betrieb übernehmen, worauf über lange Zeit hingearbeitet worden war. Anfangs dachte ich, es sei seine Art der Betriebsleitung. Es musste ja nicht jeder penibel arbeiten wie ich.

Da hier nicht der Platz für Jammern und Wehklagen ist, mache ich es kurz.

In den ersten vier Monaten 2005 stiegen unsere Bankverbindlichkeiten rasant an. Dies war saisonüblich und nichts Neues, also kein Anlass, dem nachzugehen.

Als ich mir im Mai einen Überblick vor Ort verschaffte, musste ich feststellen, dass nicht nur die Daten des Vorjahres noch nicht bearbeitet waren. Es fehlten nach wie vor die Abschlussarbeiten zur Bilanz 2004. Auch stimmten die Lagerbestände nicht mit den Computerdaten überein, sowohl nach unten, als nach oben. Teile waren überwiegend als *Diverses* verkauft worden.

Markus war seit mehreren Monaten krankgeschrieben und wollte nicht weitermachen. Aus der Betriebsübergabe zum 30. Juni wurde nichts. Die Kunden waren überrascht. Hatten sie sich doch darauf eingestellt, dass sich für sie nicht viel ändern werde.

Für mich kam nicht infrage, dass ich mich wieder selbst in den Laden stellte. Ich war für eine Neueinarbeitung zu lange abwesend. Außerdem hatte ich mit der Harz-Biker-Oase zu tun.

Zum 31. Juli 2005 schloss ich den Ladenbetrieb. Ich blieb vor Ort, um mir einen genaueren Überblick zu verschaffen. Kurzum, ich arbeitete alles Unerledigte ab; offene Rechnungen bezahlt, Kundenfahrzeuge abgegeben, Buchhaltung, usw.

Am Ende der *Bilanz* hatte ich einen Gesamtschaden von knapp über 150.000 Euro, entstanden in eineinhalb Jahren. Das Geld machte mir wenig zu schaffen.

Da ich mich nicht weiter mit der Sache beschäftigen wollte, verkaufte ich das Grundstück und nahm die Restbestände an Ware, Einrichtung und die gesamten Unterlagen mit in den Harz. Dort hatte ich Platz. Alle Schulden waren getilgt. Der Rest fand einen Zweck.

Zehn Jahre später erst merkte ich, dass ich die Jahre über seelisch stark angegriffen war. Zur Beruhigung: Ist alles vorbei.

Nachtrag: 2007 stellte ich fest, dass es völlig ohne Motorrad nicht geht. So wurde BS motor noch für zwei Jahre Vertragshändler für Royal Enfield. Mit der Einführung der Einspritzmotoren war aber endgültig Schluss. Eine neue Einarbeitung in die Materie schloss ich für mich aus.

BS motor kann auf eine lange Zeit zurückblicken. In dieser haben wir zweitausendachthundert Zweiräder von 50 bis 1500 ccm verkauft. Unsere Kundenkartei umfasste über fünftausendvierhundert Kunden, als wir 2005 schlossen. Die meisten werden uns in guter Erinnerung haben. Danke dafür und die jahrelange Treue.

Motorsport

Skijöring

Was ist denn das?

Ein motorisiertes Fahrzeug zieht auf einer gewalzten Bahn einen Skifahrer hinter sich durch den Schnee. Soweit die Theorie. Theorie deshalb, weil es vorkam, dass der Gezogene das Zugfahrzeug überholte. Das sollte man sich besser live ansehen oder im Internet.

Die Ur-Zugvariante fungierte mit 1 PS, sprich einem Pferd; gibt es immer noch, hat aber nichts in diesem Buch verloren, da ich niemanden kenne, der die Art praktiziert hat. Auch die Vierrad-Fraktion soll hier außen vor bleiben.

Zurück zur Motorradversion. Hier gibt es mit und ohne Spikes,[1] Pkws sowie Motorräder. Letztere kann man nochmals unterteilen in Hubraumklassen, Solo oder Gespanne und was weiß ich alles.

Um 1978 und die folgenden Jahre gehörte es fast zum guten Ton, dass Motorsportclubs, die auch aktive Zweirad-Mitglieder in ihren Reihen hatten, solche Rennen veranstalteten. Im Winter 1979/1980 standen in unserer weiteren Umgebung siebzehn Veranstaltungen im Kalender. Um die Anreisekosten und -zeiten im Rahmen zu halten, wurden Rennorte in Gruppen zusammengefasst und jeweils eine eigene Meisterschaft ausgetragen. Oberehrgeizige starteten bei mehreren.

1979 brachen in unseren direkten Breiten sporadisch sportliche Ambitionen aus. Skijöring war die erschwinglichste Art an Rennen mit Motorrädern teilzunehmen. Das gesundheitliche Risiko hielt sich stark in Grenzen. Für uns waren Orte für den Zugspitz- und den Lechpokal, sowie die der Chiemgau-Meisterschaft leicht erreichbar.

---

1 Metallstifte in den Reifen – gab es früher auch auf den Straßen. In Deutschland wegen verursachender Straßenschäden seit 1975 verboten.

Ich sollte klarstellen, dass ich nur passiv dabei war. Skifahren hatte ich schon zehn Jahre vorher aufgegeben und die Hektik bei den Rennen, sowie Geländesport waren auch nicht direkt meins. Aber ich war meist mit dabei; vielleicht zur moralischen Unterstützung, in Ermanglung eines besseren Zeitvertreibs oder um gescheit daherzureden. Genau kann ich das heute nicht mehr feststellen.

Um halbwegs gerechte Voraussetzungen zu schaffen, wurden die Rennen in Klassen eingeteilt: 50ccm, 125ccm, bis 250ccm, über 250ccm und Bahnsport-Maschinen – alle ohne Spikes. In der Nagel-Klasse gab es keinerlei Unterteilung. Startgebühr für Motorrad 20 DM, Pkw 25 DM inklusive Versicherung für den Skifahrer.

Wer glaubt, der auf den Ski hänge nur als Ballast hinten dran, der irrt gewaltig. Seine Hauptaufgabe war, die Einheit stabil zu halten. Dies galt besonders in den Kurven. Je besser der Skifahrer, umso größer die Aussicht auf vordere Plätze.

Genaugenommen waren es *wilde Rennen* im Sinne der OMK.[1] Sie hatte hierbei nichts zu sagen. Teilnehmen durfte im Prinzip jeder, der sich anmeldete. Es gab keine Fahrer- und keine Bewerberlizenzen.[2] Das Reglement war einfach. Man brauchte Helfer für die Organisation, einen Acker oder eine Wiese in der Größe mindestens eines Fußballfeldes und die Genehmigung der örtlichen Gemeinde. Da in erster Linie Sportvereine Ausrichter waren, fanden sich leicht zupackende Hände. Der Kommerz spielte so gut wie keine Rolle.

Der MSC Wolfratshausen hatte sich nach kurzer Phase aufgelöst und so schlossen wir Aktiven uns dem MSC Bad Tölz an. Der war zu der Zeit kurz vor der Auflösung. Für ein paar Jahre noch bestand der aktive Teil überwiegend aus Wolfratshausern und Geretsriedern.

Das Kapitel taucht in diesem Band auf, weil es ein Spielfeld von Ruperts Tuning war, was unsere KVV-Geschichte erleichterte.

---

1 Oberste Motorsport-Kommission

2 OMK auf Seite 158

OMK

Dass die oberste Motor-Sport-Kommission in der Beliebtheitsskala sehr viel Luft nach oben hatte, war kein Geheimnis. *Bremsschuh* und *Senioren-Vereinigung* waren die harmloseren Bezeichnungen.

Wollte man Rennen, inter- oder national, bestreiten, kam man nicht um die Herren herum. Ich weiß nicht, ob oberhalb des Sekretariats Frauen beschäftigt waren, eher nicht. Sind jedenfalls nie in Erscheinung getreten.

Die Koordination der Veranstaltung nationaler Rennen oblag der OMK. Sie wachte über die Einhaltung von Bestimmungen und Vorschriften und erließ sie. Neues dauerte lang, oft Jahre.

Ab 1.1.1979 waren endlich Rennen für Ab-14-Jährige möglich. So war der Weg für Kreidler-Van Veen frei. Sie waren die größten Profiteure, denn andere Marken waren aus technischen Gründen kaum konkurrenzfähig.

Damals wie heute halte ich die OMK für eine träge Angelegenheit. Auf meine Anfrage, wie lange (welche Jahre) es die Berg-Europameisterschaft für Gespann-Motorräder gegeben habe, erhielt ich nie eine Antwort. Fragen, die nicht in ein Schema passten, wurden auch damals geflissentlich übersehen.

Weitere Details zu Fahrer- und Bewerber-Lizenzen, sowie OMK und FIM[1] ab Seite 164.

Marken-Cups

Was allgemein positiv aufgenommen wurde, war die Zulassung dieser neuen Rennserien durch die OMK.

Renneinsteiger konnten mit verhältnismäßig wenig finanziellem Aufwand ihr Talent beweisen und ihre ersten Sporen verdienen. Gleiche Fahrzeuge mit nur sehr eingeschränkt erlaubten eigenen

---

1 Fédération Internationale de Motocyclisme – Motorradweltverband

Änderungen sorgten für gerechte Bedingungen. Der Fahrer sollte ausschlaggebend sein, nicht das Material.

1979: Formula-Laverda-500-Cup und Yamaha-XS-400-Cup.

1980: Yamaha-XS-400-Cup.

1981: Yamaha-RD-350-Cup und Yamaha-XS-400-Cup, sowie Maico-MD-250-WK-Cup,

1982: Hercules-Sachs-Cup, Horex-Rebell-Cup, Warsteiner-Yamaha-Cup und Yamaha-Castrol-RTL-Cup.

1983: Hercules-Sachs-Cup, Horex-Rebell-Cup, Yamaha-Castrol-Cup

1984: Boxer-Solo-Cup (Battle of Twins) und Boxer-Gespann-Cup. Für den Solo-Cup galt das Basis-Modell BMW R65LS, für den Gespann-Cup das Hartmann-Gespann mit BMW R80ST-Motor. Ferner gab es den Horex-Rebell-80-Cup und den Yamaha-Castrol-Cup.

Auch in den Folgejahren gab es diverse Marken-Cups.

Helme

Dieser Abschnitt könnte ein übergeordnetes Kapitel sein, fiel mir aber im OMK-Zusammenhang wieder ein.

In den 70er-Jahren gab es in Deutschland eine Norm für Helme, DIN 4848. Die Hüte waren in der Regel gekennzeichnet mit Aufnähern. Die Polizei interessierte diese Norm nicht. Sie beanstandete nur, wenn man mit Lederkappe oder ganz ohne Helm fuhr.

Sicherheitsrelevante Frage: Was ist sicherer, ein Helm oder eine Lederkappe?

Natürlich die Lederkappe.

Wieso?

Österreicher haben es getestet. Sie warfen je einen Helm und eine Lederkappe vom Kirchturm. Der Helm war kaputt.

Eine Helmpflicht beim Fahren von motorisierten Zwei- und Dreirädern war 1976 eingeführt worden und galt vorerst für Motorräder, ab Mitte 1978 auch für Mokicks und Mopeds (50er), ab Oktober 1985 auch für Mofas. Ab 1980 wurden für Verstöße Verwarnungsgelder verhängt.

Eine Vereinheitlichung der Helmnormen verschiedener Länder war bereits 1958 getroffen worden, hatte aber bis in die 80er-Jahre deutsche Behörden nicht interessiert. Die europäische Kennzeichnung war ECE 22.

Ab Ende der 70er Jahre waren in Italien hergestellte Helme alle mit ECE 22 gekennzeichnet. In Italien bestanden die Behörden auf dem Prüfsiegel, auch wenn sie das Nichttragen eines Helmes ihrer Landsleute überwiegend ignorierten. Bei Deutschen hagelte es saftige Bußgelder.

So ab 1979 kamen auch die anderen Hersteller nicht umhin, ihre Produkte nach ECE 022 prüfen zu lassen. Die Kundschaft verlangte den Aufnäher. Viele Motorradfahrer glaubten, die Behörden prüften ab/seit der Helmpflicht den Aufnäher. Manche Polizisten taten das aus Unwissenheit der Gesetzeslage. Die Presse steuerte mit unpräzisen Artikeln zum Durcheinander bei.

Etliche Motorradfahrer hatten vor Bußgeldern Angst. Das ging so weit, dass aus Unfallhelmen die Kinnriemen abgeschnitten und an alte Helme angenäht wurden. Nicht nur in unserem Laden wurden zu diesem Zweck die billigsten neuen Helme gekauft. Die Festigkeit der Umnähmaßnahme ließ so manchen Zweifel aufkommen. Wer eine robuste Nähmaschine hatte, nähte auch mal nur das Etikett um. Danach wähnte man sich bei Kontrollen in Sicherheit.

Alles nur, wegen unzureichender Aufklärung der Motorradfahrer und Behörden.

Es gab Helme ohne ECE-022-Kennzeichnung. Grund waren die Prüfgebühren, wie mir ein Vertreter steckte. Jede Art und Größe von Helmschalen musste getestet werden.

Billig-Helme hatten von S bis XL eine Schalengröße, bessere hatten je zwei eine gemeinsame und teurere je Helmgröße eine Schalengröße. Bei fünf Helmgrößen waren so (außer der Billghelme) mindestens dreimal die Prüfgebühr zu bezahlen, mal Anzahl der Helmmodelle. Der Prüfungsobolus schien nicht niedrig gewesen zu sein. Die tatsächliche Höhe habe ich nie in Erfahrung bringen können.

Aus Kostengründen gab es bei einigen Hersteller keine XXS- und XXL-Helme. XXXL war so gut wie nicht zu bekommen. Einen Producer gab es, doch ich kann nicht mehr sagen, wer dies war. Ein Engländer?

Übrigens, wer einen Kopf hatte, für den es keine passende Helmgröße gab, der war von der Helmpflicht befreit. Zwei Kunden der Kategorie hatten wir.

Solange am Helm technisch[1] nichts geändert wurde, konnte das bestehende Prüfzertifikat benützt werden. Unterschiedliche Lackierungen zählten nicht zu diesen Veränderungen.

1980 griff die OMK in das Geschehen ein. Eine lukrative Einnahmequelle war entdeckt worden.

Ab 1. Januar 1981 durften bei Motorradrennen nur noch Helme mit zusätzlicher OMK-Prüfung getragen werden. Vor jedem Rennen wurde nach Überprüfung und Vergleich in einer Liste auf jedem Helm ein Aufkleber auf der Außenseite angebracht.

DIN 4848 reichte nicht, die Polsterung innen zu gering. ECE 22 musste sein.

Ob eine eigene, zusätzliche Prüfung von der OMK beauftragt und durchgeführt wurde, entzieht sich meiner Kenntnis. Die Statuten sahen jedenfalls vor:

- Das ECE-Gutachten durfte bei Beantragung der Aufnahme in die Liste nicht älter sein als zwölf Monate. (Das hieß, Helme mit ECE, die schon länger als diese Zeit unverändert auf dem Markt waren, benötigten eine neue Prüfung durch den Hersteller – mit entsprechenden Kosten.)
- Eine Verwaltungsgebühr bei Neuantrag von 750 DM plus Mehrwertsteuer wurde fällig. Was daraus zu schließen war, ergab sich aus obiger Schalengrößen-Problematik.

---

[1] Innenpolsterung, Schalenform und -material

- Eine maximal zweijährige Verlängerung bei der OMK schlug mit 500 DM netto zu Buche. Sie kam nur in Frage, wenn die Helme technisch unverändert waren.
- Eine Ablehnung brachte 50 DM.

Welcher Helm gefahren werden durfte, wurde jährlich in den monatlichen OMK-Nachrichten veröffentlicht; ebenfalls die Nachträge.

Welch erkleckliches Sümmchen zusammenkam, kann sich jeder selbst ausrechnen – (Hersteller x Helm-Modell x beantragte Schalengröße x Gebühr).

Nun hätte man als Produzent oder Importeur die OMK ignorieren und nur bestimmte Modelle und Größen beantragen können. Hier machte die Kundschaft einen Strich durch die Rechnung.

Dank Presse wurde das Thema allgemein publik. Selbst Leute, die nie beabsichtigten, Rennen zu fahren, legten Wert auf Helme mit OMK-Genehmigung. Wiederverkauf des Helmes war ein Thema. Es könnte auch sein, dass man an einer Gaudi-Rallye oder dergleichen mitmachen wollte. Da brauchte man vielleicht so einen Deckel. Brauchte man in der Regel nicht. Aber das jedem Kunden beizubringen? Zeit war auch schon Geld.

Motocross

Herbert – das ist der von der Isle of Man – wollte sich nicht nur beim Skijöring austoben. Motocross kam auf die Agenda. Wie es dazu kam, erzählte er mir im November 2017 und korrigierte meine Erinnerung.

Ausschlaggebender Anlass für seinen Ehrgeiz war unsere Fahrt nach Steyr[1] in Österreich. Herbert hatte geärgert, dass Grünmann ihn bei der letzten Sonderprüfung geschlagen hatte und der Siegerpokal an den Dritten im Bunde ging.

---

1 ‚Aus dem Zylinderchen geplaudert – Privat‘, Kapitel:‘ Motorradtreffen in Steyr (A)‘

Der hatte den Pokal nicht per Abstimmung unter uns dreien erhalten, sondern wegen eines sportlichen Erfolges. Da mir der dritte Platz sicher war, konnte ich diese Sonderprüfung verschlafen. So war meine Erinnerung beim Schreiben des ersten Bandes lückenhaft. Sorry.

Was hatte nun die Prüfung mit Motocross tun?

Schlussaufgabe war, mit einer XT500 einen Parcours im Gelände zu meistern und am Schluss, ohne die Füße auf den Boden zu bringen, eine an einer Schnur baumelnde Wurst mit dem Mund zu erhaschen. Dass Grünmann die Wurst schneller haben würde, störte Herbert, glaube ich, nicht ganz so viel. Wenn es ums Essen ging, waren Grünmanns Fähigkeiten berüchtigt. Der tiefere Schmerz war, dass dieser den Parcours knapp schneller meisterte.

Um nicht wiederholt solche Schmach erdulden zu müssen, beschloss Herbert, ein eisernes Motocross-Training aufzunehmen. Dazu brauchte er ein Motorrad.

Daraus resultierte die KTM-Vertretung für BS motor. Schnell stellte sich heraus, dass wir stark eingeschränkt wurden, da in unserer Gegend nirgends eine Cross-Strecke möglich war. Es fand sich immer irgendeine Person, die irgendetwas dagegen hatte. Und war es mal niemand, trat eine Behörde mit den aberwitzigsten Begründungen und Pragraphen auf.

Beispiel: Wir hatten nach langer Suche neben der Autobahn-Abzweigung München-Garmisch-Starnberg einen Platz gefunden. Den Bauern störte nicht, wenn wir außerhalb der Anbauzeit seinen Acker umpflügten. Er wollte dafür nicht einmal etwas.

Das Feld lag etwa zehn Meter höher als die Autobahn und war durch Büsche von der Fahrbahn nicht einsehbar. Am anderen Ende des Ackers verlief die B2, kaum mehr mit Verkehr, da alle über die Autobahn fuhren. Im Abstand von hundert Metern stand der Hof. In die andere Richtung gab es Wiesen bis zum Wald. Lautstärke konnte keine Rolle spielen, da kaum etwas bis zu einer der Straßen drang und vom Lärm der Autobahn weit übertroffen wurde.

Glücklich drehten wir die ersten Samstage unsere Runden. Am dritten oder vierten kam die Polizei und stellte das Treiben ein. Wir reden von drei Motorradfahrern mit zwei 50ern und einer 250er, die sich auf dem Feld tummelten.

Später hätten wir zwischen Wolfratshausen und Geretsried in einer Kiesgrube fahren können. Dem Grundstückbesitzer hätte es Spaß gemacht, etwas Leben in die Bude zu bekommen. Ging wieder von behördlicher Seite nicht. Pilzsucher könnten sich von dem Lärm gestört fühlen, die Begründung. Wobei ich noch nie jemanden in einer Kiesgrube Pilze suchen gesehen habe.

Bei Bad Tölz hätte es eine Grube gegeben, die durfte nicht an Wochenenden genutzt werden. So war die nächstgelegene Fahrmöglichkeit auf dem *Panzergelände* in Freimann im Norden von München.

Unsere potentiellen Kunden hätten bis zu hundert Kilometer einfachen Wegs mit dem Anhänger oder Transporter fahren müssen, um ein paar Stunden durchs Gelände pflügen zu können. Das schränkte die Käuferschicht kolossal ein, vor allem, da es sich vorwiegend um Jugendliche ohne Pkw-Führerschein handelte.

Das war Problem Nummer eins. Das zweite bestand in der Verkaufspolitik des Importeurs. Wer eine Fahrerlizenz der OMK hatte, bekam mindestens zehn Prozent Rabatt auf die Fahrzeuge. Schnell sprach sich herum, dass es billiger war, eine Lizenz zu beantragen und den Nachlass in Anspruch zu nehmen, als normal im Laden zu kaufen. Bei den erzielbaren Restpreisen zahlte der Handel drauf. Ausschließlich solche Geschäfte sind keine Basis. So stellen wir unser Engagement im darauf folgenden Jahr wieder ein.

Zurück zum Sport. Herbert wollte nicht nur trainieren, sondern auch an Motocross-Läufen teilnehmen. Bei den ersten Anmeldungen zu Rennen bekam er nur Absagen. Motocross stand am Beginn einer Boomzeit. Das Starterinteresse war überall so groß, dass fast allen Fahrern abgesagt wurde, die nicht unter Bewerber-Lizenz fahren wollten oder konnten.

Eine Bewerberlizenz konnte von Vereinen oder Firmen beantragen werden. Sie wurden in den Programmen und Rennlisten als

Anmeldender geführt. Da die OMK für die Lizenzen gutes Geld verlangte, musste sie sicherstellen, dass Fahrer der Bewerber den Fahrern denen vorgezogen wurden, die sich nur mit Fahrerlizenz selbst anmeldeten. Hätte man alle Fahrer gleich behandelt, wäre das Geschäft mit den Bewerberlizenzen flöten gegangen. Dies war eine Einnahme, für die als Gegenleistung nur eine Karte ausgestellt und ein Eintrag ins Register erledigt werden mussten. Viel Ertrag für wenig Aufwand. Ok, ich weiß, die OMK musste sich selbst finanzieren.

BS biss in den sauren Apfel und beantragte eine Bewerberlizenz. Gebühren für das Jahr 1980 (waren 1979 aber (ziemlich) dieselben):

- Nat. Club-Bewerber-Lizenz 163 DM
- Nat. Firmenbewerber-Lizenz 349 DM (unser Fall)
- Internat. Club-Bewerber-Lizenz 345 DM
- Internat. Firmen-Bewerber-Lizenz 594 DM

Ab dem Zeitpunkt klappte es mit Herberts Teilnahmen. Klappte mit Rennen, wäre etwas übertrieben. Er bekam nach Meldungen keine Absagen mehr. Zur Eindämmung der Kosten wurde er mit Kleidung von der Firma Krawehl in Hamburg gesponsort.[1]

Herbert musste sich qualifizieren. Bei den ersten Rennen geschah das noch ausschließlich über die beiden Vorläufe.

Je nach Strecke konnten pro Lauf dreißig bis vierzig Fahrer teilnehmen. Die Anzahl wurde vorab nach einer Streckenprüfung von der OMK festgelegt. Wenn sie für dreißig gleichzeitige Starter abgenommen war, konnten bis zu sechzig verteilt auf zwei Vorläufe starten. Die Zuteilung auf diese erfolgte an Hand der erzielten Zeiten im vorangegangenen Pflichttraining. Der Schnellste kam in Lauf A, der zweite in Lauf B, der dritte wieder in A, und so fort. So waren die Läufe in etwa gleich stark besetzt.

Für den Endlauf qualifizierten sich die jeweils besten 50 % der Vorläufe. Nur wer sich für den OMK-Pokal angemeldet hatte, durfte am Endlauf teilnehmen, die anderen nicht. Aus diesem

---

[1] Krawehl-Agentur auf Seite 121

Grund gab es sehr selten Fahrer, die sich qualifiziert hätten, aber am Endlauf nicht teilnahmen. Es war höchstens mal einer, der es der Konkurrenz vor heimischem Publikum zeigen wollte.

Alle Läufe gingen über jeweils zwanzig Minuten plus zwei Runden. Startgeld, sprich Unkostenvergütung, bekam jeder Endlauf-Teilnehmer 50 DM. Nach dem Vorlauf Ausgeschiedene bekamen 25 DM. Als Preisgeld erhielt der Sieger des Endlaufs zusätzlich 180 DM, bis zum Zwölften, der wurde mit 20 DM abgespeist. Reich wurde niemand dabei. Dies bezieht sich alles auf die B-Lizenz, die zweite Klasse der Fahrer.

Die A-Lizenz berechtigte zur Teilnahme an nationalen und internationalen Rennen.

Die Rennen für die B-Lizenzler waren aufgeteilt in die Gruppe Süd und Nord, dass die Fahrer keine zu langen Anreisen hatten. Wer in der Mitte Deutschlands wohnte, konnte sich aussuchen, in welcher Gruppe er starten wollte. Soweit die Theorie.

Herberts Teilnahme an Rennen war vorerst gesichert. Mitte des Jahres nahm die Starterzahl dermaßen zu, dass sich bis zu vierzig Prozent der Meldenden nicht einmal für den Vorlauf qualifizieren konnten. Herbert hatte es, glaube ich, zweimal erwischt, als er nicht seinen guten Tag hatte.

Anfang 1980 wurde es noch schwieriger, an Rennen teilzunehmen. Es gab Veranstalter, die mehr als zweihundert Anmeldungen verzeichnen, aber nur sechzig annehmen konnten. Eine Meldung unter Bewerber-Lizenz war kein Garant mehr auf eine Startzusage, noch für eine Qualifizierung für den Vorlauf. Herbert hatte weiter Glück und wurde meist angenommen.

Da wir im letzten Jahr des Öfteren im Zelt übernachtet hatten, und dies bei ausgiebigem Regen, entschloss ich mich ein neues Wohnmobil mit Dusche, usw. zu kaufen. Ein weiterer Grund war, weil ich meine Wohnung in Wolfratshausen aufgegeben hatte und offiziell wieder in München wohnte. Die Fahrten hin und her wurden mir zu viel. Der Camper diente als Bleibe. Ich hielt es circa ein Jahr darin aus.

Mitte 1980 wurden Teilnahmen an Veranstaltungen auch für Herbert immer schwieriger. So meldete er sich nur noch für Rennen in nächster Nähe an, vorausgesetzt er hatte Lust.

Motocross war für uns als BS motor damit erledigt. Es hätte auch nichts gebracht, einen anderen Fahrer zu unterstützen. In der direkten Nähe gab es keinen. Und wenn, hätte er vor den gleichen Problemen gestanden wie Herbert. Also Deckel drauf.

Winter/Diehl – Die ewigen Gespann-Europa-Berg-Meister

Toni Mang ist immer noch amtierender Weltmeister in der 350er-Klasse, Georg Winter/Helmut Diehl[1] sind immer noch amtierende Europameister in der Klasse Gespanne in der Europa-Berg-Meisterschaft.

Über Toni Mang ist anderweitig genug geschrieben worden. Dazu bedarf es keines weiteren Kapitels. Aber wer kennt Winter/Diehl?

Als ich Helmut anrief, da ich zu wenig Fotos aus der Rennära hatte und ein paar Fragen beantwortet haben wollte, stellte er mir spontan seine Alben mit Zeitungsausschnitten und Bildern zur Verfügung. Außerdem habe sein Bruder[2] damals für die Schule einen fast 50-seitigen Aufsatz über ihn geschrieben, den er mitschicken wolle. Danke Helli und vor allem Mane.

Zu den heutigen *Renn-Behörden*: Ich habe die FIM, zuständig für internationale Rennen, und die OMK, zuständig für nationale Rennen, angeschrieben. Ich wollte in Erfahrung bringen, ob es nach 1981 irgendwann wieder Berg-Europameisterschaften für Gespanne gegeben habe. Von beiden Organisationen erhielt ich keine Antwort. Vielleicht wissen sie nicht, dass sie einmal für diese Rennserie verantwortlich waren. Oder weil ich nicht Gespann-Europa-Berg-Meisterschaft geschrieben hatte? Im Volksmund hieß sie nun mal Berg-Europameisterschaft.

---

1 Schorsch und Helli

2 Manfred = Mane

Ende der 70er gab es im Süden bis Osten von München eine Rennszene, zu der manch enthusiastischer Anfänger stieß. Man kannte sich untereinander, schaute zu den alten Hasen auf und wollte auch so werden. Viele träumten von Höherem.

Ein Team war das CEWY-Racing Team mit dem *Gründer* Willy, oder schrieb er sich Willi? Zu ihm stießen Jürgen und Gusti.

Jürgen fuhr eine Yamaha TZ350. Gusti eine ?? Gustis Fahrzeug stand bei Willy auf dem Bauernhof in Sauerlach. Grund: Seine Eltern durften nicht wissen, dass er Rennen fuhr. Er erzählte wenig über Erfolge, obwohl er der Schnellste der Clique war. In der Bäckerei seiner Eltern wäre unvermeidlich etwas zu Tage gekommen.

Jürgen hielt nicht hinter dem Berg. Von ihm bekam man jede Auskunft. So war es unvermeidlich, dass Helli zu dem Haufen stoßen musste. Anfangs betätigte er sich als Schrauber. Mit Jürgens Yamaha TZ350 machte er die ersten Fahrten auf der Rennstrecke, dem Salzburgring.

Kommentar von Helli: *Die Anreise zu den Renn-Wochenenden erfolgte immer freitags. Zuerst wurde die nächste größere Disco ausgekundschaftet und am Abend ausgiebig darin die Werbetrommel gerührt. Bei den Girls.*

Doch schnell wurde ihm klar, dass das Glitzerleben keine sportlichen Erfolge garantierte.

Er lernte im Lauf des Jahres bei den Rennen Schorsch kennen. Dieser fuhr schon einige Zeit ein BMW-Gespann. Als Beifahrer turnte seine Freundin im Boot. Hi, Margret.

Da Schorsch ein Draufgänger war und sein neuer Motor für 1979 konkurrenzfähig war, wurde ihr die Turnerei zu gefährlich. Oder Schorsch? Er suchte für das kommende Jahr einen neuen Schmiermaxe.

Man lief sich im Fahrerlager öfters über den Weg, kam ins Gespräch. Der logische nächste Schritt war eine Probefahrt. Nach ein paar Runden war für Schorsch klar, das war sein Mann. Ein vom Geräteturnen gestählter Körper und ein dazugehörig ähnlicher Draufgängergeist in Helli, ließen die Wahl auf ihn nicht schwerfallen. Man wurde sich einig. Der Neue nahm 1980 den Platz im Boot ein.

Das Gespann versprach aus technischer Sicht nicht weit unterlegen zu sein. 110 PS, Yamaha-Dreizylinder-Zweitakt und ein stabiles Fahrwerk für Kurve und Gerade. Saisonziel war das Erreichen mindestens eines fünften Platzes in der Gesamtwertung Rundkurs.

Eines Tages kam Helli zu BS motor und fragte, ob wir ihn nicht sponsern könnten. Er wusste, dass wir seit mehr als einem Jahr Herbert beim Motocross unterstützten.

Nach dem Motto, wenn man schon nichts hat, kann man das auch teilen, verwiesen wir auf die beschränkten Möglichkeiten und sagten zu. Unsere Unterstützung bestand im ersten Jahr aus kostenloser Bereitstellung von Zündkerzen etc. – was wir so im Laden hatten. Anderes, wie Maß-Lederkombis gaben wir zum Einkaufspreis weiter. BS motor zeigte seinen guten Willen.

Helli war vorher schon ab und zu als Kunde aufgetaucht. Über Jürgen und Gusti kannten wir ihn, sowie vom winterlichen Skijöring. Er war kein Unbekannter.

Kurz nach seiner Sponsoranfrage lernten wir Schorsch kennen. Der war im Landkreis Dillingen beheimatet, Sohn eines Bauern, 'krachad'[1], wie man bei uns in Bayern sagt, und überzeugt, was reißen zu können. Wir konnten nichts gegen seinen Plan anführen und so startete Winter/Diehl 1980 mit der Bewerber-Lizenz von BS motor.

Schorsch organisierte lieber alles selbst und ließ sich nichts dreinreden. So blieben Aufgaben für BS äußerst gering. In erster Linie bestanden sie darin, Sponsoren für die Fahrerausrüstung aufzutreiben.

Da die Zeit der schwarzen Ledercombis auch bei Gespannfahrern der Vergangenheit angehörte, musste Buntes her. Wir hatten Krawehl in petto und die Firma Rallye Sport mit Dainese. Krawehl schied wegen der Farben aus und da keine Maßanfertigungen möglich waren.

---

[1] Es gibt kein gleichbedeutendes Wort im Hochdeutschen

Dainese in Italien stattete die gefühlt halbe Rennszene mit Combis aus. Sie fertigten auch nach Maß, sowie Ihnen zur Verfügung gestellten Schnittvorgaben.

Da wir das Programm von Rallye Sport im Laden vertrieben, bekamen Schorsch und Helli die Ausstattung, je zwei Kombis, Helme und Stiefel zum halben Preis, mit der Auflage nur diese bei Rennen zu tragen.

Das Gespann war in den Farben schwarz/rot/gelb lackiert und farblich das auffallendste im Fahrerlager. Die Kombis hatten die gleichen Farben. Schorsch wählte prophylaktisch die deutschen. Er war überzeugt, im nächsten Jahr international starten zu dürfen. Das erspare eine Neulackierung. Alles Kosten.

Die Einstellung kam nicht von ungefähr. Leistung des Motors und das Fahrwerk stimmten. In sich hatte er genug Selbstvertrauen und in seinen neuen Schmiermaxe ebenfalls. Was sollte schief gehen?

Nichts ging schief, oder besser gesagt, nicht zu viel.

Zuerst das Schlechte: (aus Aufzeichnungen)

19./20.4.1980 Kassel-Calden 1. Rundstreckenrennen.

Nach dem freien Training stand hinter Winter/Diehl die Bestzeit. Fortuna war diese Ausgangssituation zu viel des Guten. Sie entschloss sich, den Motor mit einem Totalschaden zu einer Pause zu verdonnern. Gehäuse, Kurbelwelle und Kolben hatten nur noch Erinnerungswert. Gesamtschaden mindestens achttausend Mark, aufzubringen mit einem Mechaniker- und einem Lehrlingslohn.

Oder stand Fortuna doch auf ihrer Seite? Die Rennen am Sonntag fanden unter teilweisem Schneetreiben statt. In den Soloklassen startete Mang nicht, Wimmer und andere stürzten. Hätte der April etwa noch Schlimmeres für die beiden Senkrechtstarter in petto gehabt?

Am nächsten Wochenende stand der dritte Lauf zur Bergmeisterschaft an. Für Überlegungen, wie und warum, war keine Zeit. Kurz, der Motor lief rechtzeitig wieder.

Dann das Gute:

3.5.1980 Frankenwald, Stadtsteinach, 3. Bergrennen - 1. Platz - Sieg

Die Bestzeit in der Qualifikation war schon selbstverständlich. Der erste Wertungslauf war von einem kleinen Fahrfehler getrübt. Dieser wirkte sich in einem Dreher aus. Der zweite Lauf war jedoch ein Traumlauf. In der Addition stand wieder ein Sieg zu Buche.

Nach diesem Rennen konnte keiner mehr von Dusel sprechen. Das war Können und Überlegenheit. Weitere 15 Punkte. Winter/ Diehl führten nach drei Rennen mit der Maximalpunktzahl von 45. Die Zweiten in der Gesamtwertung lagen bei 22.

\-

17./18.5.1980 Giebelstadt, 2. Rundstrecke - 2. Platz

Hier mussten Winter/Diehl feststellen, dass Gespanne, die das dreifache kosteten, einen technischen Vorsprung hatten. Einen besseren Platz verhinderte ihr Reifenpoker vor dem Rennen. Kurz vor dem Start hatte es angefangen zu regnen. Es war keine Zeit mehr, die Räder zu wechseln. Die späteren Sieger schafften dies dank eines neuen Systems, das den Wechsel mit wenigen Handgriffen zuließ. Am Start Fünfte, sahen Winter/Diehl durch beherztes Fahren die karierte Flagge als zweite im ersten Lauf. Im zweiten reichte der Sieg in der Zeitaddition nicht ganz für den Gesamtsieg.

Schorsch und Helli wurden 1980 OMK-Berg-Pokal-Sieger mit 79 Gesamtpunkten aus sieben Rennen und 14 Vorsprung vor den Zweiten. Dabei verzichteten sie beim letzten Bergrennen aus finanziellen Gründen auf einen Start. Der Gesamtsieg war ihnen nicht mehr zu nehmen. Sieben Starts, schlechteste Position Dritter.

Auf der Rundstrecke landeten sie in der Endabrechnung auf dem vierten Platz.[1] Zwei Rennen aus finanziellen Gründen ausgelassen und Kassel-Calden Motor-Totalschaden.

---

[1] Tabelle der Ergebnisse 1980: Sport auf Seite 230

Das hieß 1981 ausschließlich in der oberen Klasse und ein paar Rennen international fahren.

Bergrennen auf nationaler Ebene gab es nicht mit der A-Lizenz, nur OMK-Pokal in der zweiten Riege. Um die deutsche Meisterschaft kämpften Leute wie Steinhausen und Schwärzel mit einem völlig anderen Budget. Deshalb konzentrierten sich die beiden auf Läufe, auf denen die Aussicht auf vordere Plätze aussichtsreicher schien. Die Deutsche Meisterschaft wurde zum Reinschnuppern genutzt. Das hieß nicht, dass nicht ernsthaft gefightet worden wäre. Das Material ließ keine Siege zu.

Was lag näher als ein Angriff in den Bergen? Am Ende der Saison waren sie Berg-Europameister – und blieben es.

Winter-Diehl waren weg aus der Zweiten Liga, dem OMK-Pokal, und durften 1981 hierfür nicht mehr starten. Sie hatten die Bergrennen dominiert. Die Konkurrenz freute sich nur kurz.

1982 schnappte sich der Neuling Claus Feike aus Wolfratshausen mit seinem Schmiermaxe Reinhold Hagenmeier den OMK-Berg-Pokal. Auf der Rundstrecke wurden sie Vize.

Der Europameistertitel 1981 hatte für Winter/Diehl einen gravierenden Nachteil. Er verhinderte die Rückkehr zur B-Lizenz. Aufgrund weniger Punkte auf nationaler Ebene wäre das gegangen, aber der Titel ...

Finanziell sah es für die nächste Saison bescheiden aus. Die vorige hatte zu viel Geld verschlungen. Mit den gewohnten Erfolgen war vorübergehend nicht zu rechnen.

Um nicht ganz aus der Übung zu kommen, fuhr Schorsch mit neuem Beifahrer und erreichte übers Jahr zwei Punkte in der Deutschen Meisterschaft.

1983 turnte Helli bei Feike im Boot und war am Saisonende Fünfter in der DM.

Von 1984 bis 1986 drehte Helli mit dem Mühlheimer Japaner Masatu Kumano seine Runden. Dieser war Profi und wurde von Toshiba gesponsort. Die Geldsorgen der letzten Jahre musste

Helli mit ihm nicht erwarten. In allen drei Jahren wurden sie Deutscher Vizemeister.

Auf der Grading-Liste der FIM stand Kumano im Februar 1983 auf dem siebten Platz mit dieser festen Startnummer für die Saison, noch vor Steinhausen auf acht.

In der WM-Abrechnung wurden sie 1984 sechste, trotz eines Unfalls in Andersdorp (Schweden), als das Gespann nach einem Ausflug ins Gelände nur noch Schrottwert hatte. Helli passierte außer des Schocks und Prellungen nichts. Kumano hatte einen Riss im Handgelenk und einen Knochenabbruch an einem Rückenwirbel.

1985 wurden sie in der WM-Endabrechnung ebenfalls sechster und 1986 sogar fünfter.

1980 waren im Rahmen der Europameisterschaft nur zwei Rennen abgehalten worden. Drei wären nach den Statuten nötig gewesen. Ab 1983 wurde keine Meisterschaft für Dreiräder mehr ausgeschrieben. Solo-Klassen gab es weiterhin.

Es sieht also danach aus: Winter/Diehl sind die einzigen und somit amtierenden Berg-Europameister der Gespanne. Die FIM und OMK widersprachen nicht und wollten/konnten dazu keine Auskunft geben.

Warum gab es in diesem Metier so weinig Rennen und Fahrer? Das Risiko. Sicher war eine Bergstrecke mit unterschiedlich anspruchsvollen Kurven für Anfänger gefährlicher als zwischen Strohballen in der Ebene zu fahren. Es brauchte mehr Herz und Übersicht und die Einschätzfähigkeit, was, wann und wo zur Gefahr werden konnte.

Für Bergrennen musste man ein Isle-of-Man-Typ alten Schlags sein. Das waren nun mal nicht alle.

Für Veranstalter war eine Strecke am Berg in den Griff zu bekommen aufwendiger, als hinter Maschendrahtzäunen fahren zu lassen. Abgründe, unvorsichtige Passanten und Zuschauer. Es konnte viel mehr passieren, wenn Zuschauerfüße am Rande der Strecke baumelten, als in fünfzig bis hundert Meter Abstand hinter einem Zaun auf Tribünen.

Ich möchte keine Diskussion entfachen. Jeder mag sich seine Meinung bilden. Mir gehen die *unsterilen* Rennen ab.

Kleine Episode von den Läufen in Schotten 1980 (Helli und ich sind vom Ort her nicht sicher). Ich war noch nicht ganz oben am Ziel angekommen, um mit meiner Super-8 zu drehen, als Winter/ Diehl um die letzte Kurve rauschten. Beim Überqueren der Ziellinie startete ein Teil senkrecht in die Höhe. Das war die Lichtschranke gewesen. Zum Glück hatte die Nase des Motorrads die Zeitnahme bereits ausgelöst. Das Lichtschrankenteil wurde vom Seitenwagen hochkatapultiert. Das nächste Gespann konnte eine halbe Stunde Pause machen, bis wieder alles eingerichtet war.

Computer

1983 wurde es mir zuviel, tagsüber im Laden stehen und abends bis 22 Uhr Buchhaltung, Schriftverkehr, Bestellungen, usw. Während der Saison tasteten wir uns an das Thema heran. Damit konnte man angeblich eine Arbeitskraft einsparen. Bei unserer Betriebsgröße sicher nicht, aber eine halbe wäre schon eine Erleichterung.

Im September ließen wir uns ein schriftliches Angebot machen, obwohl bereits im Computerladen feststand, dass wir das nicht stemmen wollten und schwer hätten können.

Der Paketpreis lautete 28.000 DM oder 650 DM monatliche Leasingrate. Darin war enthalten der Computer mit Bildschirm (Einheit), ein Drucker für Endlospapier und ein KFZ-Verwaltungsprogramm.

Computerdaten – das war zu der Zeit Top: 160-KB-Arbeitsspeicher, 1 Diskettenlaufwerk für 320-KB-Disketten, 1 Festplatte mit 11 MB, 12-Zoll-Monochrommonitor und das Verwaltungsprogramm. Dieses war nur zu etwa achtzig Prozent für den Zweiradhandel brauchbar, Wichtiges für unsere Branche fehlte. Das Betriebssystem nannte sich PCOS (Personal-Computer-Operating-System).

Lustig fand ich bereits zwei Jahre danach: *Sicher sind Sie auch von den Möglichkeiten des Systems überrascht. Es ist modular ausbaufähig und garantiert Ihnen auf Jahre ein aktuelles Datenverarbeitungssystem.*

1984 wurde es etwas mit dem ersten Computer, einem gebrauchten Tandy TRS80-1. Diesen verkaufte ein Informatikstudent in Frankfurt am Main. Preis 5.400 DM, 16k-RAM und zwei in eine Holzkiste gebastelte (zwei waren Luxus pur) Diskettenlaufwerke mit je 720 KB. Die Elektronik war komplett in der Tastatur. Als Laufwerk diente ein ebenfalls mitgelieferter Cassettenrecorder. Zudem war ein Monochrom-Bildschirm dabei.

Der Preis bei dieser Ausstattung war gerechtfertigt bis ein Schnäppchen, da ich mehr als hundert selbstkopierte Disketten mit Programmen aller Art und zwei große Schachteln mit Computerzeitschriften und fotokopierten Programmlistings dazubekam. Was ein Informatiker so zum Studieren eben brauchte.

Nach einem Jahr ausgiebiger Beschäftigung damit konnte ich Rechnungen schreiben, Einladungen kreieren, unser Lager in einer Datenbank rudimentär verwalten, usw.

Jedes Programm konnte etwas, aber nichts Übergreifendes. Ständig mussten Disketten gewechselt werden. Dank der zwei Laufwerke konnte ich eine mit dem Programm und die andere für die eigenen Daten hernehmen. Die permanent gebrauchten Abschnitte des Betriebssystems waren im Arbeitsspeicher. Für gewisse Befehle hieß es, Betriebssystemdiskette einlegen und dann zurück zur Programmdiskette. Die erstellten Daten wurden auf der dritten gespeichert. Mit nur einem Laufwerk hätte einen die Floppydisk-Tauscherei noch mehr auf Trab gehalten.

Ein Problem war, das Ding bedienen konnte bei BS motor nur ich. Die anderen mussten sich mit Schulterzucken begnügen.

Es wird Anfang 1986 gewesen sein, als ich auf den neuen Computer-Typ PC10 hingewiesen wurde. Auch dafür mussten wir, diesmal BS motor, mehr als 5.000 DM hinblättern. Ausschlaggebend für den Kauf war ein Programm, das auf dem Tandy nicht lief. Die Software nannte sich Open Access und war von SPI. Sie beinhaltete Datenbank, Textverarbeitung und Kalkulation, alles leichtverständlich in der Anwendung. Bedingt durften sogar andere an den Computer. Das Programm war seine gut 1.600 DM wert.

Wir konnten Ersatzteilpreise heraussuchen. Suzuki und Vespa und ein paar Teilelieferanten stellten diese per Disketten zur Verfügung. Ich musste sie nur in unser Programm übernehmen. Ein Traum war die Arbeit immer noch nicht, da Abfragen und Eingabe zwar über Masken machbar waren, aber keine verbindende Oberfläche vorhanden war.

Suzuki Deutschland war auch 1986 noch damit beschäftigt, seinen Betrieb in Heppenheim aufzubauen. Ihre eigene EDV hatte Vorrang. Deshalb empfahlen sie erst Mitte des Jahres ein Verwaltungsprogramm für Händler. Zu viele hatten die Heppenheimer auf eine gemeinsame Lösung angesprochen. So kam es zur Zusammenarbeit mit der Firma Peter + Geisendorf in Wuppertal. Mitmachen war auf freiwilliger Basis; Kosten bei Miete 150 DM im Monat. Es dauerte aber noch bis Mitte 1987, bis das System lieferbar war.

Dank einer 43-prozentigen Unterstützung von Suzuki war die Überlegung, ob ja oder nein, keine lange. Auch wir griffen zu, obwohl wir eine funktionierende EDV hatten. Ausschlaggebend war die Aussicht, dass das komplette Personal damit umgehen könne.

Für die Anlage mit 3 Arbeitsplätzen inklusive Programm waren über 10.000 DM fällig, die verglichen mit dem Olivetti-Angebot von 1982, ein Schnäppchen waren. Die monatlichen Raten machten die Investition für uns finanzierbar.

Lagerort-Zuteilungen hatten wir schon mit OA gemacht. So ging die Übernahme ins neue System schnell. Den Großteil der Daten konnten wir von Bildschirm zu Bildschirm erledigen. Ein automatischer Transfer war nicht möglich. Zum Saisonstart 1988 stand das System, das Personal war eingearbeitet. Es konnte losgehen.

Basis der Anlage war ein Wyse 286er als Server mit 512 KB Arbeitsspeicher und Arbeitsplatz-Terminals. Für diese waren keine eigenen Computer vorgesehen. Die gesamte Rechenleistung ging über den Server. Das System war schneller und billiger als Konkurrenzprodukte, von denen es kaum welche gab. Betriebssystem MS-DOS 3.2.

Das Programm funktionierte. Anfangs mussten Teilebestellungen noch schriftlich per Fax oder Post geschickt werden.. Eine absolute Erleichterung waren die jederzeit abrufbaren Bestellvorschläge für die Ersatzteile.

Die von Anfang an versprochene BTX-Anbindung[1] gab es im März 1989. Die ersten beiden Monate konnten wir BTX nur am Server separat betreiben. Ab Mai funktionierte es auch an jedem Terminal und ins Programm eingebunden. Jetzt konnten Teile-

---

[1] Bildschirm-Text von der Deutschen Telekom ist ein Vorläufer des Internets. Verbindung von Telefon zu Telefon

Bestellungen direkt an Suzuki geschickt werden. Bei unseren anderen Lieferanten ging das nicht.

Büroverwaltung (Buchhaltung) konnte PGO[1] nicht. Bei Gesprächen mit Herrn Geisendorf kam klar herüber, dass diese Schiene noch lange dauern werde, da die Firma mit der Entwicklung und dem Vertrieb des Programms mehr als ausgelastet sei. Stichpunkt andere Lieferanten.

So waren wir gezwungen weiter mit OA parallel zu arbeiten. 1990 gab es davon eine dritte Version. In dieser war eine eigene Programmiersprache integriert. Ab da setzte ich mich hin und begann, ein Programm zu schreiben, das unsere Arbeitsabläufe im Betrieb widerspiegelte. Am Anfang konzentrierte ich mich auf das Ersatzteillager und dann die Bürosachen. Datenbanken und Masken waren aus den alten Programmversionen vorhanden. Ich musste mich hauptsächlich auf die Abläufe und Erweiterungen konzentrieren.

Die nächsten Jahre saß ich buchstäblich Tag und Nacht vor dem Computer und feilte am Programm. Nur während der Saison war ich *nebenbei* tagsüber im Geschäft.

1992 konnte meines bereits mehr als PGO, alles außer BTX. Doch das war nur für Suzuki tauglich. Vespa und die Teilelieferanten boten keine direkte Anbindung an.

1994 machte ich mich an Luxusabschnitte, z.B. eine integrierte Stempeluhr. Unsere Beschäftigten mussten unter einem Hauptprogrammpunkt nur noch ihre Personalnummer eingeben und Enter drücken. Den Rest machte das Programm. Die Lohnberechnung nach Arbeitsstunden ging ab da ruckzuck. Auch ein Stempeln auf Reparaturaufträge konnte so Zeit sparend erledigt werden.

Auf zwei Teile des Programms bin ich besonders stolz. Nach Eingabe der Fahrgestellnummer konnte man den genauen Fahrzeugtyp, das Modelljahr und die Nummer des Microfiches ablesen. Dies funktionierte für Fahrzeuge von Suzuki bis 1996 und Vespa.

---

[1] Peter&Geisendorf-Oranisations-Programm von Suzuki

Der andere Teil schlüsselte die extrem unübersichtlichen und verwirrenden Farbcodes bei Lackteilen und Aufklebern von Suzuki auf. Es war nichts Ungewöhnliches, sich für einen Seitenaufkleber über den Farbcode des Seitendeckels und von dem zum Fahrzeug-Farbcode zehn Minuten durchzuhangeln. Ergebnis der (hoffentlich) richtige Aufkleber.

Es gab mehr als fünfzig Fiches[1] für die verschiedenen Suzuki-Modelle. Viel Zeit wurde mit dem Programm beim Heraussuchen von Ersatzteilen gespart, da man direkt auf den passenden Fiche zugreifen konnte.

Suzuki Deutschland war nicht in der Lage, Fahrzeuge Baujahren zuzuordnen. Sie hätten in den Fiches nachsehen müssen, bis sie den richtigen in der Hand gehabt hätten oder in den Lieferlisten aus Japan.

Wer es testen will. Der Programmteil ist im Internet aufrufbar.

1994 wurde das PGO-Programm von Vespa empfohlen, nach BMW 1991. Da waren wir wieder komplett zu unserem Programm zurückgekehrt.

1995 und 1996 vertrieb BS motor mein Programm ZVP4, sowie den Fahrgestellnummernteil auch einzeln an Motorradhändler. Die Resonanz war durchgehend positiv.

Da die Welt auf Windows umgestiegen war und ich nicht neu mit Programmieren anfangen wollte (Familie und Motorradgeschäft), schlief das Programm für den Rest der Welt ein.

BS motor und die Harz-Biker-Oase arbeiten heute noch mit OA4/ZVP4, obwohl es mit jedem neuen Computer von Jahr zu Jahr schwerer wird, ein DOS-Programm zum Laufen zu bringen.

---

[1] Je 208 Seiten, 60 Zeilen

Personal

Mit etwas Abstand stelle ich fest, dass ich mit Angestellten in der ersten Hälfte der knapp dreißig Jahre wesentlich mehr Glück gehabt habe als in der zweiten. Es hat in beiden Ausreißer gegeben, nach unten in der ersten eher harmlose, in der zweiten andere.

Für die Ausbildung bevorzugten wir Altlehrlinge. Mit ihnen konnten flexiblere Arbeitszeiten ausgehandelt werden. Zudem hatten sie mehr Erfahrung mit eigenen Fahrzeugen gesammelt. Einige hielten nicht durch. Das mag daran gelegen haben, weil wir auch die nahmen, die schon anderswo gescheitert waren. Den Großteil brachten wir durch und stellten später fest, dass aus ihnen etwas geworden war.

Da fällt mir eine Begebenheit mit der Berufsschule ein. Markus (22) war Umschüler und hatte zu dem Zeitpunkt bereits eine Lehre als Zimmerer abgeschlossen, konnte den Beruf aus Gesundheitsgründen nicht mehr ausüben. Er bekam von uns einen zweijährigen Lehrvertrag.

Wir schickten ihn für die Fächer, die er in seiner ersten Lehre nicht gehabt hatte in die Berufsschule. Während der anderen blieb er lieber im Betrieb. Hier konnte er mehr lernen. Dieser Sachverhalt wurde der Schule mitgeteilt. Fand sie daran Missfallen?

Warum auch immer, am 2. 7. 1992 flatterte ein Schreiben ins Büro, in dem uns mitgeteilt wurde, dass der Schüler an den und den Halbtagen unentschuldigt gefehlt hatte. Bei den Fächern handelte es sich um so wichtige wie Religion und Sport. Unter anderem stand darin:

> *Wer wiederholt vorsätzlich nicht dafür sorgt, dass ein seiner Erziehung unterstehender Schulpflichtiger ..., macht sich einer Ordnungswidrigkeit ... schuldig und kann mit einer Geldbuße belegt werden.*

Das war dann doch zu viel. Ich stellte klar, dass der Schüler weder meiner Erziehung unterstehe, noch schulpflichtig sei, da volljährig und er bereits eine Berufsausbildung mit Gesellenabschluss habe. Dies sei der Schule bekannt. Zudem sei eine Ausbildung im Betrieb wichtiger als ein Besuch des Tierparks in München. Ab da war Ruhe.

Ein zweiter Schulfall:

Schreiben von der Schule aus Straubing. Der Lehrling hatte dort Blockunterricht.

> *Er fuhr am Dienstag ... nach Hause und machte sich eine schöne Woche. Möchte das Lehrverhältnis lösen und geht wieder ins Bav. Filmstudio. Bitte senden Sie uns die Bestätigung, dass das Lehrverhältnis gelöst wurde. Danke. A. ist noch schulpflichtig!*

So erfuhren wir, dass wir einen Lehrling weniger hatten. An seinem ersten Arbeitstag nach dem Schulblock kam er in den Betrieb und teilte uns mit, dass er aufhören werde und bereits wieder im Filmstudio arbeite.

An die vom Arbeitsamt zu uns geschickten *Schwervermittelbaren* sind die Erinnerungen überwiegend positiv. Es waren mehrere dabei, denen nur beigebracht werden musste, dass jede Arbeit sinnvoll sein kann. Man muss die Zusammenhänge nur erkennen und akzeptieren. Jeder kann eine Aufgabe in der Arbeitswelt erfüllen. Das Selbstwertgefühl stieg bei einigen sichtbar.

Da unser Betrieb zu wenig erwirtschafte, um alle das ganze Jahr *durchzufüttern*, wurden teilweise Arbeitsverträge gemacht, die eine Ausstellung bis zu drei Monate im Winter beinhalteten. Das war auf Dauer nicht jedermanns Sache. Leider ging es nicht anders. Deshalb hatten wir eine, in meinen Augen, hohe Fluktuation. Die meisten unserer Beschäftigten dürften eine angenehme Erinnerung an uns haben.

Ich hatte mit dem Personal selten echte Schwierigkeiten. Einmal endete es vor dem Arbeitsgericht.

Dort erlebte ich vier Verhandlungen, die mich am Sinn der Institution zweifeln ließen. *Gerecht* konnte kein Zuschauer die Ergebnisse empfinden. Ich räume ein, dass alle anderen Verhandlungen anders verlaufen sein mögen und gerechte Ergebnisse lieferten. Vielleicht habe nur ich die 100-Prozent-Kopfschüttel-Quote miterlebt.

Exempel gefällig?

Ich hatte einen mitarbeitenden Meister. Im zweiten Jahr ließ sein Arbeitseifer stark nach. Ein Hauptgrund war, dass er jeden Tag eine An- und Abreise zur Arbeit von je circa einer Stunde hatte. Im Laufe der Saison teilte er mir mit, dass er sich zuhause selbständig machen wolle. Wann, wisse er noch nicht, aber nicht so schnell. Ich hätte Zeit, einen Ersatz für ihn zu suchen.

Dieser Mitarbeiter hatte einen Hund, den er mit meiner Erlaubnis im zweiten Jahr zur Arbeit mitbrachte. Im ersten war davon nie die Rede.

Nicht jeder war begeistert, aber es wurde akzeptiert. Nachdem der Hund nicht zu Kunden ging oder jemand ansprang, war soweit alles in Ordnung. Er lag die meiste Zeit auf einer Decke in der Werkstatt. Da ich das nicht tiergerecht fand, bekam er eine Unterkunft in einem Holzschuppen davor. Dort war er auch vor Regen geschützt.

Irgendwann wurde mir vom Personal gesteckt, dass unser Meister während der Geschäftszeit, wenn ich nicht im Betrieb war, den Hund ausführte und nicht abstempelte. Ich sah mir die Stempeldaten an und stellte fest, dass auch auf den Kundenaufträgen die Zeit weiterlief.

Darauf angesprochen, erkannte unser Meister kein Unrecht. Bei Festpreisen, wie Kundendiensten, spielten die Stempelzeiten keine Rolle, aber bei nach Zeit abgerechneten Aufträgen. Der Kunde merkt es ja nicht, und es sei ja nur eine viertel Stunde.

Das Jahr verging. Ab Herbst konnte unser Meister überwiegend zuhause bleiben. Nur für gewisse feste Tage sollte er bei uns erscheinen. Es handelte sich ab Mitte Oktober um zwei fixe Wochentage, ab Mitte November um einen.

Der zweite Oktobertermin musste einen Tag vorher verschoben werden. Im November fehlte er ohne Vorankündigung. Ich musste Kunden auf neue Termine vertrösten. Da war fraglich, ob sie Zeit hatten. Verbindliche Termine waren nicht mehr drin.

Da seine Arbeitsmoral auch schon während der Saison zu starker Kritik der anderen Mitarbeiter geführt hatte, kündigte ich ihm vertragsgerecht zum Ende des Jahres. Er nahm die Kündigung an und ging. Eine fristlose kam nicht in Frage, da ich ihn vorher nicht schriftlich abgemahnt hatte. Mir war ein so unpersönliches Vorgehen zuwider. Ich klärte lieber alles in persönlichen Gesprächen und hatte damit stets Erfolg gehabt.

Eine Woche später bekam ich vom Rechtsanwalt ein Schreiben mit der Forderung, dass die Kündigung erst zum 31. Januar wirksam erklärt werde und ich diesen Monat zahlen sollte.

Das Ansinnen war rechtlich nicht haltbar, da ich zum einen die vertragliche Kündigungsfrist zum Ende eines Quartals eingehalten hatte, zum anderen der 31. Januar kein Quartalsende war. Diese Fixpunkte standen im Arbeitsvertrag.

Ruckzuck ging die Sache vors Arbeitsgericht. Der Richter folgte der Verhandlung manchmal mit Interesse, zeitweilig hörte er überhaupt nicht zu und blätterte in Unterlagen.

Ich hatte das Gefühl, dass es sich um fremde Papiere handelte, das unser Fall nicht mehrere Mappen umfassen konnte.

Fakten interessierten den Richter nicht. Der Kläger war verantwortlicher Meister bei uns. Er hatte am 22.11. der Handwerkskammer mitgeteilt, dass er an diesem Tag aus dem Betrieb ausgeschieden sei. Wieso sollte ich im darauffolgenden Januar noch Lohn berappen? Überstunden und Urlaub hatte er nicht mehr.

Als ihm das Geplänkel zu viel wurde, brachte der Richter einen Kompromiss auf den Tisch. Die Zahl, den er nannte, war um die fünfzig Prozent höher als die Forderung. Sie entsprach eineinhalb Monatslöhnen, was die Hälfte des Betrags eines Quartals gewesen wäre. Die Klage beinhaltete aber nur den Januar.

Sowohl Kläger, sein Rechtsanwalt und ich sahen uns an und schüttelten den Kopf. Als ich den Richter auf die Unstimmigkeit aufmerksam machte, fragte er nur, ob ich akzeptiere oder nicht. Tat ich natürlich nicht.

Daraufhin wurde er stutzig. Es trat eine kurze Pause ein. Dann schlug er einen neuen Vergleich vor. Das Arbeitsverhältnis solle zum 31.12. enden und BS motor eintausendfünfhundert Mark als Abfindung zahlen. Er ließ durchblicken, dass er die Lust verloren habe und im Falle einer Ablehnung für den Kläger entscheiden würde.

Ich hatte kurzfristig abzuwägen. Weiter herumschlagen? In die zweite Instanz gehen? Ich hätte einen ähnlich befähigten Richter bekommen können. Jeder hatte mich vor dem Arbeitsgericht gewarnt. Dort seien noch nie gerechte Urteile gefällt worden. Mit diesem Hintergedanken im Kopf und den anfallenden Kosten in der zweiten Instanz, stimmte ich dem Vergleich zu. Eine Verhandlung ohne Rechtsanwalt wäre nicht mehr möglich gewesen.

So wurde BS motor zur Zahlung von eintausendfünfhundert Mark verdonnert, obwohl vertraglich im Arbeitsvertrag eine Abfindung bei Beendigung des Arbeitsverhältnisses ausgeschlossen war. Dieser Passus war rechtens. Heute?

Beim Hinausgehen hörte ich den Rechtsanwalt des Klägers sagen. „Das hat der Richter nur getan, um sein Gesicht zu wahren."

Tolle Rechtsprechung.

Bei zwei weiteren Verhandlungen, die ich als Zuschauer erlebte, fragte sich jeder, für was man Arbeitsverträge schließe. In einem Fall schlich der Arbeitnehmer betröpfelt aus dem Saal, da ihm sein *Sieg* sichtlich unangenehm war. Schon während der Verhandlung war ihm anzusehen, dass ihm die Klage peinlich war. Er war nur Zeuge.

Wenn ich es richtig in Erinnerung habe, ging es um eine Forderung des Arbeitsamts gegen den Arbeitgeber, eine Grünanlagen-Pflege-Firma. Die und der Arbeitnehmer hatten einen Arbeitsvertrag unterschrieben, in dem er im Winter die Überstunden bei Lohnzahlung abfeiern konnte. Im Frühjahr musste der Chef aufgrund Arbeitsmangels den Arbeiter vor Beginn der Saison ausstellen.

Da zu wenig auf dem Stundenkonto standen, zahlte der Arbeitgeber den letzten Monat nicht mehr. Der Arbeitnehmer ging daraufhin zum Arbeitsamt und bezog von dort Geld. Als der tatsächliche Tatbestand aufflog, wollte die Behörde das Geld zurück und bekam Recht mit der Begründung, die Abmachung sei sittenwidrig.

Behörden, TÜV und Vorschriften

Mit deutscher Gründlichkeit wurden alle möglichen Schranken aufgebaut oder an alten Zöpfen festgehalten. Dabei, glaube ich, hielten sich Unwissenheit über die Materie, Mangel an Courage, Uneinsichtigkeit, Unsinn abzuschaffen, und Herrschaftsdenken die Waage.

Führerschein

Bei der Durchsicht der verkauften Fahrzeuge fiel mir auf, dass wir etliche Italiener als Kunden hatten. Sie arbeiteten den Sommer über in den Pizzerias der Gegend, im Winter waren sie zuhause in Sizilien. Der Landkreis schien auf dem Pizzasektor fest in sizilianischer Hand.

Mit dem 1. April 1980 waren der Leichtkraftrad- (1b) und der Stufenführerschein für Motorräder (1a) eingeführt worden. Das Lkr mit bis zu 80 ccm Hubraum und einer maximalen Leistung bei maximal 6.000 U/min ersetzte das Kleinkraftrad mit 50 ccm und unbeschränkt Power.

Der Führerschein Klasse 1 für Motorradfahrer ab 18 Jahre war aufgespalten worden in 1a und 1b. 1a war identisch mit dem alten Klasse 1 (alle Hubräume, alle Leistungen). 1b für Fahranfänger jedes Alters ab 18 Jahren war dem 1a vorgeschaltet. Er beschränkte nicht den Hubraum, aber die Motorleistung auf 27 PS und war für jeden Neuling in den ersten beiden Führerscheinjahren unüberwindbar. Nach dieser Zeit konnte er per Umschreibung (ohne erneute Prüfung) auf den 1a geändert werden, wenn man sich nichts zu Schulden kommen lassen hatte.

Doch zurück zu unseren Italienern. Es gab die EG.[1] Doch in dieser war nichts betreffs Führerscheine angeglichen. Sie durften mit italienischen Motorradführerscheinen nicht mehr als drei Monate in Deutschland fahren.[2] Da sie aber ein halbes Jahr und

---

1 Europäische Gemeinschaft, Vorläufer der EU

2 galt für alle ausländischen Führerscheine

länger wollten, mussten sie den deutschen Schein 1b machen. Und?

Wenn ich es richtig in Erinnerung habe, nur die theoretische Prüfung. Dann durften sie mit 27 PS herumgurken. In Sizilien stand bei etlichen eine 1100er im Schuppen. Mit ihren in Italien zugelassenen Motorrädern durften sie nur drei Monate in Deutschland fahren. Dann hätten sie damit wenigstens einen Tag das Land verlassen müssen und neu einreisen. (Galt für alle im Ausland registrierten Kfz.) Begründung: Dem Staat entgehe sonst die Kfz-Steuer. Zuwiderhandlungen waren teuer.

Ohne Schwur behaupte ich, dass sie nur sechs Monate mit gedrosselten Motorrädern fahren brauchten. Die Ausnahme gewährte man ihnen.

Die Regelung galt Jahre, denn das meist gefragte Fahrzeug dieser Kundschaft in unserer Gegend war die Suzuki GSX600F, und die kam erst 1988 auf den Markt.

Wer nun glaubt, die Leute hätten die Motorräder sofort entdrosseln lassen, der irrt. Die Polizei hatte bei der Kontrolle ein besonderes Augenmerk auf diese Fahrzeuge, da sie ihre Pappenheimer kannte.

Das hatte sich schnell eingependelt, da die Dienststellen im Falle eines falschen Verdachts auf den Kosten sitzen blieben. Hatten sie jemand im Visier, wurde das Fahrzeug zum TÜV geschickt. Stellte der auf dem Rollenprüfstand fest, dass das Krad seine 27 PS hatte, blieben die Kosten bei der Polizei hängen. Es war anfangs ein Katz-und-Maus-Spiel.

Manche der Italiener ‚saßen' ohnehin einen Großteil ihres Winterhalbjahres (meist vier Monate) in Italien ab. Heute in der EU ist das hoffentlich kein Thema mehr.

Zulassungsstelle und Zulassen eines Fahrzeuges

Bis 1975 war das Zulassen eines KFZ erst ab einem Alter von einundzwanzig Jahren ohne Unterschrift des Erziehungsberechtigten möglich. Zwar musste nur einer davon sein Einverständnis geben, aber eine Mutter tat dies nicht, wenn der Vater dagegen war.

Damals war die deutsche Welt anders gestrickt: Bis 1977 galt BGB §1356 Absatz 1: „Die Frau führt den Haushalt in eigener Verantwortung. Sie ist berechtigt, erwerbstätig zu sein, soweit dies mit ihren Pflichten in Ehe und Familie vereinbar ist.“

Ohne Zustimmung des Ehemanns durften Frauen bis 1957 nicht einmal ein eigenes Konto eröffnen. Diese Mentalität roch in den 70ern noch immer.

Heiraten durften Frauen mit 16 und Männer mit 21 Jahren. Wollten Männer eher heiraten, brauchten sie eine gerichtliche Genehmigung.

1974 wurde der Eintritt der Volljährigkeit auf 18 Jahre herabgesetzt und trat am 1.1.1975 in Kraft. Dann brauchte man als achtzehnjährige Person die Unterschrift des Erziehungsberechtigten nicht mehr.

Dafür wurde für Minderjährige ein paar Jahre später eine weitere Hürde aufgebaut. Eine Zulassung auf nicht Volljährige war nur mit der Unterschrift beider Elternteile möglich. Grund mag gewesen sein, dass es Väter gab, die sich mit der freiheitlichen Gesinnung der Zeit nicht abgefunden hatten. Manche beschwerten sich bei den Zulassungsstellen und machten geltend, dass sie ihre Unterschrift zur Zulassung verweigerten.

Die Behörden waren in einem Dilemma. Erziehungsberechtigt waren beide Elternteile. Nach wem sollten sie sich richten? Um aus der Misere herauszukommen, wurde eingeführt, dass zwei unterschreiben mussten. So löste die Oma die Krise, indem sie das Fahrzeug auf sich zuließ.

Mit der Unterschriftspflicht beider Elternteile hatte sich die Bürokratie wieder mal etwas ausgedacht.
Beispiele:

Alleinerziehende (wegen Scheidung, weil Kind unehelich, weil Witwe, etc.) Mutter kam zur Zulassungsstelle und wollte ein Kleinkraftrad auf den Namen ihres Sohnes zulassen.

In Einzelerziehungsfällen musste die Sterbeurkunde, das Scheidungsurteil oder eine amtliche Bestätigung für die Alleinerziehung zur Zulassungsstelle mitgebracht werden, selbstverständlich nur das Original. Über Jahre gab es viele, welche die Unterlagen aus Unkenntnis nicht dabei hatten und wieder nach Hause geschickt wurden; besonders ärgerlich, wenn sich eine alleinerziehende Mutter extra einen halben Tag in der Arbeit frei genommen hatte und ohne entsprechende Papiere abgewiesen wurde. Sie konnte nicht einmal vor Ort mit ihrer Unterschrift bestätigen, dass sie alleinerziehend ist. Ein zweiter halber Tag war nötig. Zulassungsstellen hatten meist nur am Vormittag auf.

Auf meine Frage, warum eine Mutter eine Bestätigung des Sachverhalts mit Unterschrift vor den Augen der Angestellten nicht bestätigen könne, bekam ich zur Antwort: „Ich habe nichts in der Hand, wenn jemand lügt.“ Man ging also generell davon aus, dass alleinerziehende Mütter beim Zulassen lügen.

Ob die Mutter tatsächlich die Mutter ist, wurde auch geprüft, da generell alle Ausweise mitgebracht werden mussten. Hoffentlich hatten Kind und Mutter wenigstens den gleichen Familiennamen. Folge: Mutter hat ihren eigenen Ausweis vergessen und nur den des Kindes dabei, und ‘Tschüss‘.

Auch als Händler wurde ich abgewiesen, wenn mal die Papiere nicht alle vorhanden waren. Zu dieser Zeit wurden ständig neue Vorschriften erlassen. Ich kann mich erinnern, dass wir ungefähr ein Jahr lang interne Wetten abschlossen, ob die jeweilige Zulassung klappe oder nicht. Wetteinsätze waren zum Befüllen der Getränkekasse, Glückspiel, aber legal.

Einmal hatte ich den Fall, dass der Vater für ein halbes Jahr im Ausland (Saudi-Arabien) arbeitete und seinen Ausweis natürlich nicht in Deutschland gelassen hatte. Wer kennt schon die Tücken der Zulassung. Als großes Entgegenkommen der Zulassungsstelle wurde angeboten, dass er seine Unterschrift in der Botschaft machen könne und die dies zufaxen könnten. Mein Wissensstand damals war, das Saudi-Arabien größer ist als unser Landkreis und nicht hinter jedem Sandkorn eine diplomatische Vertretung auf eine Belästigung wartete. Ich begnügte mich damit, mein Wissen über den Wüstenstaat als Halbwissen einzustufen.

Jetzt fragt jeder, warum die Fahrzeuge dann nicht auf den einen zustimmenden Elternteil registriert wurden. Wegen des Schadenfreiheitsrabatts bei den Versicherungen. Nur wenn das Leichtkraftrad auf den Jugendlichen zugelassen war, konnten schadenfreie Jahre auf den nachfolgenden Pkw angerechnet werden. Eine Übertragung auf andere Personen gab es nicht. Die Bestätigung, dass nur der Nachwuchs das Fahrzeug bewegt habe, war nicht relevant.

Da fällt mir noch ein ganz spezieller Fall ein, bei dem die Eltern eines Schülers bei mir Dampf abließen und hofften, ich könnte ihnen helfen, da wir bessere Beziehungen zur Zulassungsstelle hätten, als sie. Ich musste sie enttäuschen.

Der Sohn war auf dem Internat und sollte zu seinem sechzehnten Geburtstag ein Leichtkraftrad bekommen. Sie wollten ihn überraschen und es fertig zugelassen, mit Schleife drum in den Garten stellen. Den Zulassungsteil verhinderte die Behörde. Beide Elternteile waren mit ihren Ausweisen erschienen. Doppelkarte, ja sogar den Ausweis des Sohnes hatten sie dabei. Aber nein: Die Unterschrift des Sohnes müsse auch noch her. Sonst keine Zulassung. Die Eltern dampften ab. Wahrscheinlich hat man den Rauch über ihnen bis München gesehen.

Behördenwillkür. Für was sollte die Unterschrift des Kindes herhalten, wenn es nicht geschäftsfähig war? Wenn es doch unterschriftsberechtigt war, für was brauchte es die Autogramme der Eltern?

So konnte der Sohn, es war Wochenende, nicht fahren und erst am nächsten sein Geschenk benützen. Pikanterweise prüfte niemand am Montag die Unterschrift des Sohnes. Vielleicht hatten wir doch einen besseren Draht zur Abteilung?[1]

---

[1] Zulassungsstellen waren/sind Stadt-/Kreisbehörden und können in Detailfragen unterschiedlich agieren. Beschriebenes betraf Wolfratshausen.

Zulassungsstelle München (LJ80)

1980 stieg Suzuki Deutschland groß in das LJ80-Geschäft[1] ein. Anfangs wurde das Auto als Jipsy beworben. Dies wurde aus markenschutzrechtlichen Gründen schnell eingestellt. Dereinst wusste ich, wer dahinter steckte, heute leider nicht mehr; tut hier nichts zur Sache.

Das Auto hatte sich überall als Publikumsmagnet erwiesen. Um das Gefährt zu promoten, wurde jedem Suzuki-Motorrad-Vertragshändler ein Vorführfahrzeug zugestanden. Wir beteiligten uns und bestellten eines. Viele Nicht-Motorradfahrer und Freizeitfreaks kamen so in den Laden. Und warum sollte nicht der eine oder andere Gefallen am Motorrad finden. Die Leute waren wenigstens schon mal hier.

Kurz vor Weihnachten steigerte sich der Hype. Die Presse hatte sich vor Lob überschlagen. Jeder schien auf ein Fahrzeug erpicht zu sein.

Am 29. Dezember fertigten wir einen Kaufvertrag mit einem Kunden aus München, Lieferung im Mai 1981. Der LJ sollte rechtzeitig bei uns sein, dass wir zwei, drei Monate damit fahren könnten. Dann hätte er seine Schuldigkeit getan.

Im Frühjahr entdeckte SD, dass sie den Preis für den LJ viel zu niedrig angesetzt hatten und erhöhten ihn kräftig. Dazu kam, dass wir das Fahrzeug erst im Mai erhalten sollten. Der Sinn unserer Aktion war obsolet geworden.

SD stellte uns vor die Wahl, den neuen Preis berappen oder die Bestellung stornieren. Wenn ich es richtig in Erinnerung habe, betrug die Differenz über 1.000 DM. Nach Rücksprache mit unserem Kunden entschieden wir uns, ihm das Auto nicht gefahren zu geben und er zahle 450 DM dafür mehr. So kamen wir wenigstens mit einem Null-Geschäft davon. Dazu brauchten wir den Vorführrabatt. Wir ließen das Fahrzeug zu und am nächsten Tag meldeten wir es auf den Kunden um. Zulassungen und Ummeldung waren am selben Tag nicht erlaubt. Früher war das

---

1 ein kleines Allrad-Geländefahrzeug, heute SUV.

möglich gewesen. Suzuki war nach Diskussionen mit der Tageszulassung einverstanden. Die Situation war nicht von uns herbeigeführt worden. Und wir halfen ihnen in ihrer RV-Misere. Dass das Fahrzeug auf den Kunden umgemeldet worden war, brauchten wir für den Sachverhalt eine Bestätigung der Zulassungsstelle auf einem Suzuki-Vordruck. Diese wurde verweigert mit der Begründung: Datenschutz.

Wir als Händler bekamen keine Unterschrift. Wir standen mit unterschriebener Vollmacht des Kunden am Schalter. Die Ummeldung wurde vollzogen. Aber eine Bestätigung dafür unterlag dem Datenschutz. Wir gaben den Sachverhalt an SD weiter. Was die anschließend taten, entzog sich meiner Kenntnis. Jedenfalls erhielten wir die Gutschrift mit Verzögerung.

Kafka lässt grüßen.

Lenkschloss

1978 war bei neu gebauten Motorrädern der weltweite Standard eine Kombination mit dem Zündschloss. Die Lenkung wurde darüber gesperrt.

Nicht so in Deutschland. Hier musste das Lenkschloss seitlich am Lenkkopf angebracht und mittels Sperrbolzen nach DIN soundso betätigt werden. Eine Koppelung beider Funktionen in einer Einheit war nicht erlaubt.

Erstens war das immer so, zweitens war ein kombiniertes Schloss viel zu gefährlich, da es bei Fehlfunktion während der Fahrt einrasten hätte können und dann wäre das mit der *Fresse* eingetreten. Dass sich auf der kompletten restlichen Welt niemand wegen eines *unkontrollierbaren Sperrens* der Lenkung lang gelegt hatte, war kein Argument für deutsche Besserwisser.

Die eigenmächtige Sperrung war bei den Kombischlössern nicht wahrscheinlicher, als ein sich selbst nach innen schiebender Sperrbolzen an der Seite des Lenkkopfes. Wenn jemand beim Montieren – z. B. beim Aus- und Einbau zum Reinigen und Schmieren des Schlosses - die Feder vergaß oder diese aus

Altersgründen gebrochen war, konnte die Sperrung theoretisch ohne Fahrereinwirken eintreten.

Dabei konnte kaum etwas passieren, da der Lenker ganz eingeschlagen sein und gleichzeitig eine Erschütterung erfolgen musste, um den Bolzen zu bewegen. Ein Einschlagen des Lenkers bis zum Anschlag erfolgte nicht beim Fahren mit Geschwindigkeit, sondern beim Rangieren, etc. also fast Standgeschwindigkeit. Ich habe einen solchen Fall einmal in unserer Werkstatt erlebt.

Wobei, wenn ich an Wheelie-Fahrer denke, die bei Fahrt auf dem Hinterrad den Lenker einschlagen und dann ... Ha, ha, wenn man das Gewicht der Motorräder und die damalige Motorleistung bedenkt, war die Zahl der Betroffenen doch eher zu Null tendierend.

Vielleicht war ausschlaggebend, dass ein sich seitlich verschiebender Bolzen unwahrscheinlicher sei, als ein von oben nach unten agierender. Schwerkraft. Der Fantasie waren keine Grenzen gesetzt.

Aber sei 's drum. Jeder Hersteller musste für den deutschen Markt, mit diesem *Extra* hantieren, was die Produktionskosten in die Höhe trieb. Dass hier eine Protektion von BMW vorlag, war Gerücht.

Stollenreifen

Auf ins Gelände, dachte sich manch einer und montierte Grobes auf sein Kleinkraftrad oder Motorrad. Der Spaß war eminent - bis zum TÜV. Mit einer schlichten Handbewegung, vielleicht mit einem Kopfschütteln oder einem *Nein* ergänzt, wurde man wieder nach Hause geschickt. Stollenreifen, selbst bei mit den Papieren übereinstimmender Größe, waren nicht zulässig.

In Ermangelung eines zugehörigen Pragraphen wurde einfach die Fahrsicherheit abgestritten. Dies konnte der Prüfer bestimmen, selbst ohne eigenen Motorradführerschein. Es war eine Anweisung von oben, Ende. Mit nicht nachgewiesener Fahrsicherheit und Straßentauglichkeit konnte alles abgelehnt werden. Wobei man erwähnen muss, dass es auch Prüfer gab, die selbst Motorrad fuhren oder ein Faible dafür hatten. Bei denen war die Abnahme kein Problem, da spielten diese - ich glaube vorgeschobenen - Anweisungen keine Rolle. Sicher waren die Grobstolligen nicht für höhere Geschwindigkeiten tauglich. Dafür war der Fahrer verantwortlich, nicht der TÜV. Es war nicht verboten, Crossprofil auf der Straße zu fahren. Es gab Reifen, die laut Hersteller für Geschwindigkeiten bis einhundert hielten.

Ich habe erlebt, dass ein Wettbewerbsfahrer mit seiner KTM GS mit den groben Stollen nach Hause geschickt wurde und mit Enduro-Reifen wieder antreten musste. "Sie können ja anschließend wieder die anderen montieren!" Eine wortwörtliche, von mir selbst gehörte Aussage des Prüfers. Glücklicherweise waren die kleinen grünen Männchen in dieser Beziehung nicht Feind, sondern Helfer. Ihnen war das Profil egal, Hauptsache die Reifengröße stimmte.

Hier möchte ich eine Lanze für die damalige Polizei brechen, zumindest für die älteren Dienstjahre. Sie waren, dem Slogan entsprechend, meist ‘Dein Freund und Helfer‘.

Auch damals wurde vor der Disco gelauert. Einschub: Ich bin absolut dafür, dass unter Einfluss von Alkohol, Drogen und Arzneimitteln kein Fahrzeug gefahren werden darf. Ich bin für Kontrolle, aber gegen die heutige Art und Weise. Heute wird gewartet, bis ein Betrunkener auf oder in sein Fahrzeug steigt, und dann der Führerschein kassiert.

Früher wurden in der gleichen Situation schon mal nur die Fahrzeugschlüssel abgenommen und nicht gewartet, bis der Motor drehte. Am nächsten Tag konnte der Proband sich die bei der Polizeiwache nach entsprechender Belehrung wieder abholen. Dies hatte in der Regel einen wesentlich höheren erzieherischen Wert als die heutige Handhabung, da ein persönliches Gespräch zustande kam und nicht eine Amtshandlung. Damals musste sich auch die Polizei nicht selbst finanzieren.

Bremsprüfung beim TÜV

Noch in der ersten Hälfte der 70er Jahre mussten TÜV-Prüfer, die Zweiräder abnahmen, nicht den Motorrad-Führerschein haben. Die Prüfung beschränkte sich auf eine Sichtkontrolle der Beleuchtung, der Reifen und der Bremszustände (kurzes Ziehen und Drücken der Hebel). Penibel wurde nach einem Ölaustritt gesucht. Das war‘s.

Manchmal wurde eine Bremsprüfung verlangt – bei trockenem Wetter. Dies geschah um die Zeit totzuschlagen, da manche Prüfer die Prüfgebühr von 10,55 DM (1976) incl. 5,5 %, Mehrwertsteuer für fünf Minuten Arbeit zu hoch empfanden und sie mit einer Gegenleistung begründen wollten. So wurden in solchen Fällen Bremsprüfungen auf dem Hof abgehalten. Dabei musste der Proband, nicht der Prüfer, kurz anfahren und dann kräftig in die Eisen steigen. Warum? Siehe oben.

Auch Prüfer mit Fahrerlaubnis prüften die Bremsen nicht mehr wie früher selbst, da die *Umfallgefahr* zu groß war. Ich habe einen Prüfer in einen auf die Abnahme wartenden Pkw rutschen sehen. Entwarnung - außer Blechschaden und wahrscheinlich viel Schreibarbeit wegen des Schadensersatzes war nichts passiert.

Zurück zur Bremsprobe. Gebremst werden musste logischerweise immer mit beiden Bremsen gleichzeitig. Gelang ein schwarzer Strich auf dem Asphalt, war die Bremse ok. Bei nasser Fahrbahn entfiel die Bremsprüfung und galt als bestanden. Wenn ein Fahrer Angst hatte, und sich nicht recht traute, und er deshalb, oder aus anderen Gründen, sanft bremste, war das auch in Ordnung. Die Soll-Bremswege waren großzügig vorgegeben. Solange das Bremsseil, ja, damals wurde die Bremse vorne per Seilzug und hinten über ein Gestänge betätigt, nicht riss, war die Bremsprüfung bestanden. Bei dieser Art der Prüfung waren *Umfaller* und Stürze nichts Seltenes.

Leichtkrafträder

Irgendwann Ende der 1970er entschlossen sich die Verkehrsminister der wichtigsten EU-Länder, die in jedem Mitgliedstaat anderslautende Führerscheinregelung für Jugendliche zu vereinheitlichen, zumindest, was die Fahrzeuge anbelangte. Die Nationen waren Deutschland, Frankreich, Italien und ich glaube Österreich. Heraus kam der kleinste gemeinsame Nenner, das Lkr oder auch 80er genannt.

Als Beispiel für Unmöglichkeiten sei hier aufgeführt:

Deutsche Jugendliche durften mit sechzehn Jahren ein Kleinkraftrad oder Mokick bewegen und eine Person hinten drauf mitnehmen. Viele von denen, die südlich der Donau wohnten, wurden ab Ostern von Südtirol, besonders dem Gardasee angezogen, erste Sonnenstrahlen und so. Also nichts wie hin.

Italiener durften ihre 50er nur mit einer Person bewegen. Das wusste aber kein Deutscher und hätte auch nicht interessiert. Wozu? In ihren Papieren stand Zulassung für zwei Personen.

Irgendwann kam die Polizei in Südtirol darauf, dass man mit diesem Unwissen Geld verdienen konnte. Sie fischten sich die 50er mit Alemannen-Kennzeichen und zwei Personen raus und erklärten ihnen, dass sie absteigen und zahlen sollten. Sie beharrten darauf, dass hier das italienische Recht gelte und das erlaube nicht, dass zwei auf einer 50er fahren. Übrigens, an den gestoppten Deutschen zu zweit vorbeifahrende Italiener wurden nicht angehalten. Ihnen winkte der Polizist in manchen Fällen grüßend nach. Habe ich selbst am Gardasee erlebt.

Eine zweite Geldeinnahmequelle war zu dieser Zeit, Motorradfahrer anzuhalten und die Helme zu kontrollieren. Diese mussten einen Aufnäher am Kinnriemen haben der, ich weiß nicht mehr, welche Norm (Nxxx) auswies. In Deutschland hatten dies zu dieser Zeit nur aus Italien importierte Helme. In Deutschland galt der ECE22-Aufnäher. Diese Abzocke wurde erst beendet nach, ich glaube zwei Jahren, als sich politische Stimmen aus Deutschland und der ADAC massiv dafür eingesetzt hatten.

Doch zurück zu den Leichtkrafträdern.

Es wurde zwar mindestens ein Jahr vor Inkrafttreten darüber gesprochen, doch die technischen Einzelheiten wurden sehr kurzfristig bekannt gegeben. Am 1. April 1980 trat per Gesetz die Regelung in Kraft.

Diese kurze Frist der Detailbekanntgabe geschah auf Drängen der europäischen Zweirad-Industrie, allen voran der deutschen (Hercules, Kreidler, Zündapp). Sie wussten, dass die Japaner ihre in Fernost hunderttausendfach erprobten Modelle so gut wie unverändert auf den europäischen Markt hätten werfen können. Die Europäer hätten mindestens ein, wenn nicht zwei Jahre Entwicklung in neue Motortypen stecken müssen. Bis dahin wäre der Zug definitiv abgefahren gewesen.

Dass die Japaner dessen ungeachtet schneller und mit besseren, aktuelleren Fahrzeugen auf den Markt kommen werden, wurde bei der Entscheidung für den geringen Hubraum ignoriert.

Der ursprünglich vorgesehene und von der Mehrheit gewollte Hubraum von 125 ccm wurde verworfen. Deutschland hatte sich durchgesetzt, wider alle Vernunft. 125er hätten die Vorgaben der niedrigen Drehzahl wesentlich besser erreichen können. Aber nein.

Am 14. Februar 1996, als es nicht mehr galt, die europäische Industrie zu schützen, wurde eingelenkt und das 125er-Leichtkraftrad eingeführt.

Unsinnige Fahrzeugspezifikationen und Verkehrsregelungen gab und gibt es mehrere in Deutschland.

Das Mokick mit 45 km/h Höchstgeschwindigkeit entbehrt jeder Vernunft. Innerhalb von Ortschaften ist meist 50 km/h, teilweise sogar 60 km/h erlaubt. Im Sinne des Verkehrsflusses wäre eine gleiche Geschwindigkeit für alle sinnvoll, denn wie viele Autofahrer bleiben hinter einem Mokick, das vor ihnen mit 45 km/h die Straße versperrt?

Auch drastische Geschwindigkeitsbeschränkungen an gefährlichen Stellen, die nur das Zweirad betreffen, erhöhen eher die Gefahr. Es gibt Strecken an Bergen, da ist für Motorradfahrer eine Begrenzung auf 30 km/h, für Autofahrer auf 60 km/h. Glaubt irgend ein Bürokrat, dass Pkws nicht überholen würden? Abgesehen davon ist dreißig eine Geschwindigkeit, bei der ein Motorrad in Kurven umfällt oder einem während der Fahrt die Räder geklaut werden. War nicht ganz ernstgemeint.

Gewerbeaufsicht

1982 wurde die Behörde tätig. Während eines Kontrolltermins bei uns stellte der Mitarbeiter fest, dass wir ein Fenster in der Werkstatt haben müssten. Er hatte auch gleich die Vorschrift parat. Die Größe des Lichteinlasses müsse mindestens zehn Prozent der Werkstattfläche betragen.

Dies wäre technisch um ein Haar nicht zu bewerkstelligen gewesen. Da wir Platz für das Ersatzteillager gebraucht hatten, war die Werkstatt zwei Meter kürzer als geplant. Sonst? Im ursprünglich vorgesehenen Fall hätte die vorgeschriebene Fensterfläche mehr als die Außenfläche der Wand betragen. Auf diesen Hinweis hatte der gute Mann keine Antwort.

Hätten sie die Arbeit in der Werkstatt untersagt, oder auf einer Verkleinerung bestanden? Dass die einzigen beiden Mechaniker, die in der Werkstatt arbeiteten, dagegen waren, ließ ihn kalt. Kurz darauf flatterte ein Bescheid mit den Auflagen ins Haus.

Für die, welche die örtlichen Gegebenheiten nicht kennen oder nicht mehr in Erinnerung haben: Der Raum war vom Vermieter als Lackierkabine für Pkws und Kleintransporter gedacht und dementsprechend bemessen. Der Zugang vom Freien bestand aus zwei hohlen Stahltoren aus Rahmen und Eisenplatten innen und außen.

Während der Saison waren, ausgenommen bei extremem Wetter, die beiden Flügel meist geöffnet. Es wurde auch viel draußen gearbeitet. Die Mechaniker hatten also genug frische Luft und Licht. Im Winter war die Werkstatt nicht in Betrieb. Und wenn, dann arbeitete nur Rupert darin. In dieser Zeit wollte er so abgeschottet wie möglich agieren. Konstruktion und Umbauarbeiten der KVVs und RVs seien als Hinweis[1] genannt.

Das Ergebnis war, dass Rupert aus den beiden oberen Hälften der Tore die Platten herausschnitt und eine Fensterscheibe einsetzte. Um ungestört arbeiten zu können, fertigte er aus den ausgeschnittenen Teilen eine klappbare Abdeckung, die mit einem Handgriff die Fenster verdeckte.

Diese Lösung war für die Gewerbeaufsicht in Ordnung. Es wurde zwar bei geschlossenen Toren immer noch ohne Außenlicht gearbeitet, aber die Pragraphen hatten ihren Frieden. Auch, dass die vorgeschriebene Fläche nicht erreicht wurde, war ok.

Im Lauf der nächsten fünfundzwanzig Jahre waren nach meinem Wissen die Abdeckungen keine zehn Prozent der Arbeitszeit heruntergeklappt, zum Fensterputzen. Späßle gmacht. Ein Grund war, weil die Kunden zu fast jeder Tages- und Nachtzeit vorbeischauten. Bei geschlossenen Fenstern konnten sie während der Mittagszeit nicht dazwischenfunken, da sie nicht wussten, ob sich jemand dahinter aufhielt. Das war die produktivste Werkstattzeit.

Übrigens: Als ich den Herrn von der Gewerbeaufsicht fragte, wie das bei Fotolaboren aussehe, meinte er, das gelte auch für sie. Er wisse von keiner Ausnahme. Eine Dunkelkammer, in der Filme und Fotos entwickelt wurden, und ein Fenster darin. Sowas konnte nur einer Behörde einfallen. Für die jungen Leser, das war vor der Digitalzeit.

Handwerkskammer

– die Erste

Nun etwas über meine Freunde, oder sollte ich gleich zugeben, dass sie ein rotes Tuch für mich waren. Am Anfang hatte ich gedacht, dass die Handwerkskammern im Interesse und als Partner der Betriebe fungierten. Ich hatte aber zeitlebens das Gefühl,

[1] Der RV90/RV80- und KVV-Deal – 1981 auf Seite 48

dass sie Pragraphenreiter waren, deren Hauptzweck darin bestand, um sich selbst zu kreisen. Nicht nur ich war der Überzeugung.

1990, die Trennung von Rupert war vollzogen, BS motor brauchte einen neuen Meister in der Werkstatt. Ohne Papier kein Handwerksbetrieb in Deutschland. Qualifikation spielte eine untergeordnete Rolle.

Ich sage das, weil ich etliche Meister kannte, die zwar fachlich was drauf hatten, aber büromäßig wenig bis nichts. Zur Betriebsführung gehört das Kaufmännische. Sonst war man schnell pleite. Da nützt das beste handwerkliche Geschick wenig.

Viele zeigten unterdimensioniertes Interesse an der Verwaltung ihres Betriebs. Ist verständlich, sie wurden Handwerker, um etwas mit den Händen zu tun. Den Papierkram erledigten die Frauen.

Ist ja alles in Ordnung. Nur diese Meister durften den Nachwuchs ausbilden, der genau an diesen Problemen wieder scheitern wird.

Ich kannte einen *Neu*-Meister (Zimmerer), der nicht in der Lage war, eine Kalkulation und einen Kostenvoranschlag aufzustellen, aber ein Top-Handwerker. Er gab mir die Zahlen und ich konnte meinen Voranschlag selbst erstellen, den er unterschrieb.

Zur allgemeinen Misere trug die Ausbildung zum Meister in der Handwerkskammer bei. In Kursen wurde beigebracht, was viele sowieso schon konnten. Was nicht, war in zeitlich untergeordneten Fächern aufgehoben. Kein Meister, den ich kannte, der sich über die wirtschaftliche Ausbildung lobend ausgesprochen hätte.

Das war die Ausgangssituation. Das Absurde kommt jetzt. Es kristallisierte sich bei der Einstellung unseres neuen Werkstattleiters heraus und hat nichts mit Kaufmännischem zu tun.

Am 4. Januar 1990 schrieb uns die HWK, dass Rupert am 31.12.1989 ausgeschieden sei und wir sofort einen neuen Meister melden müssten. Im Januar war Betriebsurlaub. Bis Ende Februar war die Werkstatt geschlossen. Für was der Aufstand?

Unser Neuer, der zum 1. März anfing, war KFZ-Meister und hatte mit seiner Meister-Prüfung einen Teil abgelegt, der sich *Motorrad* nannte. Dies war im Zeugnis aufgeführt. Als er seine Prüfung 1983 abgelegt hatte, hatte es keinen eigenen Motorrad-Meistertitel gegeben.

Zur Eintragung in die Handwerksrolle musste neben dem Formular eine Kopie des Meisterzeugnisses an die Handwerkskammer in München geschickt werden. Dies geschah Ende Januar per Post.

Vierzehn Tage später wurde moniert, dass sie kein Zeugnis erhalten hätten. (Das Formular, das im gleichen Kuvert war, jedoch schon.) Darauf rief ich in der Handwerkskammer an und fragte, wie dies geschehen konnte. Die Frau am Telefon war unfreundlich. Vielleicht weil wir im Winterschlaf den Betrieb zwei Monate ohne Meister unbeaufsichtigt gelassen hatten? Dass im Januar und Februar tote Hose war, war für sie kein Grund, Vorschriften nicht durchzudrücken. Nach ihrer Ansicht hätte der Betrieb aus der Handwerksrolle ausgetragen und im März wieder neu eingetragen werden müssen.

Wir faxten eine Kopie. Zeitgleich wurde von unserem neuen Angestellten eine per Post nach München geschickt. Nach zwei Wochen wurden wir wieder gemahnt, dass das Zeugnis nicht da sei.

Als ich die Frau darauf aufmerksam machte, dass das Zeugnis in ihrem Haus sein musste, da die Prüfung bei der HWK München, also bei ihnen stattgefunden hatte, somit im Archiv sein müsse, sowie dass das Zeugnis per Post von uns und unserem Meister, sowie seinem Rechtsanwalt per Fax gesandt worden sei, und ich darauf als Antwort bekam, sie habe anderes zu tun, als das Fax im Hause zu suchen, ging mir die Hutschnur hoch.

„Dann sehen wir uns vor Gericht.“ Ich legte auf.

Unser Meister konsultierte seinen Rechtsanwalt, da ihm die HWK zwischenzeitlich mitgeteilt hatte, dass sie das Meisterzeugnis mit dem Teilfach Motorrad als nicht ausreichend für die technische Betriebsleitung erachte.

In München war man noch am Auf-die-Reihe-Kriegen, dass erst zwei Jahre zuvor der Zweirad-Meistertitel geschaffen worden war; solche Meister waren nicht auf dem Markt, da die ersten Prüfungen erst in Gange waren.

Nach ein paar Tagen erhielten wir Post. Der Meister könne nicht als technischer Betriebsleiter eingetragen werden, da wir Fahrräder im Programm hätten. Scheinbar war das Zeugnis aufgetaucht.

Mein erster Gedanke war *HÄ?*

Telefonisch wurde ich aufgeklärt, dass unser Meister zwar Autos, Lkws, Busse und Motorräder reparieren dürfe und dafür den Meistertitel habe, aber nicht für Fahrräder. Ich fragte nach, ob ich es richtig verstanden habe, dass er zwar Bikes mit 100 PS Leistung reparieren dürfe, aber keine Fahrräder.

Ja, da sei so, da Fahrräder nicht zum Berufsbild KFZ-Mechanik, sondern zu dem der Nähmaschinenmechaniker gehörten.

???

Das sei schon immer so gewesen, Achtzehnhundert-Schlag-mich-tot.

Ich kannte keinen Nähmaschinen-Mechanikermeister, der Drahtesel reparierte, noch wusste ich, dass so ein Titel existierte. Ich kannte viele Motorradwerkstätten, die Fahrräder im Sortiment hatten. Später stellte sich heraus, dass keiner von denen einen Nähmaschinen-Meister gemacht oder beschäftigt hatte. Es war Schikane, denn bei niemandem sonst schien dies eine Rolle zu spielen.

Auf die Frage, warum das Berufsbild nicht geändert werde, bekam ich die Antwort, dies sei nicht Sache der Handwerkskammer, sondern dafür sei die Regierung in Bonn[1] zuständig. Auch fühle man sich nicht verantwortlich, auf die Diskrepanz hinzuweisen.

Es gab auch den Mechaniker-Meistertitel. Mit ihm durfte man alles machen, Feinmechanik, Autos, Motorräder, Fahrräder und

---

[1] war damals Bundeshauptstadt

was weiß ich noch. Bei diesem Titel war allgemeines Mechanikwissen Grundlage. Fachwissen in den einzelnen Unterteilungen wurde nicht verlangt. Sicher hätte kaum ein Meister die leitende Verantwortung übernommen in Sparten, die er nicht verstand. Das war jedoch seine Entscheidung. Rechtlich hatte er das Papier. Aber ein Automechaniker durfte keine Fahrräder reparieren.

Bei der HWK waren sie nicht in der Lage, die richtige Namen in ihren Schreiben einzusetzen. Mehrmals wurden inkonsequent Vornamen vertauscht. Auch wurden aus Familiennamen Vornamen und umgekehrt. Aber darauf bestehen, dass wir eine Ausnahmegenehmigung bei der Regierung von Oberbayern beibringen mussten.

Für die Bewilligung vom 4.10. berappten wir schlappe 400 DM. Nach mehr als einem halben Jahr konnte der technische Betriebsleiter endlich in die Handwerksrolle eingetragen werden.

Für was die HWK eine Meisterprüfung im Fach Motorrad angeboten hatte, von der Meister nur eingeschränkt profitierten, bleibt für mich bis heute im Dunkeln. Geldmaschine.

Von der Nähmaschinen-Fahrrad-Problematik wusste niemand, wirklich kein Meister, niemand. Dies war über die Jahre nie Thema gewesen. Nur bei uns?

– die Zweite

Tom war unser zweiter Meister nach Rupert. Es war im Jahr 1992. Die Meisterprüfung hatte Tom als Mechanikermeister abgelegt. Er durfte Motorräder und Fahrräder ohne Ausnahmegenehmigung reparieren. Spaßeshalber legte er mir sein zweites Zeugnis als Flugzeug-Mechanikermeister vor. Meine Antwort war: „Ich hoffe nur, dass keines unserer Kundenfahrzeuge nach seiner Reparatur abhebt."

Tom war ein äußerst beliebter und akribisch arbeitender Mitarbeiter. Wenn er wirklich mal nicht weiter wusste, fragte er. Herumbasteln gab es für ihn nicht. Alles musste Hand und Fuß haben. Der Flugzeugmechaniker blitze immer durch.

Ich hatte ihm die Misere mit der Handwerkskammer und seinem Vorgänger erzählt. Wir waren uns einig, dass wir die Leute in München auflaufen lassen. Ihre eigenen Vorschriften sollten sie beschäftigen. Die HWK bot den Anlass.

Anfang Februar reichten wir die Formulare, das Meisterzeugnis, sowie eine Bestätigung ein, dass er ungekündigt, vollzeitlich und ausschließlich bei BS motor beschäftigt sei, von ihm und mir unterschrieben. Zusätzlich wurde darauf bestätigt, dass er übertariflich verdiene.

Prompt bekamen wir ein Schreiben der HWK mit der Aufforderung, einen Arbeitsvertrag nachzureichen. In diesem Schreiben stand unter anderem, wenn kein schriftlicher Arbeitsvertrag vorhanden sei, reiche die Nennung des Gehalts.

Tom und ich waren uns einig, dass sein Gehalt die Handwerkskammer nichts angehe. Zur Beurteilung müsste *übertariflich* ausreichend sein. Wenn sie nicht wussten, wie der Tarif war, könnten sie in ihren eigenen Unterlagen nachsehen.

Trotz zweier weiterer Aufforderungen bis April, eine Kopie des Arbeitsvertrags zu senden, blieben wir standhaft. Sie bekamen wiederholt den Hinweis *übertariflich.*

Ich wusste, wie die HWK reagieren werde, dass sie nicht klein beigeben würden.

Im Februar hatten wir von ihnen einen Bußgeldbescheid über 30 DM bekommen, da wir das Ausscheiden vom letzten Meister[1] nicht fristgerecht gemeldet hätten. Er hatte gegenüber der HWK behauptet, dass er Mitte November ausgeschieden sei. Als ich der HWK mitteilte, dass er bis zum Jahresende Lohn bezogen hatte, interessierte das nicht. Hätte ich bei jedem Urlaub des leitenden Meisters den Betrieb aus der Handwerksrolle austragen lassen sollen? Im Dezember, Januar und Februar war in einem Motorradgeschäft nichts los in der Werkstatt. Der Fehler lag wahrscheinlich in den Pragraphen, die diese Möglichkeit nicht explizit beinhalteten.

---

[1] der vom Arbeitsgericht, Seite 182

Wir hatten gegen den Bescheid Einspruch erhoben und eine offizielle Beschwerde über die Handwerkskammer bei der Regierung von Oberbayern eingereicht, wovon die HWK Kenntnis hatte.

Mit Schreiben vom 2.4. erhielten wir eine Antwort vom Staatsministerium, das der HWK zwar grundsätzlich recht gab, dass aber die Vorgehensweise und den Ton dort als nicht optimal darstellte.

Eine Woche darauf erhielten wir von der HWK eine erneute Aufforderung, Papiere einzureichen, die bereits sechs und teilweise mehr als acht Wochen vorher eingereicht worden waren. Wieder wurden die Bestätigung und die Kopie der Anmeldung bei der Krankenkasse per Fax gesandt. Wir wollten uns nichts nachsagen lassen.

Dann war bis 18.8. Ruhe. An diesem Tag bekamen wir vom Landratsamt Bad Tölz einen Anhörungsbogen. Die HWK habe ein Bußgeldverfahren gegen uns beantragt, da wir uns weigerten, Unterlagen abzugeben. Ich griff zum Telefon und erklärte dem Herrn den Sachverhalt.

Er glaubte auch, dass die Aussage *übertariflich* reichen müsste. Ich solle den Anhörungsbogen ausfüllen und zurückschicken.

Am 17.9. bekam ich wieder ein Schreiben vom Landratsamt, dass die HWK inzwischen bestätigt habe, dass es sich wirklich nur um den Arbeitsvertrag handle und die anderen Unterlagen alle eingereicht worden seien. Da wurde mir erst bewusst, dass sie bei ihrem Antrag schon, sagen wir mal, ungenau waren.

Am Telefon empfahl mir der Herr, dass ich schriftlich bestätigen solle, dass ich keinen Arbeitsvertrag herausrücken werde. Er verstand meine Haltung und sagte auf meine Nachfrage, dass er einen Bußgeldbescheid ausstellen müsse, ich mir aber keine Sorgen machen solle. Ich solle Einspruch erheben. Dann ginge das vor Gericht. Er glaube nicht, dass der Richter der Handwerkskammer recht geben werde. Zudem werde er nichts Negatives über mich in seiner Stellungnahme für das Gericht hineinschreiben.

So kam es dann auch. Das Gericht teilte auf einem eine Seite umfassenden Urteil mit, dass die Klage auf Kosten der Staatskasse abgewiesen sei.

– die Dritte

gibt es nicht. Ich weiß nicht, was nach dem Urteil in der Handwerkskammer los war. Ich kann mich nicht erinnern, dass Tom als Betriebsleiter eingetragen wurde.

Da ich die Faxen dick hatte, hörten wir zum 31. Dezember mit der Werkstatt auf und meldeten den Betrieb bei der Handwerkskammer ab. Er lief ab da nur noch bei der Industrie und Handelskammer. Mit denen kann ich mich an keinen Ärger erinnern. Auch wenn ich ein Gegner des Systems war, sie waren korrekt.

Aus Rache oder aus Dummheit bekam ich im Februar noch einmal einen Gebührenbescheid für das Jahr 1993 von der HWK. Per Fax lehnte ich dankend ab und habe seitdem nie mehr etwas gehört. Gott sei es getrommelt und gepfiffen.

Gerüchte, Wahres oder auch nicht

Die Sportskanone für den Scharfschützen

Das Inserat, das es in sich hatte und bei dem man sah, dass Teile der Medien ein eigenes Verständnis für Wahrheit und Objektivität hatten.

Diese Werbeaussage habe ich, ehrlich gesagt, vergessen gehabt. Sie tauchte beim Durchforsten meiner Unterlagen auf und steht hier nicht wegen Sensationsmache. Nein, sie zeigt, welch aufgeheizte Stimmung herrschte.

In der Ausgabe der Zeitschrift Motorrad vom 20. April 1977 erschien das doppelseitige Inserat, in dem das Flaggschiff der neu auf den Markt gekommenen Vier-Takt-Suzukis beworben wurde. Suzuki hatte bis dahin nur Zweiakter von der RV50 bis zur GT750, auch als Wasserbüffel bekannt.

Die GS750, vorerst mit Speichenrädern, war der erste Reihen-Vier-Zylinder aus diesem Hause. Auch Yamaha und Kawasaki wechselte zu der Zeit die Taktart. Jeder versuchte, den anderen zu übertrumpfen, sowohl was technische Angaben als auch die Wortwahl bei Inseraten betraf.

Die Wörter Sportskanone und Scharfschütze waren im allgemeinen Sprachgebrauch zu finden. Scharfschützen nicht nur bei den Schützen mit Gewehren, auch Eishockey-Spieler mit einem besonders harten Schlag wurden so genannt. Soviel zum Inserat.

Der Vorlauf[1] für ganzseitige, farbige Anzeigen betrug circa sechs Wochen. Die Schaltung war für die erste Märzdekade terminiert. Aus heutiger Sicht ist zu beachten, dass alles mit Hand gemacht wurde. Graphik und Layout waren nicht unbedingt am selben Ort wie Redaktion oder Druckerei. Von Inseraten wurden Filme für den Druck gemacht, Texte wurden teilweise noch gesetzt. Und alles musste ohne Internet von Ort zu Ort gebracht werden, mit

---

[1] Zeit von der Auftragsannahme bis zum Erscheinen des Druckerzeugnisses

Boten oder Post. Es war nicht nur ein Tastendruck am Computer, um Änderungen in die Druckerei zu schicken.

Doch nun zum Dramatischen:

Am 7. April 1977 wurde Siegfried Buback, Generalbundesanwalt, von der RAF ermordet. Die Täter benutzen genau so eine Suzuki GS750.

Der Werbe-Supergau war perfekt, fiel anfangs scheinbar niemandem auf. Ich erinnere mich nicht, ob in den ersten Meldungen die GS750 erwähnt worden war, gehe aber davon aus, dass selbst wenn, keiner an das Inserat gedacht hatte. Der Mord und die Täter standen für alle, Reporter und das Volk, im Fokus. Unwichtige Fakten wie Modell der Tatwaffe oder beteiligte Fahrzeuge des Täters oder Opfers wurden eventuell erwähnt, interessierten die Masse aber nicht.

Am 20. April erschien die *Motorrad*-Ausgabe. Kurz darauf gab es bei manchen Journalisten einen Aufschrei. Im Brief, den der damalige SD-Chef Otto de Crignis an die Händler verschickte und anschließend im nächstmöglichen *Motorrad* ganzseitig veröffentlichte, entschuldigte er sich für das Missgeschick. Hier ein Auszug:

> *.... Dieser zutiefst bedauerliche Zufall rief Journalisten auf den Plan, die einen Zusammenhang witterten. Als Erstes recherchierte "Monitor", dann auch das ZDF. Beide respektierten das Recht des Bürgers auf saubere, d.h. richtige und vollständige Information. Beide Redaktionen erkannten die ursächlichen Zusammenhänge und verzichteten auf einen Bericht.*
>
> *Nicht so "Report". Der Moderator, Dr. Franz Alt, fragte niemanden. Er präsentierte in seiner Fernsehsendung vom 2. Mai Millionen Zuschauern die sensationelle Geschichte: Suzuki Deutschland schlachtet den Mord kommerziell zu Werbezwecken aus und schlägt aus dem Anschlag Kapital! ....*

Das Wort Negativ-Werbung gab es damals, auch wurde derartige Werbung geschaltet. In diesem Fall war es aber unangebracht.

Einen Zusammenhang zwischen Tat und Inserat herzustellen war absurd. Dies wurde dem Moderator im Volk schwer angekreidet.

Sicher hätte man das Heft mit geändertem Text herausbringen können, mit immensen Kosten und der Inkaufnahme einer verzögerten Auslieferung, oder das Inserat ganz entfernen. Dass jemand einen Zusammenhang herstellen könne, an so etwas dachte sicher niemand.

Aber man sollte auch die Fragen stellen:

Wäre es überhaupt groß aufgefallen, wenn es nicht im Fernsehen und dann in der weiteren Presse aufgebauscht worden wäre? Hätte ein Folgeinserat mit einer Erklärung, wie sie in erweiterter Form später stattfand, nicht mehr Nutzen gehabt? *Das Motorrad* wurde von Insidern gelesen. Alles wäre in diesem Rahmen geblieben. Nicht Suzuki, Monitor wollte sich profilieren.

Hätte der Moderator bei verzögerter Auslieferung der Zeitschrift und der Bekanntgabe des Grundes nicht denselben Zusammenhang hergestellt?

So hatte die Sendung im Endeffekt Suzuki einen Gefallen getan, denn es sprachen darüber und das Motorrad mehr Personen, die nie einem Zusammenhang hergestellt hätten.

Dass dies eingefädelt war, egal von welcher Seite? Ein Schelm, der sowas denkt.

Kaufen Sie etwa die schnellste Maschine ...

um rechtzeitig zur Vorstellung des Nachfolgemodells zu kommen?

Ganzseitige Inserate mit diesem Titel wurden 1978 von BMW geschaltet, da die Japaner jedes Jahr viele neue Modelle auf den Markt geworfen hatten. Die Kunden ließen sich beeindrucken und machten das Spiel mit. Wer es sich leisten konnte, kaufte jährlich das aktuellste Fahrzeug.

Deshalb drohte BMW weiter ins Hintertreffen zu geraten, denn sie hatten weder das Geld noch die Kapazitäten, um in kurzer

Zeit eine Vielfalt zu kreieren. 1978 war harmlos gegen das, was die nächsten Jahre in dieser Richtung passieren sollte.

Suzuki Rahmen aus Serie

1979 oder 1980. Bei einem Rahmenschaden (Delle, leicht verzogen, usw.) wurden in Deutschland Rahmen erneuert. Sie wurden als Ersatzteile gebraucht.

Das Suzuki-Werk in Japan verstand ein derartiges Ansinnen nicht. *Wenn der Rahmen kaputt ist, ist das Motorrad Schrott.* Erst nach vielen Verhandlungen zwischen Hersteller und Importeur gelang es, in Deutschland welche zu bekommen. Das konnte nur bewerkstelligt werden, weil aus der Produktion Rahmen genommen und um diese Stückzahl weniger Fahrzeuge zusammengebaut wurden.

Versenkung im Meer

Es mag 1980 gewesen sein, da ging in Insiderkreisen ein unbestätigtes Gerücht um. Das Suzuki-Werk habe seinen unverkäuflichen oder nur mit vermeintlich großem Aufwand absetzbaren Bestand an Motorrädern auf ein Schiff geladen und in den Pazifik gekippt. Gemunkelt wurde auch, dass darunter etliche alte Fahrzeuge gewesen seien.

Glassicherung

Ich schwöre, ich habe es mit eigenen Augen gesehen. Eines Tages kam Rupert aus der Werkstatt und sagte, das solle ich mir ansehen. Was ich davon halte. Er hatte eine Glassicherung aus einer TS50ER in der Hand.

Der Kunde hatte das Fahrzeug gebracht, weil die Elektrik ausgefallen war. Kein Problem, die Sicherung. Rupert hatte sie ausgebaut und kontrolliert. Optisch war kein Schaden zu erkennen gewesen. Auch das Prüfgerät hatte gesagt: Ok. Rupert hatte sie wieder eingebaut. Nichts war gegangen.

Er hatte sie wieder herausgenommen, noch einmal angesehen und wieder hineingesteckt. Elektrik hatte funktioniert. Das hatte ihm keine Ruhe gelassen. Warum ging sie mal und mal nicht. Irgendwann hatte er bemerkt, was der Grund gewesen war. Er holte mich aus dem Büro.

Er steckte die Sicherung in die Halterung. Nichts ging, keine Kontrolllampen, nichts. Eine optische Überprüfung der Sicherung auch meinerseits ließ keinen Schaden erkennen.

Rupert grinste, nahm die Sicherung und verankerte sie um einhundertachtzig Grad gedreht wieder im Mokick. Die Kontrollleuchten gingen, alles funktionierte. Er wiederholte den Einbau mehrmals und drehte den Übeltäter jedes Mal. Ging, ging nicht, ging ...

Auch in einem anderen Fahrzeug war der gleiche Wirkung zu beobachten.

Lange lag die Sicherung in der Werkstatt im Regal, bis sie nach Jahren irgendwann verschwunden war. Wir führten den Effekt im Lauf der Zeit mehreren Kunden vor. Keiner konnte das Phänomen erklären. Wenn es heute ..., der möge sprechen, ansonsten für immer ...

Anhang und Trockenes

KVV

Techn. Daten KVV MC50 Junior, Profi und GS50/80

Folgendes gilt für Serienfahrzeuge aus der Produktion von Kreidler-Van Veen in Duderstadt. Bei der Erstauslieferung vom Händler an Kunden gab es Variationen. Umbauten wie 12/14 PS (GS50), 6-Gang oder 6-Scheibenkupplung, Wasserkühlung haben teilweise andere Daten.

KVV Maße und Gewichte

Maße und Gewichte	MC50	GS50	GS80
	MC-Profi		
Länge	1.990 mm	2.060 mm	
Breite (Lenkerbreite)	840 mm	760 mm	
Höhe	1.120 mm		
Radstand	1.355 mm		
Bodenfreiheit	300 mm	255 mm	
Sitzhöhe	900 mm	850 mm	
Gewicht	66 kg	72 kg	73 kg

KVV Motor

Motor:	**MC50**	**GS50**	**GS80**
	1 Zylinder – 2 Takt - luftgekühlt		
Hersteller	Kreidler Werke, Kornwestheim		Kreidler W./ BS motor
Leistung bei U/min	12 PS/8,8kW bei 13.000	8 PS/5,85kW bei 10.000	7,1 PS/5,25kW bei 6.000
Zylinder	Nikasil		Gussbuchse
Hubraum	49,9 ccm		77,7 ccm
Bohrung / Hub	40 x 39,7		50,0 x 39,6
Verdichtung	1 : 10		
Schmierung/Gem.	1 : 25		1 : 50
Vergaser, 28 mm Bing Typ 84	Bing Typ 84	Bing Typ 84 *	Bing Typ 84
Zündung	Motoplat-Elektronik kontaktlos		
Zündzeitpunkt	1,2mm v. OT		
Zündkerze	Bosch W275T1		
Getriebe:	Mit Kickstarter		
Hersteller	Kreidler Werke, Kornwestheim		
Anzahl Gänge	5-Gang, klauengeschaltet, Zahnräder in permanentem Eingriff – 6-Gang-Getriebe gegen Aufpreis		
Kupplung	5 Scheiben im Ölbad, Korb verstärkt 6 Scheiben gegen Aufpreis		
Übersetzung:	Prim.: 3,95 (20 : 79), Sekund.: 3,07 (15 : 46)		

* von Duderstadt teilweise mit 21er Bing ausgeliefert

KVV Fahrwerk

Fahrwerk:	MC50	GS50	GS80
	Fahrwerk von MC 50 Profi und GS50/80 gleich		
Hersteller	Kreidler-Van Veen		
Schutzgas-geschweißter Doppelrohr-rahmen	MC 50 Profi und GS50/80: Motor schräg nach vorne oben – Junior: Motor fast horizontal (geknickter Rahmenunterzug)		
Telegabel:	Profi und GS 50/80: Betor, luftunterstützt, Öldruck, 200 mm / 30mm / 160ccm Gabelöl/Holm ----------------------------------- Junior: Ceriani Öldruckgabel (nicht lu) 160 mm (28mm)		
Federbeine hinten:	MC Profi und GS 50/80: Betor-Gasdruckdämpfer mit Ausgleichsbehälter, 195mm, 2-geteilte gelbe Federn --------------------------------- MC Junior: Koni, nicht verstellbar, 210mm, weiße Federn		
Vorderrad	Akront-LM-Felge 1,4 x21 / 2.50-21 Metzeler Enduro-Cross		
.Nabe	Nagesti-Konusnabe		
.Bremse	Trommel 120 mm		
Hinterrad	Akront-LM-Felge 1,6 x18 / 3.00-18 Metzeler Enduro-Cross		
.Nabe	Erst Grimeca-Rechtecknabe, dann Nagesti-Konusnabe, GS überwiegend Nag.		
.Bremse	Grimeca 116 mm, Nagesti 120 mm		
Tank	5 ltr. Plastik	8,5 ltr. Blech	
Sitzbank	Denfeld 1-Mann	Denfeld 2-Mann	

Verkaufte Fahrzeuge

Insgesamt wurden 360 KVV GS50 in Duderstadt gebaut. Davon wurden von BS motor ausgeliefert:

Jahr	GS50	GS80	
1979	3	-	2 davon umgebaute MC-Rahmen
1980	6	-	
1981	-	1	
1982	8	44	
1983	2	17*	*davon 1 (BSM)
1984	-	3*	*(BSM)
1985	1	4*	*(BSM)
	20	69	

*) BSM – mit von BS motor gebauten Rahmen.

Von BS motor aus Originalteilen gebaute GS (BSM): 10 Stück.

Von den von BS insgesamt ausgelieferten Fahrzeugen gingen 18 an Händler, der Rest wurde an Endkunden verkauft.

Die Kreidler-Van Veen GS unterschied sich optisch von der MC in erster Linie durch die Lampe, Kotflügel und das längere Rahmenheck. Letztes war für die 2-Mann-Sitzbank notwendig. Des Weiteren waren der Luftfilter und der Auspuff anders.

Die Rahmennummern unterschieden sich:

MC-Version: 102 … …

GS-Version: 103 000 …

BSM: TP …

Über die Anzahl der gebauten MCs habe ich leider keine Angaben in Erfahrung bringen können. Von mir geschätzt dürfte die Zahl bei 500 – 700 Fahrzeugen gelegen haben. Diese Zahlen geisterten damals herum.

Bis Ende 1978 wurde die MC mit fast liegendem Motor (typisch Kreidler) gebaut. Um mehr Bodenfreiheit zu erreichen und mehr Stabilität im Rahmen zu erhalten, wurde ab diesem Zeitpunkt die MC Profi mit geraden Rahmenunterzügen gebaut. Dadurch kam das Aggregat schräg nach vorne oben zum Einbau. Der Rahmen der MC Profi war bis auf das längere Rahmenheck mit dem der GS identisch. Das Modell mit dem horizontal eingebauten Motor wurde in „Junior“ umbenannt.

Bei dieser Modellpflege wurden die Ceriani-Gabel durch eine luftunterstützte Betor-Gabel, sowie die hinteren Koni-Federbeine durch 3-fach verstellbare mit zweigeteilter Feder ersetzt. Die Federn der Junior waren durchgehend und weiß, die der MC Profi und der GS gelb lackiert.

Die Federbeine, wie sie im Originalprospekt der GS50 abgebildet sind, waren in der Serie bei Auslieferung ersetzt. Insofern stimmte das Bild nicht mit den Fakten überein.

Suzuki

Abkürzungen im Buch:

SD – Suzuki Motor Handels GmbH Deutschland (München, Schleißheim, Heppenheim)

Suz – Suzuki Motor GmbH Deutschland, Heppenheim

Baujahr- und Modell-System

Gegen Ende der 70er zeigten sich Überhitzungserscheinungen am Motorradmarkt in Deutschland. Die vier Japaner, Honda, Yamaha, Suzuki und Kawasaki waren, was verkaufte Stückzahlen anbelangte, in dieser Reihenfolge die Erfolgreichsten.

Mit Einführung der Suzuki-Viertakt-Modelle 1978 verwiesen sie Kawasaki langsam aber sicher dauerhaft auf den vierten Platz. BMW, Italiener, Engländer und Amerikaner spielten keine nennenswerten Rollen mehr.

Zu dieser Zeit gingen Kunden davon aus, dass Modelljahr und Baujahr identisch waren. Das hatte einen Sinn ergeben, als noch nicht jedes Jahr neue Modelle, Variationen und Farben angepriesen worden waren. Ein Fahrzeug, das fünf oder zehn Jahre nahezu unverändert gebaut wurde, unterschied man eben nach Bau-(=Produktions-)Jahren. Dies war die Denkweise der Europäer, Produzenten wie Kunden.

Die Japaner dachten anders. Ihr Produktionsjahr begann im September. Und sie rechneten in höheren Stückzahlen und weltweit.

Wegen der Konkurrenz der vier untereinander musste laufend eine technische Neuerung her. Gab es gerade keine, veränderte man die Optik des Fahrzeugs. Dem Kunden wurde beigebracht, dass es nichts Schlimmeres gebe, als ein Vorjahresfahrzeug zu fahren. Nur mit einem noch älteren zu toppen.

Auf diese Kurzlebigkeit war die Produktion und Werbung ausgelegt. Ein Beispiel für die Denkweise eines Herstellers gefällig?

Ein befreundeter Honda-Händler erzählte am Tag, nachdem er von der Händlertagung (1980?) heimgekommen war, dass Honda zum Problem Rost und mangelnde Qualität als Antwort gegeben habe: *Die Fahrzeuge sind so konzipiert, dass sie zwei Jahre halten, und das tun sie.* Dann sollten die Kunden neue Motorräder kaufen. Das Werk lebe vom Verkauf und nicht von den Reparaturen.

So konnte man als Primus bestehen? Doch zurück zu den Baujahren und Modellen.

Ab 1978 nahm der Wettlauf unter den Japanern an Fahrt auf. Der Hersteller, der als erster die Modelle des Folgejahres auf dem Markt warf, hatte beim Verkauf die Nase vorn. So wurde aus Dezember, November, dann Oktober usw. Die Kunden machten die Spielchen mit.

Das artete im Laufe der Zeit aus, dass der Kunde im Spätsommer die Modelle des nächsten Jahres kaufen und fahren konnte. Das ließ die Baujahresbezeichnung unsinnig werden. Irgendwann hätte auf diese Weise ein Baujahr übersprungen werden müssen.

SD legte Wert auf einen Markt, der sich durch Preiskämpfe nicht selbst ausrottete. Mit einem Minus in der Kasse konnte man nicht überleben. Das Prinzip *jeder gegen jeden* wurde möglichst unterbunden, mit Gesprächen oder auch mal durch Steuerung der Belieferung an den Händler.

Im August waren in Japan Werksferien. In diesem Monat wurde nicht produziert. Ab September wurden Fahrzeuge auf Band gelegt, die bis zum nächsten August geliefert werden sollten. Das Produktionsjahr begann im neunten Monat und endete im Juli des darauffolgenden Kalenderjahres. Diese Tatsache wurde nicht publik gemacht und war den Kunden in Europa kaum bewusst. Es fiel nicht auf, da die neuen Modelle erst im Frühjahr zu uns in den Handel kamen.

Bei Suzuki Japan wurde in der Regel nach Größe und Importanz der Märkte auf Band gelegt. Wichtigster und größter Auslandsmarkt waren die USA. Sie kamen zuerst dran, gefolgt von Japan und dem ostasiatischen Raum, dann als herausragender Europäer Deutschland. Da auf jedem Teilmarkt eigene Vorschriften und

Wünsche zu beachten waren, resultierten unterschiedliche Produktionszyklen daraus.

Gemäß dem Schema war die Fahrzeugproduktion für Europa jeweils im Winter an der Reihe. Rechnet man nach Verlassen des Bandes eine circa sechswöchige Schiffsreise für den Transport nach Deutschland und Zollformalitäten, sowie die innerdeutsche Transportzeit zu den Händlern hinzu, erklärt sich, warum es auch mal bis Mai dauern konnte, bis die Fahrzeuge im Laden standen.

Ausstellungsfahrzeuge gab es auch nicht früher. Teilweise bestellten Kunden Fahrzeuge, die sie nur auf einem Prospekt gesehen hatten. Dies war keine Dauerlösung.

Bei Suzuki wurden die *Produktionsjahre* durch einen Buchstaben[1] gekennzeichnet. Er trat intern im Werk und in der Kommunikation mit den Importeuren und Händlern in Erscheinung. Kunden bekamen ihn bestenfalls im Garantieheft und auf der Kaufrechnung zu Gesicht. In der Ersatzteilversorgung spielte er eine große Rolle, um Teile dem richtigen Modell zuordnen zu können.

Kunden und die Werbung orientierten sich bei der Bezeichnung eines Motorrads am Kalenderjahr. Verwirrungen waren vorhersehbar.

Zurück zur Wettbewerbssituation in Deutschland. Die Gier des Kunden nach dem Neuesten und der Ehrgeiz der Importeure, Primus zu sein, war der Grund für den Wettlauf. Erster beim Ausliefern zu sein, war neben den höchsten Zulassungszahlen die Vorgabe aus Japan.

Bis 1978 war es üblich, dass die neue Modellpalette in Deutschland gegen März/April auf dem Markt ankam, mit eventuell ein paar Nachzüglern. Suzuki und Kawasaki waren in dieser Beziehung langsamer als Honda und Yamaha.

Der Nachteil wurde bei SD erkannt. Man wollte gleich ziehen oder besser werden. Das war aber nicht so leicht. Im Hause Suzuki mussten Kontingente in Japan bis zu zwei Jahre vorbestellt werden. Danach war nur noch eine Änderung der jewei-

---

1 Modell-Jahre auf Seite 221

ligen Modelle partiell möglich. Mal kurzfristig Fahrzeuge bekommen, ging nicht. Abweichungen waren meist nur erfolgreich, wenn ein Land auf seine *Produktionszeit* verzichtete.

Die anderen drei Marken waren in puncto Änderungen und Verschiebungen wesentlich flexibler. Honda, Yamaha (Mitsui) und Kawasaki unterhielten in Deutschland Niederlassungen ihrer japanischen Konzerne mit entsprechendem Einfluss und Gehör in Fernost. SD war ein privater Importeur, also ein Kunde, wie jeder andere auf der Welt.

1978 war der Großteil der Suzuki-Fahrzeuge erst im Sommer lieferbar, als das Hauptgeschäft schon gelaufen war. Dies sollte sich nicht wiederholen. Das rasante Wachstum des Motorradmarktes weltweit musste von den Werken verkraftet werden. Es war schwer, alle Seiten zufrieden zu stellen.

Für 1979 wäre, nach bisheriger Erfahrung nicht viel zu erwarten gewesen. Jedoch Honda und Yamaha lieferten einzelne Modelle für Ausstellungszwecke im Winter 1978 vorab an den Handel. Kawasaki und Suzuki schliefen noch.

Als sich ein erfolgreicher Vorverkauf an die Kundschaft herumsprach, wachte auch Suzuki in Japan auf. SD hatte es kurzfristig geschafft, ihnen klar zu machen, dass ein Erfolg auf dem größten europäischen Markt nur gelinge, wenn die Fahrzeuge rechtzeitig, sprich eher geliefert werden. Von Kawasaki wollte man nicht überholt werden. Schließlich habe man das umfangreichere und bessere Programm.

War die Intervention auf fruchtbaren Boden gefallen? Jedenfalls stand zum Saisonbeginn 1979 wenigstens ein erster Schwung Fahrzeuge in den Läden.

Modell-Jahre

Produktion zwischen September des Vorjahres und Juli des Jahres.

1973	K	1974	L	1975	M
1976	A	1977	B	1978	C
1979	N	1980	T	1981	X
1982	Z	1983	D	1984	E
1985	F	1986	G	1987	H
1988	J	1989	K	1990	L
1991	M	1992	N	1993	P
1994	R	1995	S	1996	T

Modell-(Verkaufs-)Bezeichnungen

Diese setzen sich aus der Fahrzeug-Typenbezeichnung und dem angehängten Jahresbuchstaben zusammen. Das anfangs überschaubare System wurde gegen Ende der 70er um ein paar Ungereimtheiten ergänzt, die von SD nicht erklärt werden konnten.

Warum hieß die erste Vier-Takt-Enduro *SP* (nur diese), die darauffolgenden *DR*? Alles Ein-Zylinder.

Warum wurde aus dem *B* im Sondermodell GS400E**B**N (Black Suzi) ein *G* bei der GSX250E**G**T (Black Hawk) und GSX750E**G**T (Silver Suzi)? Insbesondere, da das *G* nach dem Hubraumteil seit 1978 gleichzeitig für die Kardanmodelle GS850G, GS1000G und GS1100G verwendet wurde.

Zu den Zeiten, als das Gussrad das Speichenrad ablöste (Anfang der 80er Jahre) und beide Versionen angeboten wurden, erkannte man Gussrad-Modelle an einem eingeschobenen *E*.

Beispiel: GS400EN – eine GS400 mit Gussrädern, Modelljahr *N* (1979)

GS400N – das gleiche Fahrzeug mit Speichenrädern.

Ab den *R*-Modellen fiel dieses *E* weg.

Das *E* entfiel auch, wenn es an dieser Stelle eine wichtigere Bezeichnung gab, z. B. *G* für Kardan. Es hieß dann nicht GS1000EGT, sondern GS1000GT – *G* für Kardan, *T* für 1981. Ein paar Kunden erklärten wir, das *G* komme von einem Rechtschreibfehler bei Suzuki (Gardan). Richtig ist wahrscheinlich die Ableitung vom englischen *gimbal* (Kardan).

Das 'X' in den Verkaufsbezeichnungen (GSX - GS) stand für den 4-Ventil-Motor. GS400: Zweiventiler - GSX: Vierventiler.

Intern wurde an diese Bezeichnung der *Jahres*buchstabe angehängt. Z. B. GSX400EX bezeichnete eine GS400 mit 4-Ventil-Motor, Gussräder, Modell *X* (1981).

Grund-Typen:

GS sind 4-Takt-Modelle (2-Ventiler)

GSX sind 4-Takt-Modell (4-Ventiler)

GSX-R sind die Supersportler mit Alurahmen (4-Ventiler)

GT, **GP** und **RG(V)** sind 2-Takt-Modelle (Luft- und Wasserkühlung)

RB50 war ein Pocket-Bike mit Vollverkleidung

RE mit Wankel-Motor

RM Motocross-Modell

RV sind die mit den dicken Reifen (RV50-125) (2-Takt-Motor)

TS sind Enduro-Modelle mit 2-Takt-Motoren

SP und **DR** sind Enduro mit 4-Takt-Motoren

VS sind 4-Takt-Modelle mit V-Motoren

X sind 2-Takt-Modelle

XN85 4-Takt, 650er mit Turbo (Warum aus der GS650 Turbo von 1981 eine XN85 wurde, konnte auch damals keiner plausibel erklären. Der Hubraum war angeblich unverändert geblieben.)

Sondermodelle

Mit den Sondermodellen *Black Suzi* (GS400, 1979) und *Red Suzi* (GS550), sowie der *Black Hawk* (GSX250, 1981) hatte sich SD die aufstrebenden Parallel-Importeure (Graue) vom Leibe halten können. In der Anzahl auf fünfhundert Stück je Typ limitiert, gab es sie ausschließlich über den offiziellen Importeur. Somit schwankte der Preis für die Fahrzeuge nur, wenn Händler ausscherten. Bei knapper Anzahl war dazu kein Grund vorhanden.

Suzuki Deutschland legte Wert auf einen Markt, der sich durch Preiskämpfe nicht selbst ausrottete. *Mit einem Minus in der Kasse kann man nicht überleben.* Das Prinzip jeder gegen jeden wurde möglichst unterbunden, mit Gesprächen oder auch mal durch Steuerung der Belieferung an den Händler.

Silver Suzi GSX750EGT

Suzuki hatte mit den Sondermodellen gute Erfahrungen gemacht. Aufgrund dieser wurde der bis dahin größte Hubraum in Angriff genommen. Das Ergebnis die Silver Suzi. Das Fahrzeug war technisch identisch mit der *normalen* GSX750ET (E=Gussrad, T=Modell 1980). Das ‘G‘ an vorletzter Stelle stand für die limitierten Auflage.

Größere Marktanteile in Deutschland waren das Ziel. Der Versuch mit den eckigen Scheinwerfern hatte bundesweit desaströse Verkaufsergebnisse in der 750er- und 1100er-Klasse beschert. Mit dem Sondermodell sollte dem Zulassungsnegativtrend entgegengewirkt werden. Sei‘s drum. Die Katanas waren noch nicht da. Die Silver Suzi schon.

Sie hob sich optisch wohltuend ab. Die Unterschiede zur *normalen* GSX750 waren:

	GSX750 EX	GSX750EGT
Rahmen	Schwarz	Rot
Motor	Silber	Schwarz
Felgen	Silber	Weiß
Auspuff	Chrom	Schwarz
Scheinwerfer	Eckig	Rund
Sitzbank	Minimale Stufe	Sozius höher, bei Solo-Fahrer, optisch wie Höcker
Rahmen-Seiten-deckel		nummeriert bis 500
Fahrzeugfarbe	Schwarz, rot, blau	Silber
Listenpreis (incl. 13 % MwSt.) + Überführung	8.690,00 DM 225,00 DM	9.890,00 DM 225,00 DM

„Für 1.200 Mark Aufpreis bekommt er Kunde ein exklusives Fahrzeug." Soweit die Meinung des Importeurs.

In der Praxis goutierte das Volk die Aussage nicht. Einige nahmen die bestellten GSX750EGT ab, mache traten vom Vertrag zurück. Die Preisdifferenz zur normalen GSX750 erschien ihnen zu gravierend. Da die bisherigen Sondermodelle in einer annehmbaren Relation gestanden hatten, dachte niemand an einen solch hohen Preisunterschied. Die Kunden waren sauer. Weitere Verkäufe nach der Bekanntgabe des Preises fanden kaum mehr statt.

Erst 1983, zwei Jahre später, als der Listen-Verkaufspreis um 3.716,00 DM (mehr als 37 %) auf 6.174,00 DM gesenkt worden war, konnte Suzuki die letzten Fahrzeuge an die Händler absetzen. Für diese Kunden wurde das Motorrad zum Schnäppchen.

Zu diesem Modell siehe auch *Kapitel Suzuki GSX750EGT (Silver Suzi) auf Seite 41.*

Fahrgestell-Nummern-Aufbau

Die Fahrzeug-Identnummer setzten sich aus dem Motorradtyp und einer fortlaufenden Nummer zusammen. Der Typ endete mit einem Buchstaben oder einem '-' (Bindestrich). Darauf folgte ohne Leerraum die laufende Fahrgestellnummer (anfangs mit und ohne führende Nullen, später wurden nur noch 6-stellige Zahlen verwandt - größer 100000).

Ein Erkennen des Baujahrs war aus der Nummer nur möglich, wenn man die Daten vom Hersteller hatte – oder mit unserem *Modell-Finder*.

Dieses Programm schrieb ich so um 1990. Mit ihm erhielt man nach der Eingabe der Fahrgestellnummer das passende Fahrzeugmodell mit Kennbuchstaben. Es erleichterte uns die Ersatzteilsuche enorm. So mussten wir nicht in manchmal drei oder mehr Microfiches[1] suchen, welcher der richtige war. Auch für Vespas und Piaggio-Modelle aus der Fiche-Zeit tat es hervorragende Dienste.

Bis 1980 entsprach der Typteil der Fahrgestellnummer überwiegend der Verkaufsbezeichnung. Ab 1982 wurde von dieser Praxis abgewichen. Eine GK53C war im Verkaufsgespräch schlechter zu vermitteln als eine GSX400.

Für den deutschen Markt wurde eine Zeitlang ein 'D' in den Typ-Teil integriert.[2] Beispiel: GK53C-000000 und deutsch GK53CD000000. Das 'D' ersetzte den Bindestrich.

---

[1] Teile-Katalog auf Film, in ca. Postkartengröße, der in ein Lesegerät geschoben wurde. Auf einem Film waren meist sämtliche Teile mit Nummern und Ausnahmen eines oder mehrerer Modelle verzeichnet.

[2] Graue auf Seite 85

Für E24 (Australien) wurde vor die weltweit gängige Bezeichnung ein 'JS1' gesetzt. Dies hatte, so weit ich mich erinnere, damit zu tun, dass bei den Kängurus die Länge der Fahrgestellnummer vorgeschrieben war. Durch den Zusatz erreicht. Haken dahinter.

Ersatzteile

Die Lagerhaltung von Suzuki-Ersatzteilen gestaltete sich in unseren ersten Jahren schwierig. Nicht dass es an der Versorgung gelegen hätte. Die war überwiegend gesichert. Das Problem waren die Ersatzteilnummern nicht nur bei Normteilen. Im Folgenden möchte ich dies anhand von Schrauben veranschaulichen.

Solange das Fahrzeug auf dem Hof oder in der Werkstatt stand, war ein Ersatz kaum ein Problem, Passendes war schnell gefunden. Wenn der Kunde auf dem Original bestand, wurde geordert. Dies war bei optischer Diskrepanz der Fall.

Bestellte der Kunde telefonisch eine Schraube, sah das anders aus. Das Teil wurde im Microfiche herausgesucht. Anhand der Ersatzteilnummern konnten die Maße nicht festgestellt werden.

Suzuki hatte ein für uns anfangs nicht nachvollziehbares Nummernsystem. 1981 bekamen wir eine Aufstellung mit der Nummernlogik. Als wir endlich durchblickten, war dies jedoch keine wirkliche Hilfe, da Maße aus den Nummern nicht abzuleiten waren.

Wir tätigten Bestellungen ein bis zweimal wöchentlich. Damit war die Kundschaft zufrieden.

Es kam vor, dass wir Schrauben für jeden Kunden einzeln bestellen mussten, da wir die Maße nicht kannten. Ergebnis war, dass identische Teile mit unterschiedlichen Ersatzteilnummern in ein und derselben Lieferung eintrudelten, jede Nummer separat verpackt.

Wie konnte es so etwas geben? Auf meine damalige Anfrage bei SD wurde mir erklärt:

In der Konstruktionsabteilung wurde für jedes Teil eine ET-Nummer vergeben. Da es zu aufwendig war, im System nachzusehen, ob es das Teil schon gab, wurde jedem jedes Mal eine neue Nummer zugeteilt. Glücklicherweise schafften es die Konstrukteure, beim selben Fahrzeug selbe zu verwenden. Aus der Angabe von SD ließ sich schließen, dass die in Japan bei jedem Modell Schrauben neu zeichneten und erfanden. Eine M 6x30 mit Sechskantkopf, verzinkt entstand unter neuer Nummer bei jedem Fahrzeugmodell.

Wie sollte man Schrauben einlagern? Nach Größe, was Standard war? Geordnet nach Nummern? In diesen war keine Logik, kein Schema. Es herrschte völliges Durcheinander. Ohne Referenztabellen ging nichts. Listen gab es nicht.

Da das Problem nicht nur bei Normteile auftrat, war eine eigene Lagerhaltung mit dieser Art Ware bei dem Nummernsystem unrentabel. Betroffen waren auch Seilzüge, Bremsklötze, im Prinzip alles.

Ab 1981 setzte sich jemand in Japan hin, die Teile per Umschlüsselungen zusammenzufassen.

In der Folgezeit wurden mehrmals im Jahr Microfiche an die Händler verteilt. Die Häufigkeit der Ergänzungen ließ erahnen, wie umfangreich die Arbeit war. Sie erstreckte sich über mehr als fünf Jahre. Die Arbeit war für den gesamten Weltmarkt zu erledigen.

Passte die gesamte Teilepreisliste auf zwei Fiches, waren es für die Umschlüsselungen erst zwei, dann drei und am Schluss vier. Mitte der 80er-Jahre hatte Suzuki das Problem im Griff. Eine zufriedenstellende Lösung für die Händler kam erst, als sie das Computersystem von Suzuki einsetzten oder ein gleichwertiges – wie BS motor. Die Umschlüsselungen wurden nun automatisch vom Kollegen Bit vorgenommen. Man musste nicht mehr Fiche ins Lesegerät legen und lange suchen, ob es neue Nummern gab und in was umgeschlüsselt wurde.

Wo möglich, griffen Händler auf Zubehörlieferanten zurück. Dort gab es übersichtliche Aufstellungen, welcher Bremsklotz oder Seilzug, in welchem Modell verbaubar war. Suzuki konnte das erst Jahre später.

Mit ihrem Nummernsystem hatte sich Japan einen lukrativen Ertragszweig abgegraben. War dies erkannt worden? Wurden deshalb mit der Zeit bei neuen Modellen identische Nummern für identische Teile fahrzeugübergreifend genutzt?

Nach ein paar Jahren tauchten die Umschlüsselungen in den Preislisten-Fiches auf. Das erleichterte die Bestellungen, hatte aber zur Folge, dass sich das Finden des passenden Fiches noch zeitintensiver gestaltete.

Irgendwann gab es zusätzlich Fiches mit den Ersatzteilnummern und den Modellen, in denen die Teile verbaut waren. 1989 handelte es sich um einen Satz von achtundzwanzig Stück. Man kann sich vorstellen, dass sich der Umgang damit nur auf Einzelfälle erstreckte.

1981 bekamen die Händler von Suzuki ein einseitiges Schreiben, DIN-A 4. Darauf waren die zugehörigen Zahlencodes für alle bis dahin nach Deutschland gelieferten Motorradmodelle verzeichnet. Die Fahrzeugpalette war noch übersichtlich.

Suzuki-Teilenummer bestanden immer aus drei Blöcken, separiert durch einen Bindestrich. Die ersten fünf Stellen bezeichneten das Teil, die nächsten fünf das Modell, in dem es (zuerst/hauptsächlich) verbaut war. Die letzten drei waren meist mit Nullen gefüllt und wurden im mündlichen Umgang meist weggelassen. Sie waren wichtig bei Farbcodes, wie lackierten Teilen oder Aufklebern. Ein schwarzer Fahrzeugrahmen hatte den Code 019.

Die ersten zwei, drei oder vier Stellen im mittleren Zahlenblock wiesen auf die Modellzugehörigkeit hin, in welchem das Ersatzteil hauptsächlich verwendet wurde.

Ein Beispiel anhand der Tachowelle 34910-45112-000:

34910 gibt an, dass das Teil eine Tachowelle ist.

45112 gibt an, dass das Teil in einer GS850G oder einer GS1000G verbaut wird.

000 gibt an, dass es keiner weiteren Unterscheidung bedarf.

Beispiele für Fahrzeug-Codes bei Ersatzteilen:

.....-113..-...	GT250N (X7)
.....-272/276	RV50
.....-273..-...	RV125
.....-31...-...	GT750 (Wasserbüffel)
.....-370..-...	RE5 (Wankel)
.....-44...-...	GS400
.....-4402.-...	GS400EBN (Black Suzi)
.....-45...-...	GS750
.....-49...-...	GS1000

usw.

Hinweis: Im Internet gibt es unter

www.zylinderchen.w-portel.de

die Aufstellung der Modelle.

Sport

Rennergebnisse Winter/Diehl 1980[1]

Datum	Ort	Berg-/Rund-strecke	Platz
22.3.1980	Zotzenbach	B	1.
12./13.4.80	Dünsberg	B	1.
19./20.4.80	Kassel-Calden	R	-
3.5.1980	Frankenwald	B	1.
10./11.5.80	Nürburgring	R	-
17./18.5.80	Giebelstadt	R	2.
30./31.5.80	Wunstorf	R	-
21./22.6.80	Fieberberg	B	2.
28.6.1980	Hockenheim	R	7.
5./6.7.1980	Schottenring	B	3.
12.7.1980	Nürburgring	R	2.
2.8.1980	Hockenheim	R	5.
30./31.8.80	Straubing	R	2.
6.9.1980	Happurg am See	B	2.
14.9.1980	Nürburgring	R	4.
20./21.9.80	Augsburg	R	1.
27./28.9.80	Rhön-Bergrennen	B	-

Gesamtpunkte: 79 bei Bergrennen, 14 mehr als der Zweite.

[1] Winter/Diehl – Die ewigen Gespann-Europa-Berg-Meister auf Seite 167

Punktetabelle für Motorradrennen:

Platz	Punkte
1.	15
2.	12
3.	10
4.	8
5.	6
6.	5
7.	4
8.	3
9.	2
10.	1

Aus der OMK-Ausschreibung für Straßenrennen, Jan. 1980

Teil A: Allgemeine Bestimmungen.

Unter Punkt 3a) Nenngeld stand:

Der Veranstalter kann ein Nenngeld in folgender Höhe erheben:

1) Bergrennen bis zu 80 DM

2) Rundstreckenrennen mit Zuschauerinksasso bis zu 100 DM

3) Rundstreckenrennen ohne Zuschauerinkasso bis zu 130 DM

4) Doppelstart (f. 2. Maschine) bis zu 75 % des entsprechenden Nenngeldes.

Diese Nenngebühren wurden von den B-Lizenzlern in voller Höhe verlangt. Zu den Kosten der Anreise (teilweise 500 km und mehr) kam diese Gebühr. So war man, nur um dabei gewesen zu sein und eventuell noch auszufallen, schnell mal 200 bis 300 DM los. Hockenheim fiel zum Beispiel immer unter Punkt 3.

Nachsatz:

Das Buch mag zu dem Eindruck führen, dass ich die Jahre negativ beurteile. Das wäre der falsche Schluss. Das Positive hat überwogen. Das zu schreiben, hätte aber zu einer reinen Aufzählung geführt und mit Sicherheit keinen interessiert.

Reibungsloses war Standard bei uns. Hätte ich nur dieses notiert, hätte auch nicht alles aus fünfunddreißig Jahren auf die paar Seiten gepasst.

Danke fürs Lesen und *stay tuned*, wie man heute neudeutsch oder englisch sagt. Bis zum dritten Band: *Harz-Biker Oase*

Weitere Bücher der Reihe

Aus dem Zylinderchen geplaudert

Privat

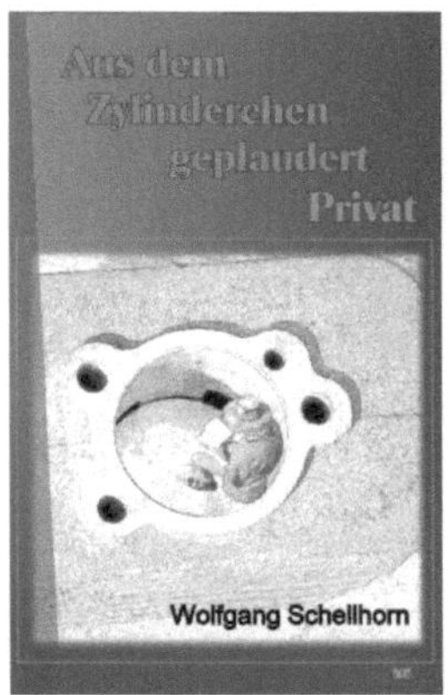

ISBN 978-3-944667-34-8

Harz-Biker-Oase

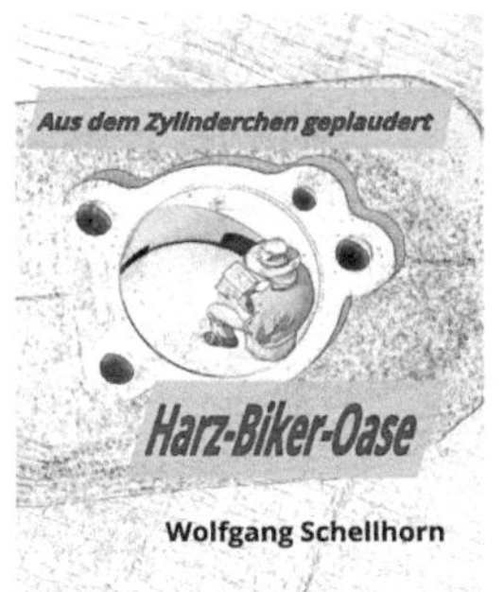

ISBN 978-3-944667-38-6

Verlag
www.bs-motor.de